当代西方经济学经典译丛

冲突的战略

THE STRATEGY OF CONFLICT

[美]托马斯·谢林 / 著

王水雄 / 译

[重译版]

图书在版编目（CIP）数据

冲突的战略 /（美）托马斯·谢林（Thomas Schelling）著；王水雄译.
-- 北京：华夏出版社，2019.1（2022.10 重印）
书名原文：The Strategy of Conflict
ISBN 978-7-5080-9640-7

Ⅰ.①冲… Ⅱ.①托… ②王… Ⅲ.①对策论－应用－经济 Ⅳ.① F224.32

中国版本图书馆 CIP 数据核字（2019）第 000190 号

The Strategy of Conflict by Thomas C. Schelling.
Copyright ©1960, 1980 by the President and Fellows of Harvard College.
Published by arrangement with Harvard University Press.
Simplified Chinese translation copyright © 2011 by Huaxia Publishing House.
All Rights Reserved.

本书英文版由 Harvard University Press 于 1980 年出版。
本书中文简体版权由 Harvard University Press 授予华夏出版社，版权为华夏出版社所有。
未经出版者书面允许，不得以任何方式复制或抄袭本书内容。
版权所有　翻印必究
北京市版权局著作权合同登记号：图字 01-2017-0838 号

冲突的战略

著　　者	[美] 托马斯·谢林	
责任编辑	陈小兰　　增　慧	
责任印制	周　然	

出版发行	华夏出版社有限公司	
经　　销	新华书店	
印　　装	三河市少明印务有限公司	
版　　次	2019 年 1 月北京第 1 版	
	2022 年 10 月北京第 3 次印刷	
开　　本	710×1000　　1/16	
印　　张	23.25	
字　　数	345 千字	
定　　价	69.00 元	

华夏出版社有限公司　地址：北京市东直门外香河园北里 4 号　邮编：100028
　　　　　　　　　　　　网址：www.hxph.com.cn　电话：(010) 64663331（转）
若发现本版图书有印装质量问题，请与我社营销中心联系调换。

目 录

译者序　托马斯·谢林其人其文　　　　　　　　001
1980年版序　　　　　　　　　　　　　　　　　001

第一部分
战略理论的构成要素

第1章　发育迟缓的国际战略科学　　　　　003
第2章　论谈判　　　　　　　　　　　　　021
　　谈判能力：捆绑自身的能力　　　　　　　022
　　磋商的制度性和结构性特征　　　　　　　029
　　威胁　　　　　　　　　　　　　　　　　036
　　承诺　　　　　　　　　　　　　　　　　044
　　一个说明性博弈　　　　　　　　　　　　048
第3章　谈判、沟通与有限战争　　　　　　055
　　默识协调（利益共同）　　　　　　　　　056
　　默识谈判（利益分歧）　　　　　　　　　061
　　明示谈判　　　　　　　　　　　　　　　070
　　默识谈判和有限战争　　　　　　　　　　078
　　事前的安排　　　　　　　　　　　　　　081

第二部分
给博弈论重新定向

第 4 章　迈向相依决策理论　　087
　　博弈的重新分类　　092
　　协调博弈　　094
　　混合动机博弈的暗示与共同认知　　103

第 5 章　实施、沟通与战略举动　　124
　　一个"举动"示例　　127
　　威胁　　129
　　承诺　　139
　　放弃主动权　　145
　　辨识　　148
　　授权　　150
　　调解　　152
　　沟通及其破坏　　154
　　博弈矩阵中的举动组合　　158
　　战略优势的悖论　　166
　　"战略举动"　　169

第 6 章　博弈论与实验研究　　171

第三部分
有着随机成分的战略

第 7 章　承诺和威胁的随机化　　183
　　失败的风险　　186
　　威胁意外地践行的风险　　192

随机化的任责　　193

第 8 章　留有变数的威胁　　197
　　意外战争的威胁　　198
　　有限战争作为风险的发生器　　200
　　有限战争中的风险性行为　　203
　　报复与侵扰　　204
　　风险行为和"强迫性"威胁　　206
　　边缘政策　　211
　　不完全的决策过程　　212

第四部分
突袭：对互不信任的研究

第 9 章　对突袭的相互恐惧　　219
　　概率的无穷序列　　220
　　"严格可解"的非合作博弈　　222
　　博弈作为依次行动的后果　　229
　　问题再思考　　231
　　不完美警报系统产生的随机行为　　233
　　动态调整（参数化行为）　　237
　　默识博弈　　239
　　谈判博弈　　240
　　超过两人的情形　　243

第 10 章　突袭与裁军　　244
　　对袭击的误解　　261
　　有限战争期间的误解　　262
　　相互误解　　263

　　　　长期监视 265
　　　　体系的未雨绸缪 265

附录
　　附录A　核武器与有限战争 273
　　附录B　为了放弃博弈论的对称性 283
　　附录C　重释"非合作"博弈的解概念 307

惊情60年：广岛的遗产——托马斯·谢林2005年12月8日在诺贝尔经济学奖颁奖会上的演讲 321

英中译名对照 337

译后记　人为什么不是两栖动物 345

译者序

托马斯·谢林其人其文

王水雄

一、出格的经济学家

托马斯·谢林1921年4月出生于美国加利福尼亚州奥克兰一个海军军官家庭。1943年在加州大学伯克利分校获得学士学位。随后到了华盛顿特区,参与过美国政府预算署(1943至1946年)的工作。自1946年在哈佛大学开始其研究生学业,1948年完成了所有的课程,随即加入了马歇尔计划(1948至1950年)。在丹麦工作一年,在巴黎工作了一年半,之后回到华盛顿特区为总统工作了3年时间(1950至1953年,时任美国总统为哈里·杜鲁门)。他在政府中的工作涉及处理大量的磋商或谈判,特别是国际谈判问题。在此期间,1951年,他获得了哈佛大学的经济学博士学位。他原本可以在政府机构持续地待下去,但是他实在是厌倦了这一工作。

1953年,当耶鲁大学给他提供了一个经济学副教授的岗位后,他就去了这所大学。这里的学术环境使他成了一名"经济学家"。1958-1959年,他任职于兰德公司。期间的在1958年,他被哈佛大学聘任用为经济学教授,1969年加入该校的肯尼迪政府管理学院,成了政治经济学路修斯·利陶尔讲座教授。在此，他一直工作到1990年。1990年到2003年，他作为教授任教于马里兰大学经济系和公共政策学院，1994年到1999年期间，他还在奥地利拉克森堡的应用体系分析国际研究所从事过研究工作。他的荣誉身份包括：美国科学院院士、美国艺术和科学学院院士、2005年诺贝尔经济学奖获得者等等。

谢林曾在《选择与结果》这样一本文集中将自己描述为是一个"出格的经济学家"。在笔者看来，他做的不少研究在取向上与另一个"出格的"经济学家罗纳德·科斯有相通之处，他们都力图让自己的理论直面社会生活，而不是像其他经济学家那样，在前提假设上就已经开始抽离乃至背离现实过远。尽管谢林的《冲突的战略》在事实上探讨的就是交易成本的节约和交易成本高昂背景下的权利界分及其结果问题，但是与科斯统一地提出引人注目的交易成本和权利（特别是财产权利）等概念不同，谢林并没有费力气去呈现这类高度抽象的、与新古典经济学形成鲜明对话性质的概念。其原因在于，谢林认为这是显而易见的事实。

谢林的研究所涉及的现实领域极为广泛，从军控、戒烟、犯罪、能源、对外援助、环境治理、生育选择、种族隔离与融合等等，几乎对重要的社会政策领域无所不包。在社会政策研究中，谢林有一个有趣的观点，他认为应该突破"天下没有免费的午餐"这样的误解。他主张，"免费的午餐"几乎处处皆有，做出良好的制度设计来协调人际冲突，便是寻找"免费的午餐"的重要的方式。有个典型的例子就是十字路口广为使用的红绿灯制度。站在处置冲突、"利用冲突来避免冲突"进而达成合作、军控的角度来理解《冲突的战略》，也可以说这是一部关于寻求合作的著作，正如我们喜欢称《孙子兵法》是一部慎战、反战的和平主义的著作一样。

就谢林用于分析的理论工具而言，主要来源于《冲突的战略》这本书中经过改造的博弈论思路。他的另一部影响较大的著作《微观动机和宏观行为》，主要研究具有一定相互影响力的个体动机，如何影响同时又受缚于系统层面的结构性因素，基于这样的规律尝试提出一些政策和机制设计的原则。《微观动机和宏观行为》在分析上将双人博弈扩展到多人博弈，任责思想特别是"聚点"理论在其中获得了更进一步的深化。

二、任责与谈判艺术

"任责"（commitment 或 commit）一词在谢林的战略学思想中具有关键性的地位。关于任责，谢林在《任责的战略漫谈》一书中有比较集中的回顾性总结。他说，有些同事猜测他应该是"commitment"这个概念的创始人。这诚然让他高兴，但他却必须谦虚地否认。这是因为早在两千四百年前，色诺芬就对此有所感悟。彼时，色诺芬的部队被波斯人追赶，停在了一个几乎不可逾越的沟壑的一边。他的一个将军对这种无路可逃的境况表示惊恐，色诺芬却安慰他说，在即将作战时，我方背对难以逾越的沟壑，其实恰恰是我们应该求之不得的境况。我方应该对敌方认为对他而言"从任何方向撤退都是容易的"这一点感到高兴，而且我们自己却应从当前所处的位置懂得，对我方而言除非是战斗获胜，否则就无安全可言。显然，色诺芬的这种想法这与《孙子兵法》中所说的"死地则战"是极其相似的！

那么，在这里，什么是任责呢？谢林随后的一段文字对此进行了总括性界定。他说：

> 我使用"任责"一词意，指变得承担责任、受到约束或负有义务于某种行为进程，或不作为的进程，或对未来行为的某种控制。它意味着放弃某些选项，排除某些选择，屈从于对行为者未

来行为的某种控制。而且这么做是故意的，带有某种目的性。其目的是为了影响某个其他人的选择。任责通过影响其他人对任责方行为的预期来达到这一目的。

显然，commitment 一词（其对应的动词为 commit）作为学术用语的确源自托马斯·谢林的 1960 年《冲突的战略》一书的理论阐述。笔者倾向于将其翻译成"任责"。任责于 A 行为，意味着行为者有意地削减乃至封闭自己进行其他（非 A）行为选择的可能性空间。如此，当某种情况或局势出现时，他只能做 A 行为，而不再会是任何（甚至是包括规避死亡的）其他行为。中国成语中所谓"破釜沉舟、背水一战"之说，就是通过"破釜沉舟"来让自己的部队任责于"战"这个可能的选项——如果对方进攻的话。"破釜沉舟"表明部队放弃了后退、逃跑的工具，它也就约束了己方军队每个成员的选择范围（如果敌方有杀俘虏或者虐待俘虏的极大可能性，或者己方士兵怀疑敌方会这么做，"投降"作为一种规避死亡的选项也都会被取消掉），让每个士兵都清晰地意识到自己已经没有了退路和自由选择的空间，唯有"任责"于英勇杀敌的义务，否则就只有"死路"一条。

任责、威胁（threat）与承诺（promise）这三个词构成了谢林冲突的战略中至关重要的概念框架，我们可以简单地将其称作"任责—威胁/承诺"框架。不少人倾向于将"任责"翻译成"承诺"，在笔者看来其实是不妥的。不仅在于翻译成"承诺"不易于其与谢林另一个常用词"promise"进行区分，而且还在于 commit 某个行为，虽然包含了影响他人预期的目的，却并不是像"承诺"（promise）和"威胁"（threat）那样是"最直接地"针对第二方（"对手"或"伙伴"）的行为，而更多地是针对自己或己方的。如果将"commitment"翻译成"承诺"，而将"promise"翻译成"许诺"，造成的语言局限，会使得在介绍谢林战略思想时，一些表述不免存在问题。

总而言之，任责主要是**通过约束乃至摒弃己方（而不是对方）将来行为选择的可能性**，控制自己未来可能的行为空间，这一定程度上会让自己处于相对"弱势"的地位，甚至是"共同危险"的境地，借此影响对方对我方行为的预期，达到可能的、主要是或威胁或承诺的效果，实现一个让己方觉得合意的结果。正所谓"守弱可成图强之道"，在"谈判"中，任责或许最终能够让自己赢得一定程度的优势。这显然与一般性"任势"（《孙子兵法》用语）所强调的威风、强势或震慑力是不同的。

三、方法论与影响力

谢林特别注意理论研究和应用研究之间相互促进和激荡的作用。认为纯理论研究的促动因素几乎都来自对"应用"问题的关注，而对现实问题的明确也有助于理论观点的阐述。这一指导原则涉及模型的建构思路。尽管几乎所有的理论模型都会因为抽象而简化，但是谢林仍然强调模型的重要性。不过，更重要的是，谢林强调好的理论模型有两个基础性条件：（1）模型涉及的事项或环节应该是非常重要的，比如说人际间的冲突与合作，人群的分隔与融合之类；（2）个体行为在相互作用下的系统性后果应该不是那么一目了然，否则，我们完全可以弃置相关模型，而通过简单加总、融合将相互作用的结果或集合行为处理成集体性个体来解决相关问题。①

在谢林看来，人为情境简化模型的建构，应服务于如下两个目的中的任意一个：其一为颇具雄心的目的，即提供"基础模型"，它意味

---

① Thomas C. Schelling. *Mircomotives and Macrobehavior*, New York and London: W·W·Norton & Company, 1978, p. 182.

着对事实的基本性、元级别的抽象和逼近，其能够进一步被用来建构对"所欲考察的真实情境"的深度逼真性模拟。"任责"一词的意涵便可以说是这样一种"基础模型"。

其二为相对谦虚的目的，即提供某种"起始框架"，基于它可以进一步建构出更好的、对于事实的抽象和逼近。这类"起始框架"示例性地说明了被期待的分析的类型所要预测的某类现象以及一些值得提出的问题。① "囚徒困境"便可以说是这类"起始框架"之一。

谢林的原创性贡献和基于此建立起来的理论和方法在学术界影响深远。举一个简单的例子，当今中国社会科学学术界几乎没有人不知道曼瑟尔·奥尔森及其名著《集体行动的逻辑》，但是却甚少有人注意到谢林正是奥尔森的博士论文指导老师，而《集体行动的逻辑》也正是奥尔森的博士论文。除了奥尔森之外，谢林还影响了其他一些在英语世界颇为引人注目的学者，他们至少包括：泰勒·柯文、马克·克莱曼以及罗伯特·杰维斯等人。

谢林的影响还不限于学术界。由于长期担任美国政府顾问，谢林对美国政府特别是国防政策乃至冷战时期的世界格局都有影响。这涉及他有关核威胁和核禁忌的一些战略思索。谢林在1960年代的著作除了这本《冲突的战略》之外，还有与莫顿·霍尔珀林合作的《战略与军控》（1961年）以及《武器与影响》（1966年）。

谢林在哈佛大学的30年时间里，至少带出了30位年轻军官博士，涉及的专业包括政治经济学、政府和政治以及经济学等。②

谢林的影响甚至波及文化娱乐业中。著名电影导演库布里克在1964年根据彼得·乔治的小说《红色警戒》拍摄了他的首部代表作

---

① Thomas C. Schelling. *Mircomotives and Macrobehavior*, New York and London: W·W·Norton & Company, 1978, p. 183.

② Thomas Schelling, *Strategies of Commitment and Other Essays*, Massachusetts: Harvard University Press, 2006, p.161.

《奇爱博士》，获得了众口称赞，成为影史经典。而库布里克最初是从谢林有关《红色警戒》的书评中注意到原著小说的。

四、媲美《孙子兵法》

谢林是否读过《孙子兵法》，笔者不得而知。在《冲突的战略》一书中，谢林以不无崇敬的笔触提及了《君主论》的作者马基雅维里和古代中国人，想来他对《孙子兵法》有所了解。

将《孙子兵法》与《冲突的战略》这两本书放在一起，就会发现，排除它们在背景上的巨大差异（冷兵器时代 VS. 战略武器时代），在建构理论的方法上，两者还是有可比之处的。相对而言，《孙子兵法》更像是经验总结，其理论更偏向描述性而不是分析性，也缺乏相关理论模型的建构，进而对一些规律和道理的前提假设也就失于明辨和探讨。如此一来，如何将其具体地运用于战争、商业、贸易和其他社会性事务之中，也就需要看学习者的既有经验和领悟力了。

但《冲突的战略》不同。作为当代有政府实践经验的美国学者，谢林显然更会在模型的平台上思考问题。他不仅在理论上学习模型，还十分懂得基于实际应用来突破模型，更重要的是，善于在现实的基础上重新建构模型。这种在模型平台上思考问题的方式，是有助于锻炼和提升人们的分析能力的，而建构的相关理论其抽象程度也就能够更高一些，应用的范围也就能更广一些，其应用的前提条件也就能更清晰一些。

作为中国人，我们也许更应该在尊重和兼容中国传统文化的基础之上，来学习和掌握谢林在《冲突的战略》这本著作中所表现出来的思考问题的方式。掌握这种思考问题的方式，反过来将有利于我们对传统文化（不仅仅是《孙子兵法》）作更为深入的融会贯通和整理深化。

《冲突的战略》和《孙子兵法》一样，是一部值得我们放在案头和床头，时不时拿出来翻看的著作。如果你是大国领导者或一般公务员，你应该看它，因为它将告诉你许多处理外交、顶层问题及内政事务甚至紧急事态的道理；如果你是普通老百姓，你也应该看它，因为它将教会人进行抗争、谈判和谋求共赢的手段；如果你是一个教师或理论工作者，你应该看它，因为它不仅涉及博弈论，还涉及经济学、心理学、政治学、社会学、物理学甚至是文化问题；如果你是一个学生，你也应该看它，因为它不仅告诉你讨价还价的道理，还有助于提升思维能力和集中注意力；如果你已经为人父母，你应该看它，因为它触及了教育子女的相当重要的原则性问题；如果你在家庭中扮演的角色更多的是孩子，你也应该看它，因为它有助于协调你同你父母或者兄弟姐妹的关系，甚至是在需要自我控制时，协调"理性的你"和"狂野的你"之间的关系；如果你已经结婚，你应该看它，因为你和你的配偶无疑会涉及夫妻冲突、协调及合作问题；如果你还没有结婚，你也应该看它，因为在追求另一半时，书中的不少道理完全能够带给你启发。

作为译者，我很后悔没有提前几年来翻译它。

2018 年 11 月 28 日于北京时雨园

1980年版序

冲突的战略
The Strategy of Conflict

当我得知哈佛大学出版社将要出版《冲突的战略》的平装本，我就想，书中的哪些部分是如此过时，以致自己有必要删除或重写它们，或者至少，有必要在该书的新序中为之表示歉意。《冲突的战略》一书已经出版了20年。我并不经常重读此书，有些部分，我甚至十多年都没有看过了。我说的有些事情可能已属老生常谈，或者与现实不再相干，或是错的。

有些是这样。但总体上，我能愉快地汇报说，尽管其中偶有案例看来古色古香，但该书大部分内容是正确的。现在看来，书中第1章有关军事战略在大学和军事部门没有积累出有价值资源的评论已是明显的错误，以致它们可以平稳地被当做有用的史料而搁置不顾。一个更严肃的问题在于学生——如今学生可能是初次阅读本书的唯一群体——是否了解书中的名词，比如金门、赫鲁晓夫和摩萨德克，或是否知道瑞恩高德啤酒曾被选择的缘由。

我们都应感激书中附录A并不落后于时代，其论述的前提是原子武器自长崎轰炸之后一直未被再次使用。希望《冲突的战略》将来多次再版之时，该前提依然成立。

书中第10章中是我最早想到的一些观点，自提出后，日渐成为时尚。有些观点其时兴的劲头甚至开始淡去。现在存在很多有关武器限制的文章，包括我写的东西，但第10章所涉及的内容并不比《战略武器限制条约》来得少，且其清晰程度丝毫不亚于我所见过的其他25

页①文字。希望进一步了解本人有关战略和军控思想的读者，可以查阅我和莫顿·霍尔珀林合著的《战略和军控》一书，由二十世纪基金于1961年出版，或者我的《武器与影响》，该书由耶鲁大学出版社于1966年出版。

理论内容而非外交政策，也许是如今大多数人使用本书的目的之所在。将这些文章汇集起来形成此书，我希望有助于建立一个跨学科领域，它曾有多种叫法："谈判理论"、"冲突理论"或"策略理论"。我想表明，某种切入经济学、社会学和政治学甚至是法学和哲学或者是人类学的基础理论，不仅对从事理论研究的学者大有裨益，对关注解决实践问题的人们亦是如此。我还曾希望（现在看来是错了）博弈论能被重新调整以实现在数个领域中的运用。除了几个显著的例外，比如霍华德·雷法、马丁·舒比克和纳杰尔·霍华德，博弈论者更倾向于置身数学边界之内。这个我曾希望早该确立的领域，仍在继续发展之中，却并非爆炸式的，甚至尚未获取自己的名字。

一些杂志，特别是《冲突解决杂志》，为这一领域的发展扮演着重要的角色，但是，除了一些术语，如"非零和博弈"和"收益"，即使是最为基本的理论，在这些期刊所定位的政策制定者和实践者那里，也只是得到少量明确的运用（仅仅在几年前，在写到美苏两国对特定的、应受控制的武器的可能态度时，我使用了一些2X2的矩阵图以帮助文章读者更好地看到其中的差别。但是，杂志社的编辑，在此我不便透露其姓名，坚持让我将其中的矩阵图删掉，以免吓着某些读者，某些哪怕对我的意思并不确定也"仅对轻度折磨性词句描述更感适应"的读者）。

该书一直以来广受欢迎，许多读者告诉我他们喜欢这本书或从中受益，这让我感到高兴。但最令我感到贴心的反应来自已故的约

---

① 原书第10章的页码数。——译者

翰·斯特雷奇。约翰·斯特雷奇，我在大学时曾拜读过他的著作，在1930年代，他已是杰出的马克思主义经济学家。第二次世界大战后，他曾任英国工党政府的国防大臣。因为他写过一本关于裁军和军控的书，哈佛大学国际事务研究中心一些学者曾邀请他来进行学术访问。当他拜访我时，他大声喊道本书对他思想触动甚大，在其兴高采烈地述说的同时，我努力猜测到底是我的哪章哪个深奥微妙的观点对他产生了如此大的影响。事实表明，并不是某个特定章节的某个特定观点，而是直到读了本书，他就是无法彻底领悟到一个本性为非零和的冲突能够存在。此前，他知道冲突能够与共同利益并存，但却认为，或想当然地以为，二者在本质上是可分的，而不是一个整体结构中的不同部分。这位关注过垄断资本主义与阶级斗争、核战略与联盟政治，在其职业生涯后期致力于武器控制和调解的学者，读了我的书后，拜服于书中一个如此基本的观点，以至于我本人都未意识到它并非不证自明。怀着谦虚和自豪，他坦诚地将其告诉我。你永远不知道写一本书会带来什么。

托马斯·谢林于马萨诸塞州剑桥

第一部分

战略理论的构成要素

第 1 章　发育迟缓的国际战略科学
第 2 章　论谈判
第 3 章　谈判、沟通与有限战争

第1章　发育迟缓的国际战略科学

在关于冲突的不同理论（对应于"冲突"一词的不同含义）中，一条主要的分界线介于如下两种观点之间，一种认为冲突是一种不正常状态，并寻求其原因和应对办法；另一种视冲突为理所当然，并研究与之相关的行为。后者可进一步划分为两派：一派主张将冲突参与人置于其全部的复杂性中加以考察，涉及其"理性"与"非理性"行为、有意识与无意识行为以及动力和盘算等等；另一派集中于更为理性、有意识和带有技巧性的行为。概而言之，后者把冲突看做是一种竞赛，参与者都尽可能地在其中"赢"（win）。对有意识的、理智的、老练的冲突行为——成功的行为——的研究，如同寻找一种"竞赛—获胜"意义上的"正确"行为的法则。

我们可以把最后这种研究领域称为"冲突战略学"。① 至少有三个理由导致我们会对这一领域产生兴趣。（1）我们自己可能身处冲突之中；事实上，我们都是国际冲突的参与者，且在某种恰当的意义上，我们都希望"赢"。（2）我们可能希望明白参与人如何在冲突中切实地引导和控制他们自己；对"正确"玩法的理解可为我们提供一个研究现实行为的标准。（3）在冲突中，我们可能希望控制或影响他人的行

---

① 此处"战略"一词取自《博弈论》一书，该书区分了技巧类博弈、机会类博弈和战略类博弈，后者意指博弈各方的最佳对策取决于其他方行为的博弈。"战略学"一词倾向于着眼博弈双方决策的相互依赖性以及对彼此行为的预期。这不同于其军事用法。

为，而且我们期盼由此了解，我们所掌控的一些可变因素如何能影响他们的行为。

如果我们将我们的研究限制在战略学的理论上，我们也就严格地将自身限制在了理性行为假设之上，这里，理性行为不仅指明智的行为，还包括对得益的清醒权衡所激发的行为，而这种权衡则又是基于一种明示的、内在一致的价值系统。这样，我们也就限制了我们所得结果的适用范围。如果我们的兴趣是研究实际行为，在这种限制下得到的结果，要么被证明是对现实的好的拟合，要么被证明是一幅夸张的漫画[1]。任何抽象都存在类似风险，因此我们必须做好对自己的研究结果遭受评判的准备。

耕种于"战略学"领域以谋求理论发展，并非因为——在所有的研究路径中——该路径是显而易见地最接近事实真相之一种，而在于其理性行为的假设是一种富有生产性的假设。它提供了很好的抓手来把握研究对象，从而特别有助于引导理论的发展。它容许我们在一个冲突中将自己分析的过程和假设性参与者的行为过程加以类比对照，并且，通过要求我们假设性参与者的行为具有某种一致性，我们可以根据其是否符合这类一致性的标准，考察其他可能的行为进程。对于理论生产而言，"理性行为"假设是一个强有力的假设。至于由此得出的理论对于理解现实行为是好是坏，我必须重申，则是事关后续评判的。

但是，虽然视冲突为理所当然，且面对的参与者是力求"赢"的人物形象，战略学理论却并不否认参与者之间除了冲突利益，还有某种共同利益。事实上，该学科的丰富性来自这样一个事实，在国际事务中，合作依赖与对立冲突并存。纯粹的冲突——其中双方利益完全对立——是特殊情况，它可能源于一场完全灭绝性的战争，否则，它

---

[1] 意指只突出了现实的某些局部特征。——译注

甚至不会存在于战争之中。鉴于此，冲突中的"获胜"并没有严格的竞争性意涵，"获胜"并非是相对于一个人的对手而言的。它只意味着相对于一个人自身的价值系统而言有所收获，这能通过谈判、相互协调以及规避互损行为得以实现。如果战斗到最后一人无法避免，那么，除了纯粹的冲突，就什么也不会留下。但是，倘若存在避免同归于尽之战争的可能，用某种方式限制战争以最小化损失的可能，或是通过战争威慑即可压制对方而无须真的发动战争（不战而屈人之兵）之可能，那么，互相协调的可能性就与冲突的原理一样重要和激动人心。诸如威慑、有限战争、裁军等概念，与磋商一样，关注着冲突中可能存在于参与人之间的共同利益和相互依赖。

因此，战略学——在我使用于此的意义上——并不关注于武力的**有效使用**，而是关注于**潜在武力的利用**。它不仅关注彼此并不喜欢的成对仇敌，而且关注互存疑虑及持有不同意见的伙伴。它关注的不仅是当事人双方之间利弊得失的划分，而且关注对**双方**而言特定结果要坏于（或者好于）其他结果的情况。在博弈论的术语中，最有趣的国际冲突不是"定和博弈"而是"变和博弈"：卷入的参与人之所得加总并不固定，并不至于一方得到的多就冷酷地意味着另一方必然得到的少。在此，博弈方总存在着共同利益去寻求达致一个彼此有益的结果。

研究冲突的战略意味着持这样一种观点：大多数的冲突局势在本质上是**谈判**的局势。在这些局势中，一个参与人达致其目标的能力，很大程度上依赖于其他参与人将会做出的选择或决策。这种谈判可能是明示的，如，当一方提供让步的时候；它也有可能通过默识性运作来实施，比如说，当一方占据或撤离战略性疆域的时候。它可能，正如通常的市场谈判（讨价还价）那样，**将现状视为它的零点**，并且寻求一种对双方来说都得益的安排；或者它也会涉及以侵害——包括彼此伤害——相威胁，正如在罢工、抵制或价格战、敲诈中所展现的那样。

将冲突视为一个谈判过程，有助于我们避免"要么利益冲突，要么利益一致"的排他性的先入之见。把有限战争中的谋划和行为，概化为一个谈判的过程，意在强调，双方除了在争议的变量上存在利益分歧外，他们还有极强的共同利益来达致一种避免对双方价值造成巨大破坏的结果。一个"成功的"雇员罢工不是在经济上摧毁雇主的罢工，它甚至可能是从未真实发生的罢工。在一定程度上，战争的道理与此相同。

关于"威慑（或吓阻或遏制）"的思想已经有了一定的发展，这对于说明我们的目的颇多助益。自从威慑被明确表述为我们国家战略的一个基石以来，已经有 12 个年头了，在这些年里，该概念被不断精炼和完善。我们已经知道，一个威慑必须被置信为是有效的，其可置信程度可能依赖于作出威胁（或威吓）的一方践行这一威胁相关的成本和风险。我们也已发展出来一种"使我们任责于威胁的践行"以让威胁更可置信的思想，即，通过在敌人前进的道路上设置一触即发的地雷引线，或者，正如在台湾决议中所表明的那样，视威胁的践行事关国家的声誉和荣耀。我们也已经认识到，通过保留在权变性条件出现时次级邪恶手段的选择权，在特定区域做好有限战争的准备，能够降格"大规模报复的威慑"。我们也已经考虑到了这样的可能性，正如最近在"核共享"提议中所表述的那样，如果报复的实施手段以及报复的责任都已被置于决心最强的一方的话，一个报复性威胁可能会更可置信。我们还观察到对手的理性与威胁的有效性密切相关，疯子——正如小孩——通常不被威胁所控制。我们还认识到，威胁的有效性可能有赖于潜在敌人能获得什么样的其他备选方案，对于他们，如果不想迫其困兽犹斗的话，就必须为之留下一些过得去的资源。我们也日渐意识到，孤注一掷的报复性威胁，会给敌人带来充足的刺激，在他应选择不再顺从这一威胁行事时，反过来发起针对我们的孤注一掷的打击，这也就消除了缓和性的行为进程，并迫使他在两个极端之间进行选择。我们还知道：以大规模毁灭相威胁，只有在伴之以相应的隐含的承诺"当对方顺从即可免遭毁灭"时，才能够阻止敌人。这样一来，我们必须考虑，是否一方太大的突袭能力会促使对方为免遭我方的抢先袭击以致无还手之力而先发制人。最近，与所谓的"防御突袭措施"相关联，我们已经开始考虑"通过武器控制，提升相互威慑水平"之可能。

令人印象深刻的，不是威慑思想如何逐步变得复杂以及它如何被小心翼翼地精炼和完善，而是其进程是多么的缓慢、该概念目前仍是多么的含糊不清以及现存的威慑理论是多么的粗略。当然，此说不是要贬低那些 12 年来一直致力于为威慑概念而奋斗的人。在战略事务中，威慑只是一个例子，那些设计政策以解决紧急问题的人，很少或并没有从现已存在的理论体系中获得帮助，从而不得不在前行中创造他们自己的理论体系。关于威慑的科学性文献尚无法与诸如通货膨胀、亚洲流感、基础教育读物或烟尘等方面的文献相企及。

此外，那些"多因当下问题的刺激，而抓住了诸如威慑之类思想"的人，主要也不是去关注发展理论结构的累积性进程。这不仅适用于政策制定人和媒体记者，一些更具学术性的人亦如此。无论反映的是学者还是编辑的兴趣，有关威慑及相关概念的著作文章主要不是去关心处理问题的一套方法，而是专注于当前的问题。[1] 我们现在甚至还

---

[1] 也有一些优秀的例子与之相反，如舍温（C. W. Sherwin）的"通过军事技术确保和平"见于《原子科学家公报》。第 12 期，第 195-164 页，1956 年 5 月文中舍温引用的沃伦·阿姆斯特（Warren Amster）的一篇论文提醒我们，如同目前普遍存在的情况，当理论受到军事问题之刺激，那么，它就可能不被公开发表。毫无疑问，也存在严格的编辑阻碍。国际关系刊物大多面向没有什么理论的普通读者，文章中高深理论的内容势必通常会被清除掉，进而让文章聚焦于当下的问题。《冲突解决杂志》最近用了一整期刊发阿纳托·拉波波特（Anatol Rapoport）的宏文："刘易斯·理查森的战争数学理论"，（第一卷第 3 号，1957 年 9 月）这是一个在另一发展方向上的激动人心的信号。

未拥有相称的一套专业术语，偶尔使用的"积极"和"消极"威慑已不能满足需要。

我们如何说明这一缺乏理论发展的现状？我想一个重要的事实是：军事部门——与其他几乎所有庞大的、值得尊敬的行业相反——似乎还没有明确可辨的学术研究机构。那些在经济、医疗、公共卫生、国土资源保护、教育以及刑法等领域制定政策的行业机构，早已在学术界确认了它们的学术对应物（在经济领域从事经济研究和著述的受过训练的人数，与从事经济政策制定或管理的人数相当）。但是，对于军事行业，其学术对应机构在哪儿呢？

就任意显著的规模而言，它并不存在于服务性学术机构之中，这不过是些大学，它们主要致力于教学而非研究。也没有——或尚未在任意显著的规模上——存在于军事部门的军事学院以及其他非技术性的高级教育机构之中，这些机构缺乏"持续性和系统性理论发展所要求的"、成熟的永久教员、研究导向以及价值系统。

在大学里，这个国家的军事战略受到数量不多的历史学家和政治科学家的影响，他们以这样的规模支持了该提议：遏制苏联占领欧洲的重要性与实施反垄断法相当。这么说不是要贬低其成就，而是为了强调，大学里通常没有可直接确认的系所或探索性阵线，能够与军事部门和外交关系中的武力角色联系在一起［最近制定实施的"大学后备军官训练队"（简称 ROTC）项目——至少就它们将密切相关的课程之组织引导进了历史学和政治学之中而言——是个有限的例外］。现在，一些大学设立了国防研究项目或相关机构，基金会也开始关注国际安全问题，这些都是新奇而重大的发展。新型的准政府研究机构，如兰德公司和国防分析研究所是极有助于满足需求的，但对我们的目的而言，却只能被援引为这种需求的证据。

也许有人会问，军事部门是否就没有能力提出一个成长性理论体系，以丰富诸如威慑和有限战争等思想呢？毕竟，理论并不必然单单靠被隔绝在大学里的专家学者们才能发展。如果军事部门明智地准备着去有效地运用军事力量，看来他们也就已经准备好了将其理论化。但是，武力**使用**与**利用**武力相**威胁**之间存在不可忽视的区别。威慑关注的是潜在武力的利用，它着眼于说服潜在的敌人，出于其自身利益需要，避免某些特定的举动。因此，在执行军事使命与利用**潜在**的军事可行能力追求国家目标之间，其所要求的智力技巧存在重大差异。本质上讲，威慑理论将是一门技巧性的、**避免运用**现实武力的理论，而为了这一目的，威慑所需要的东西比军事技能更为宽泛。军事专家可能具备这一更为宽泛的技能，但是他们并不会因为履行其首要职责——这些首要职责对他们的时间提出了全面占据的要求——而自动地获得。①

15年前，导向这一战略理论的有希望的新探索是**博弈论**。博弈论关注的是局势（"战略"博弈，不同于"技巧"博弈和"机会"博弈），在此，博弈一方的最佳做法（或行动过程）取决于他对其他参与人行为的预期是什么。遏制性威胁很好地满足了这一定义的要求，其之所以有效，是因为其他参与人期望我们——根据其行为选择——做出相关反应；而我们之所以值得发出威胁，是因为我们期望它能对对方的行为选择施加影响。但是，在国际战略领域中，博弈论的愿景远未实现。博弈论在形式化问题、澄清概念方面极其有用，但是博弈论最大的成功一直在其他领域。总体而言，博弈论一直定位于抽象层面，而

---

① 关于在军事战略领域中缺乏充满活力的智力传统，伯纳德·布罗迪在其著作《导弹时代的战略》（普林斯顿，1959年）的前几章做了强有力的探讨。相关地，还有约瑟夫·格林上校为现代图书馆版本的克劳塞维茨的《论战争》所作的序中写道："在两次世界大战之间的大多数年份，我军的两所最高学府缩减为一个持续期大约10个月的单门课程，以让所有的官员选择就读……两地都没有时间安排他们研习军事思想和理论的长期发展……如果我军更长时间的——持续期为2年或3年的——高级训练变得可能，那么，最伟大的军事思想家们自身一定值得被开设课程来加以研究。"

在这个层面，很少涉及诸如威慑之类问题的基本要素。①

威慑思想在一些有别于国际事务的冲突领域中所扮演的角色是如此重要，以致有人会推测存在一个发育完备的理论，可被运用于国际操作之中。威慑作为一个重要的概念在刑法中由来已久。一代又一代的立法者、法理学家、律师和法学专家们都应被假定已对该概念进行了严谨而系统性的审视。可以肯定，威慑并不是刑法中唯一需要考虑的事项，甚至也并不必然是最重要的，但是，其重要性已足以让人推测应存在一个理论来做如下事情：（1）考虑对有罪罪犯提出一种可行的惩罚类型和尺度；（2）思考潜在犯罪者的价值系统；（3）权衡犯罪行为的盈利状况；（4）评估逮捕罪犯并将其定罪的执法体系的能力；（5）揣测罪犯对法律及其被逮捕和定罪之概率的感知力；（6）测度在何种程度上不同类型的罪行是因为理性计算激发的结果；（7）虑及社会态度的坚定性：在昂贵和充满争议的惩罚运用中既不吝啬也不仁慈，以及罪犯对这种坚定性（或它的缺乏）了解的程度；（8）摸清体系出错的可能性；（9）思索第三方利用体系谋取私利的可能性；（10）分析组织起来的社会与罪犯之间沟通机制所扮演的角色；（11）探讨挫败该体系的罪犯组织，等等。

但是，不仅犯罪分子，甚至我们自己的孩子也必须被威慑。在培养孩子的过程中，威慑的某些影响会惟妙惟肖地凸显出来：（1）被威慑者一方理性和自律的重要性；（2）当他听到威胁时他能够理解该威胁，以及在一片喧闹和嘈杂声中听到它的重要性；（3）如果需要践行威胁时，威胁主体践行威胁的决心；特别是（4）被威胁方确信威胁将

---

① 杰西·伯纳德（Jessie Bernard）在其文章"博弈理论作为一种冲突的现代社会学"中，给出了一定程度上是类似的估计，但他还进一步说："我们可以预期，数学在不久的将来会被要求把博弈论灵活地运用于分析社会现象。"（《美国社会学杂志》，59:418，1954年3月）。我的观点是，现存的不足不在于数学，而在于战略理论已经深受社会科学家如下强大愿望之害：他们将该科目视作已是或者应该是纯粹的数学的一个分支。

被执行的重要性。相对于对犯罪者的威慑，对孩子的威慑更加重要的可能性是，威胁的惩罚将在伤害被威胁方的同时，也同等甚至更多地伤害威胁发出者。父母威胁孩子与一个富有的国家威胁一个贫弱的、混乱的穷国政府有类同之处，比如，扩大国外援助的同时，要求穷国实行"明智"的经济政策或者协作性军事政策作为回报。

这一类比告诉我们，即使在国际事务中，威慑之于朋友间关系与其之于潜在敌人间关系一样重要（如果法国拒绝认可《欧洲共同体防卫条约》，我们就以撤销"外围战略"相威胁，这便是众多类似以"无能为力"作为报复性威胁的主题之一）。威慑概念要求卷入的双方既有冲突的利益，也有共同的利益；在双方利益纯粹、完全敌对的条件下，威慑不再适用，恰如当其面对利益纯粹、完全一致的情形一样。在上述两个极端之间，威慑一个盟友和威慑一个敌人其区别也只是程度不同而已，而且，事实上，如果我们没有发展出一个更加条理清晰的理论，我们甚至无法以有意义的方式做出如下判断：相对于两国之间存在的冲突的利益而言，我们究竟是与苏联共同利益多，还是与希腊共同利益多。①

威慑思想同样总是在不经意间呈现在我们的日常生活中。汽车司机之间有着避免发生撞车的明显的共同利益以及谁应先行、谁应猛踩刹车让对方通过的冲突利益。撞车所具有的相互性与共同性不亚于任何其他事项，通常也是此时一个人唯一可以使用的威胁。向正在侵害自身通行权的对方司机传递两败俱伤式的威胁，这种谋略对于说明如

---

① 在此有必要强调，关于"共同利益"，我的意思不是说，行为者必须拥有通常所说的价值系统上的共同性。他们可能不过是同乘一条船的关系：他们之所以身处于此，甚至仅仅是因为他们中的一员觉察到处于这一位置具有战略性的好处，即，让他们休戚与共于防止翻船。如果同乘之船的倾覆是一个可能的结果，给定其他替代性的组合选择对双方而言是可用的，此种背景下在行为倾向的意义上，他们也就有了"共同利益"。"潜在的共同利益"看来似乎更惟妙惟肖。比如，可以说，威慑就是关注于将行为者自己的行为取向与对方的行为取向，以某种可以挖掘潜在共同利益的方式组合起来。

下类型的威胁而言是一个启发性范例：它们通过行为来传递信号，而不是通过语言来表达；以及不是靠口头通告来宣誓践行威胁，而是靠摈弃做出其他行为选择的能力来践行威胁。

最后，还有一个重要的领域是地下社会。帮派之争与国际战争有很多相似之处。国家与亡命徒一样都缺乏可执行的法律体系来帮助其管理它们的事务。在终极时刻，二者都将付诸武力。避免暴力对他们都有利，但它们都不断地以暴力来威胁对方。一个非常有趣的现象是，敲诈勒索的人和流氓帮派一样，也投身于限制火拼、裁减武力和金蝉脱壳、突袭、报复和以报复相威胁之中；他们担心"妥协退让"会失去面子。他们彼此的结盟、缔结的条约，面临着与"国家层面的类似活动"一样的情形，即，无法上诉于更高一级的权威，以保证合约执行的困境。

这样一来，也就存在不少其他领域可供研究，从而为我们所关注的国际领域提供某种启发。通常，在我们自己感兴趣的领域中，一个原则或隐藏于一堆细枝末节背后，或拥有过于复杂的结构，或因某种倾向而不为我们所见，却更易于在另一个领域中被觉察到，在此它显得简单而生动，或在此我们不容易被我们的倾向性所蒙蔽。如果某人从"试图通过威胁来阻止一条小狗伤害某个小孩或阻止一个小孩伤害某条小狗"的徒劳中吸取经验，就近取譬，清晰地描述通过威胁来控制某个摩萨德克式人物的特定困难也就变得更容易了。

上述冲突领域看来没有一个建构起了"可略加调整便适用于国际事务分析"的成熟理论。社会学家，包括那些研究地下社会冲突中犯罪行为的学者，传统上也未曾较多关注过我们这里所说的冲突的**战略**。法学和犯罪学文献也没有就该主题展示出一个可观的明确的理论体系。我不能毫不犹豫地断言没有关于纯勒索理论的手册、课本或原创性著作流传于地下社会，但是可以肯定，尽管有明显的需求，却并没有以

"少儿指导新思维"之类名目呈现的（哪怕是）删节版图书，告诉人们敲诈勒索是如何使用的以及怎么抵制它。①

该战略学领域中的"理论"应该由什么东西组成？它试图回答些什么问题？它将试图融合、澄清或更有效地传递什么样的观念？最开始，它必须定义所探求的局势和行为的本质。威慑——继续坚持威慑为典型的战略性概念——关注的是，影响另一方将要做出的选择，并通过影响对方对"我们将如何行为"的预期来实施之。它还涉及促使他面对证据，以相信我们的行为将取决于他的行为。

但是，对两个——用博弈论的话来说——谋求"收益"的参与人而言，其价值系统的何种构造能让遏制性威胁更加可信呢？我们怎样测度产生"威慑"局势所要求的冲突利益和共同利益的混合物呢？会要求什么样的沟通以及什么真实的证据意味着获得了沟通？被威慑方要求具备何种"合理性"——他是否需要具备关于自身价值系统的知识、觉察其他可选方案并计算其概率的能力以及显示（或无法隐藏）其自身合理性的能力？

信任承诺或执行各种承诺需要什么条件？具体而言，除了威胁所指向的伤害之外，行为主体是否需要保证：如果顺从已经开始，便可阻挡伤害吗？或这是否取决于相关的"收益"结构？需要什么样的"法律体系"、沟通体系或信息结构来使必要的承诺具有可执行性？

行为者能否用他将"可能"践行威胁来进行威胁，还是必须用"他将必定践行之"来开展威胁？当在某威胁所针对的行为真的做出后，威慑方（在保留任何行为选择自由度的情况下）将明显并无动机

---

① 该进程正在推进中。丹尼尔·埃尔斯博格（Daniel Ellsberg）在其名为"强制的艺术"的系列讲座中，纳入了一讲来探讨"敲诈的理论与实践"，还用一讲探讨"狂怒的政治运用"。1959年3月，该系列讲座由洛厄尔研究所在波士顿主办。

去践行威胁的话，这种"可能"践行的威胁意义何在？更一般地，考虑到如果一个任责（commitment）①使得威胁足够可信而有效以致于它并无践行之必要，那么，这些让行为者任责于践行威胁的设置（如果没有，他将被认为肯定会退缩）是什么？如果存在任何区别的话，遏制行为的威胁与强迫行动的威胁（或被设置以确保第二方免于其自身错误的威胁）之间的区别是什么？在威慑、惩戒以及敲诈式威胁之间存在什么逻辑上的不同？

第三个参与人分别符合如下条件时，博弈局势如何受到这样的"第三个参与人"的影响？（1）当他作为一个利益混合体，与已经出场的前两个参与人也同时存在冲突利益和共同利益时；（2）当他能使用或者控制沟通系统时；（3）当他的行为在某种意义上是理性的、在另一种意义上又是非理性的时；（4）当他与前两个参与人中的某方存在互信或一些合约强制手段时。当法律体系分别满足如下条件时，这些问题又如何受一个法律体系之状况的影响呢？（1）当它允许或禁止特定的某些行为时；（2）当它能被用来对不履约行为实施惩罚时；或

---

① commitment 以及与之相关的动词 commit 在英文原文中时常出现，是一个比威胁和承诺（promise）更为基础的概念，译者根据上下文的情况，适时地将其翻译成"任责"。不少人似乎倾向于将其翻译成"承诺"，在笔者看来其实是不妥的。翻译成"承诺"不仅不易于其与谢林另一个常用词"promise"进行区分，而且还在于 commit 某个行为，最直接地并不是——像承诺那样——针对他人的，而更多地是针对自己或己方的。故而，笔者倾向于将其翻译成"任责"。任责于 A 行为，意味着行为者有意地削减乃至封闭自己或己方进行其他（非 A）行为选择的可能性空间。如此，当某种情况或局势出现时，他或己方只能做 A 行为，而不再会是任何其他行为。中国成语中所谓"破釜沉舟、背水一战"就是通过"破釜沉舟"来让自己的部队任责于"战"这个可能的选项，如果对方进攻的话。"破釜沉舟"表明部队放弃了后退、逃跑的工具，它也就约束了己方军队每个成员的选择范围（如果敌方有杀俘虏或者虐待俘虏的极大可能性，或者己方士兵怀疑敌方会这么做，"投降"作为一种选项也会被取消掉），让每个士兵都清晰地意识到自己已经没有了退路和自由选择的空间，唯有"任责于"英勇杀敌的义务，否则就只有死路一条。站在这个角度来看，所谓"孟母三迁"也可以说是任责行为，因为它约束了少年时代的孟子可以交往的朋友的品性和行为，而这是很难称之为"承诺"的。——译者

者（3）当它能查问参与人真实可靠的信息时。在何种程度上，诸如"荣誉"、"脸面"或"信任"等概念能够被我们根据真实或假设的法律体系的术语来做理性化处理？或是理性化地处理成参与人价值观念体系的调整？或理性化为博弈参与人与额外的、现实或假想的其他参与人之间的关系？

上面这些简短的问题示例表明，"理论"创建的余地还很大。看来，这一理论似乎是个混合体，需要融合博弈理论、组织理论、沟通理论、证据理论、选择理论和集体决策理论。它与我们对"战略学"一词的定义相一致：它视冲突为当然，但又假定冲突双方之间存在共同利益；它假定一种"理性的"价值最大化的行为模式；它还着眼于这样的事实：各参与人"最佳"的行为选择取决于他预期另一方将如何行为，而且"战略行为"关注的是通过作用于对手的预期——即我方的行动如何与他的行为相关——来影响他的选择。

这里有两点值得强调：第一，"冲突的战略"听来冷血，但这一理论并不关注武力或任何此类东西的有效的**具体使用**，本质上，它不是一个关于侵略、抵抗或战争的理论。该理论所关注的是，以战争相**威胁**，或用任何其他的东西来威胁，但是，它针对的是对威胁或威胁及承诺的调用，或者更一般地，对"一方的行为以其他人的行为为条件"这一原理的调用。

第二，该理论对冲突的利益与共同利益一视同仁，也不偏向于其对分析潜在敌人和分析潜在朋友的适用性。这一理论的适用性在如下两个极端情况时会衰减，其一端为，双方不再有调节的余地，哪怕是在避免共同灾难的问题上，也丝毫没有共同的利益；其另一端为，在此根本没有冲突，在确认和达致共同目标的过程中不存在任何困难。而在这两端之间的区域里，该理论对于冲突利益与共同利益之混合体的态度也不予置评，我们既可称该理论为可质疑的伙伴关系理论，也可以称其为不完全的敌对关系理论[①]（第9章将指出，国际事务中，突袭问题的一些重要方面在结构上类似于可质疑的伙伴关系问题）。

（1）在"理论"上把握"涉及的冲突程度"的中性原则以及（2）在"战略"的定义上：关注于"通过影响对手对其行为后果的预期以达到限制他的目的"，上述两点表明，我们应称我们的科目为**相依决策理论**。

威胁与反威胁、报复与反报复、有限战争、军备竞赛、边缘政策（外交冒险）、突然袭击、轻信与欺骗既可看做是头脑发热的行为，也可看做是沉着冷静的行为。建议是，为了理论的发展，它们被视作是沉着冷静的行为将会极有好处，这并不是断言，它们就在事实上完全是沉着冷静的。毋宁说，这只是在断言，理性行为的假设在建构系统性理论方面是富有生产性、建设性的。如果设定行为是沉着冷静的，有效而确切的理论就会比"设定行为乃实际所是的那样"更容易创建。如果我们把自己的研究结果视为进一步逼近现实的规范标准而非完全等同于现实的理论的话，我们就该设法去保护自己免于碰上那些"基于有偏见的理论而得出的"最糟糕结果。

此外，基于这样一种假设（参与人能够根据前后一贯的价值体系冷静而"理性"地计算他们的利得）的理论也能够促使我们更彻底地思考"非理性"的含义。决策者们并非简单地分布于一维——从完全理性的一端延展到完全非理性的另一端——的尺度之上。理性是一个属性集，偏离完全理性时可能有着许多不同的方向。非理性可能意味着：（1）无序和非一致性的价值体系，错误计算、不能获取信息或无法有效沟通；它还可能意味着，（2）在形成决策、将其传递出去或者

[①] 我这里使用"威胁"一词，并不必然倾向包含侵犯或敌对的意涵。朋友之间开诚布公的谈判或心照不宣的合作中，意见不一或削减合作的威胁，无论明示还是暗示，都是一种惩罚，通过这种，他们维护着各自的需求，正如在商业交易中，一个报价往往因伴随着"少了不卖"的威胁而获得强制性。

获取或传递信息的过程中，可能存在随机性和任意性影响；此外，（3）它有时不过是对众多个体（他们不拥有相同的价值体系，且他们的组织安排和沟通体系无法令其像个单一实体那样行动）所做决策的集体特征的反映。

实际上，进入理性行为模型的许多关键要素都能被明确为特定类型的理性或非理性。价值体系、沟通体系、信息系统、集体决策过程或是代表错误或失控可能性的指标，都可以视为将"非理性"研究形式化的一种努力。希特勒、法国议会、轰炸机上的指挥官、珍珠港的雷达操作员、赫鲁晓夫以及美国选民都可能遭受某种但绝非同一种"非理性"的困扰。它们中某些类型的非理性可以纳入理性行为理论之中加以说明（甚至是精神病人——有着颠三倒四的价值，且无法调和它们，被激发去压抑而非调整其自相冲突的目标——也可出于某些目的而被视作一**对**"理性"的实体，他或她具有不同的价值体系，通过具有随机性和任意性元素的投票程序、非对称性沟通等来达成"集体"决策）。

"精于计算、价值最大化的战略决策的理性行为假设"的明显的局限性，因两个额外的观察而得以缓和。其一是，我只能基于二手材料断言，那些情绪失衡、被确认为非理性的人，也常被观察到对战略原理的与生俱来的接纳或至少是针对它们的特定运用。我被告知，精神病院里的病人通常也会有意地或本能地培育自己的价值体系，从而使自己较能抗住惩罚性威胁，并更能操演对他们自身的胁迫。面对伤害，一个漠然处之甚或自我摧残性的态度——"如果你不让我……，我就割脉自杀"——可能成为一种真实的战略优势。与此类似，人为培养的视而不见、听而不闻、故作不懂或频频自我失控的声誉，都能使得惩罚性威胁失效而无法构成威慑（这令我再次想起了自己的孩子）。事实上，在冲突利益与共同利益并存的局势下，一个明确的"理性"战略决策理论的优势之一在于，通过揭示某种荒谬矛盾的手段的战略性基础，能够展示出这些懵懂、幼稚而体弱的人所操作的某些手段是多么正确和理性。不夸张地说，我们的老练世故有些时候压制了正确的直觉，而一个明确理论的作用之一可能就是恢复某些直觉观念，这些直觉观念曾仅仅被视作浅薄的"非理性"。

第二个观察与第一个相关。有关"理性"决策及其战略性后果的明确理论，非常清晰地表明，在冲突的局势中，坚定而清楚的决策和动机理性不是普遍有利的。合理性的许多特征，正如前面提到的一些例子所示，是特定冲突条件下的"战略性无能为力"。希望自己不要完全理性也许是一种完美的理性，或者，如果上述语言哲学得（或辩证得）令人生厌的话，则可以说，希望在特定条件下获得搁置或暂停某种理性能力的权力是一种完美的理性。而个体**能**——至少在一定限度内能——暂停或摧毁他自己的"合理性"，他之所以能做到，是因为构成理性的各个特质，并非人类精神不可分割、深度人格化、完整而必需的属性，而是包括了诸如这样一些事物：行为者的助听设备、邮件的可靠性、法律体系以及行为主体的代理人和伙伴的合理性，等等。原则上，行为者可以通过如下方式逃避敲诈：用药物麻醉他的大脑，显著地在地理上使自己与外界隔绝，让自己的财产合法地被扣押，打断自己用以签支票的手，等等。在战略理论中，这些防御措施中的一些可被描述为对理性的损害，如果我们想这样描述它们的话。一个把"理性"视为明确预设的理论，不仅可以调整该预设并考察其意义，而且能够将其中的秘密（或神秘之物）抽取出来。事实上，在冲突局势中，"理性"悖论性的角色，便是一个系统性理论倾向于能够有所助益的明证。

此外，战略行为的理论分析得到的结果一般**较为**反常，它们往往与常识或已被接受的规则相抵触。正如前文的敲诈案例所示，面对威胁时，保持理性并不总能获得优势，特别是其为理性或非理性的事实不能被隐瞒时。面对威胁时，沟通体系运转良好、拥有完备的信息以及完全掌控自己的行为和自身的资产，也并不总能获得优势。前面提到的摩萨德克和我的小孩可以作为参考，同样的例子还有，烧毁身后桥梁、背水一战，告诉敌人自己已经无路可退。在战略理论看来，给海盗提供贡品被定为重罪的英国老式法律，并不必然是严酷或不恰当的。有趣的是，政治民主本身也有赖于特定的沟通体系，在其中，真实证据的传递是被排除的：强制性匿名投票就是这样一种设置，它拒绝承认投票者有关其如何投票的任何证明手段。通过剥除他证明其如何投票的权力，也就剥除了可能令其招致恐吓的权力。既然无力证明投票人是否遵循威胁行事，投票人也就知道，这样，可能会去威胁他的人也知道，任何惩罚都将与他具体如何投票无关。

一个众所周知的、通常被磋商者宣之于口的原则——行为主体应该选择一些好的磋商者来代表自己，然后授之以充分的机动性和权威性——绝不像其支持者所认为的那样不证自明，磋商者的力量通常有赖于其可明确表示的无法（或无能力）做出让步和满足对方要求。①同样，尽管行为者在以同归于尽的报复相威胁时，谨慎的建议是给自己留条后路以便逃跑，但是任何留有后路的迹象都会削弱其威胁的可信度。故意放弃某种选择权，甚或完全摒除对未来行为的控制权以及令其反应变得自动化，反倒会带来战略性优势，这样的观念看来似乎很难让人消化。

许多这样的例子涉及一定程度上否定技巧、机智、理性、知识、控制或自由选择的价值。这些例子都——原则上——在特定环境下是有效的，但是，如果将问题形式化，在抽象层面对之加以研究，并确认

---

① 国外援助管理提供了大量这方面的案例。参见，如，托马斯·谢林，"美国的国外援助"，《世界政治》，1955年7月，第614-15页。

其在另一背景（在此奇异性较不会构成理解上的障碍）下的类似之物的话，看穿其奇异性并理解它们背后的逻辑通常会变得容易得多。

另一个与通常的第一印象相反的原则涉及干净核弹①和脏弹②的相对优点问题。伯纳德·布罗迪指出，当行为者——与预期将进行的战争之要求相反——出于威慑的特定要求来考虑问题，他将会明白超级脏弹的某种功用。正如第10章中所言，如果我们把"恐怖平衡"视作不过是古代人质交换机制的大型现代版，这一结论也就不再那么奇异了。

这里，我们也许能够感受到当今文明时代国际事务方向学生的一个特有的劣势，一个相对于，比如说，马基雅维利和古代中国人而言的劣势。我们倾向于将和平、稳定和冲突的水波不兴与信任、诚实和相互尊重等观念等价联系起来。在这个意义上，这一观点切实地鼓励信任并将其尊奉为善的。但在信任和诚实不存在或无法通过我们的行动来重塑它们的地方，关于（在信任和诚实匮乏且违约不受法律保护时）如何让合约生效运转，我们或许有望从地下社会或古代暴政获得启示。它们包括：古人的交换人质、同饮一杯酒以示无毒、到公共场所会面以防一方被另一方屠杀以及甚至是故意交换间谍以便传递真实信息。看来，成熟的战略理论有助于阐明一些古老做法的功效，指出它们运用于什么样的环境，并发掘其现代的"尽管冒犯了我们的品位，却又是在冲突管理中可能被极度需要的"等价物。

---

① 较少放射性污染的核弹。——译注
② 通过爆炸大范围散布放射性微粒的核弹。——译注

第 2 章 论谈判

本章提供了一个策略性思路来对谈判（或讨价还价）进行分析。该主题既包括明示的谈判，也包括默识的类型，在此，谈判对手们观察并解释彼此的行为，每人都意识到自己的一举一动在被解释和预测，每人都围绕创造预期而行动。在经济学上，该主题涵盖工资磋商、关税谈判、只有少数对手的竞争、庭外和解，及房产经纪人与其客户之间的讨价还价等。在经济学之外，则包括从以大规模报复相威胁到与一辆出租车争优先通行权等广泛的问题。

我们所关注的**不是**去考察谈判的、为达成共赢而进行优化调节的部分，也不是可能被称作谈判的"效率"的侧面。比如说，保险公司可否通过提供现金支付而非修理客户的汽车来达到既省钱又令投保人更高兴的目的？雇主是否可以通过自愿地批准——愿意以所生产之商品替代其大部分工资的——员工工资的增加来达到省钱的目的？相反，我们要关注的是可被称之为谈判的"分配性"的侧面，即这样一种局势，一方得了便宜，另一方获利就少。当生意最终转手到了对其感兴趣的那个买方那里，达成的价格是怎样的？当两辆装满火药的卡车在仅可容下一辆车的路上相逢，哪辆卡车后退？

这些局势最终涉及纯粹谈判的一个基本元素：每一方主要受其——对另一方将接受什么之——预期的引导而谈判。然而，由于每一方都受预期的引导，并且知道对方亦然，预期就会变得具有合成性。当某方做出最后的、充分的让步时，一项交易也就达成了。他为什么要让步呢？因为他认为对方将不会让步。"我必须让步，因为他将不让步。他将不让步，因为他认为我将让步。他认为我将让步，因为他认为我认为他是这么认为的……"可能的备选结果会构成某种范围，在该范围中的任何点，对双方而言，都比没有达成任何协议要好。坚持达至任意一个这样的点，就是"纯粹谈判"，因为行为者总是**宁愿**少得，而不愿因达不成协议而什么也得不到。此外还因为，如果退一步被证明是达成协议的必要要求的话，行为者总**能**让步。不过，如果双方都意识到该范围的界限，那么**任意**结果都是这么一个点，从该点出发至少一方愿意后退一步，而另一方知道这一点！如此一来，也就没有静止之点或休憩之处。

但结果却是有的，而且，如果我们不能从局势的逻辑中找到它，我们也应能在调用的策略中找到它。本章的目的是唤起人们注意一类重要的战略，它特别适用于在逻辑上不确定的局势。这些策略的精髓是对选择自由的一定程度上自愿但却不可逆的牺牲。它们基于这样一种悖论：遏制对手的我方能力可能依赖于我方约束自身的能力，也就是说，谈判中守弱通常也是图强之道，自由也许是作出让步的自由，而破釜沉舟、烧毁身后桥梁也许足以令对手撤退而无所作为。

谈判能力：捆绑自身的能力

"谈判能力"、"谈判力度"、"谈判技巧"都似乎意味着，谈判的优势属于有实力、能量和技巧的行为者。确乎如此，如果这些品质之被定义，恰是为了说明"谈判的胜利由获胜的一方赢得"的话。但是，如果这些术语意味着，在争辩中表现得更具智慧或更有技巧便更有利，或拥有更多的财政资源、更多的军事潜能或更有能力承受损耗就能占具优势的话，这些术语就不过是在帮倒忙。这些品质绝不意味着在谈判局势中的一般性优势，它们经常会有负面作用。

见多识广的谈判者也许会发现，要看起来像真正顽固不化的人那样固执是困难的。如果一个人敲开门，双眼充血地说，要是不给他10美元，他就会自己捅刺自己，他可能就有更多的机会得到这10美元，两败俱伤、同归于尽式的威胁并不能用来威慑一个过于懵懂以至不能明了威胁之意的对手或者一个过于虚弱"以至无力贯彻其意志于他的行为表现"的对手。一个无力控制其收支平衡、或征税、或集合政治统一体来保卫自己的政府，也许会得到——在它能控制其自身资源时将遭到拒绝的——援助。再引用一个经济理论中耳熟能详的例子，在供不应求的市场条件下，"价格领先"①作为一种无利可图的特质能被小企业所规避，而它在大企业身上却被假设为是必须的。

谈判能力也被描述为是愚弄和糊弄的能力，"给自己设定最有利的价格并骗他人认为这是你的最低底价的能力②。"愚弄和糊弄当然会涉入谈判之中，但它们却可分为两种。一种是谎称事实，比如买方可能就自己的收入撒谎或谎报自己的家庭规模；另一种则是纯策略性的。假设每方都知道另一方的一切，且每方都知道另一方之所知。在此，还愚弄和糊弄什么呢？出于策略之需，买方可能会说——尽管他其实愿意支付高达20美元且卖方也知道这一点——自己铁定最多出16美

---

① Price leader 是以廉价吸引顾客的商品。Price leadership 被翻译成"价格领先"。价格领先在经济理论中意味着大企业对市场价格有极大的影响。如果大企业定价较高，则同领域其他企业均能获利。但是"价格领先"通常意指大企业调低价格，此时，一般情况下，其他企业为了维护其产品的市场份额，就不得不跟着调低价格。谢林此处提到"价格领先"特质的前提是"供不应求的市场条件"，这也就意味着，当某个大企业为追求这一特质而调低其价格，其他大企业就需要跟着调低价格，承担其"价格领先"者的特质，但小企业却仍可维持相对的高价，而不用担心其市场份额的问题。在这个意义上，价格领先对大企业是不利的，却又是大企业难以规避的特质。——译注

② 摩根（J.N. Morgan），"双边垄断和竞争性产出"，《经济季刊》，第63期，第376页，1949年8月。

元。如果卖方让步了，卖方这是被糊弄了？或是他被现实所说服？又抑或，如果买方策略失败，难道买方真不知道其下一步会怎么做吗？如果买方真的"感到"自己吃了秤砣铁了心，并将其决心建立在确信卖方一定会让步的基础之上，而卖方也的确让步了，买方也许会事后说他并不曾"愚弄和糊弄"。无论过去发生的是什么，现在都不适合用糊弄和愚弄之类概念来表达了。

一个人如何让另一人相信某事？答案非常依赖于事实性问题，"它是真的吗？"证明真实之事为真，比证明虚假之事为真要更容易。要证明自己真实的健康状况为真，我们可以去拜访声誉良好的医生；要向某人证明自己的成本或收入状况为真，我们可以让其查看经一个信誉良好的公司或国内税收局审计过的账本。但是，要说服一个人相信一件假造的事情，我们可能就没这么有说服力的证据。

当一个人希望说服别人，他顶多愿意支付16000美元去买一栋其实对他而言价值20000美元的房子时，他该如何去做，以利用真实存在比虚假声称通常更具可信性的这一规则呢？答案是，令其成真。买方如何能令其成真？如果他喜欢该房子是因为它离他的公司近，他应搬迁他的公司，并说服卖方房子现在对他来说真的只值16000美元。这可能就无利可图了，比起最初就付更高的价格买下这栋房子而言，现在他的状况并未获得改善。

但假设买方能与某个第三方打一个不可撤销且可强制执行的赌，充分地记录并公证，据此赌局，他为买该房支付不会超过16000美元，否则将被罚5000美元。如此，卖方就输了，买方只需展示事实即可。除非卖方恼羞成怒并恶意扣房，局势已被操纵而对他不利，"客观"局势——买方的真实动机——已经自愿地、显著地、不可逆地改变。卖方"要么接受，要么走人"。这个例子说明，如果买方能接受一个不可撤销的**任责**，以一种明白无误的方式呈现于卖方面前，他就可以把不确定性的范围压缩到对自己最为有利的那一点。它还表明，由于它的人为性质，策略可能有时行得通，有时则不行。买方能否找到一个有效的设置以任责自身，可能取决于他是谁、卖方是谁、他们生活在哪儿以及众多的法律和制度安排（包括，在我们人为设计的例子中，赌局在法律上是否是可实施的）。

如果两人都生活在一个"我向上帝发誓"被普遍接纳为是有效力的文化之中，买方需要做的一切就是：宣称他将不会支付超过 16000 美元，同时利用这一乞灵性的惩罚行为，然后他就赢了，或至少是在卖方不通过大叫"19000 美元，我向上帝发誓"来抢在买方之前达到目的的意义上，买方赢了。假设买方是受董事会委托只能以 16000 美元（多一分都不行）的价格购买该房的代理人，而且董事们根据章程又不能在几个月内再次开会，且代理的采购员也不能私自越权加价，同时，所有这些都能够让卖方知道，那么，买方就能"胜出"，如果卖方又一次，没有在此之前将自身锁死在 19000 美元要价的任责上的话。或者，（1）如果买方宣称自己不能支付超过 16000 美元的态度是如此坚决，以至于哪怕多支付一美分都将带来个人声望和谈判信誉的无法容忍的损失，且（2）如果他多付了钱，其事实必然会被大家得知，以及（3）如果卖主领会了所有这一切，**那么**，一个大声的宣告能无须外力地提供这一任责。当然，这一设置对放弃灵活性并无必要，除非它想提供彻底的证明并使其让卖方了解。

值得一提的是，一些更具契约性的责任并非如其第一眼看来那样有效。在前文通过赌局自我强加处罚的例子中，仍留有这样的可能：卖方找到第三者，提出一个适度的金额作为后者解除与买方之赌局的报酬，同时威胁他，如果不解除赌约，他将以 16000 美元售房。这对赌局——及大多数这类契约性任责——的影响是，转换磋商的场所与人员，旨在使第三方较少涉入谈判或较少甘心让步。换句话说，**契约**

性任责通常涉及的是依情况而定的条件性"转让成本"而非"实际成本"的承担问题，而且，如果所有利益相关的各方都能被带入到磋商中来，不确定性的范围将一如往昔。但是，如果对第三方的运用，必须涉及实质性的"运送成本"，就此而言，一个真实的、不可撤销的任责也就能被设置起来了（如果赌局由多人组成，将这些人带入谈判的"实际成本"应会被弄得高至令人望而却步的程度[①]。）

我们的话题中最有趣的部分关注于是否以及如何任责，但是，在此之前很值得花些时间简要地探讨一下一个没有实践性困难的理想模型——一个绝对的任责能被自由获致的世界。考虑一种"我向上帝发誓"被普遍公认是绝对的自我捆绑或约束的文化，任何与这种乞灵行为相伴的出价都是最终出价，而且也是这么被公认的。如果每方都知道对方的真实保留价格，争夺目标就是抢先给出坚定的出价。这样一来，最终结果的全部责任就落在了对方身上——选择接受该出价或者是走人（而他会选择接受它）。这时，讨价还价全部结束，任责方（也就是抢先出价者）获胜。

现在在模型中插入一些沟通方面的困难。他们必须要通过信件来

[①] 也许双边垄断问题的"理想"解是：一方移动其边际成本曲线，从而使共同利润现在在"产量为原初能带来共同利润最大化的那一点"上变成零。他通过不可撤销的售后返回租赁安排（向某个第三方以一次性付清总款的方式售出一个特许权合同，该特许权与他的产量是如此相关，以至于对于任何其他产量，都会导致共同成本大于共同收益）来达到此目的。现在，对他而言，除了能带来原初共同利润整体性增加的报价和产量，在任何其他报价或产量下，他都承担不起进一步的生产活动；双边垄断的另一方看到这一合同，觉察到这一局势，会接受他的真实的最低利润。"赢者"通过一次性付清总款方式售出特许权，而真实地获得全部原初的利润，该利润并不影响他的动机，因为它独立于他现在所生产的东西。第三方一次性付清总款（要减去其中一小部分作劝诱之用的回扣），是因为他知道第二方一定会让步，自己会最终赢得带有依情况而定性质的特许权。关键点在于，特许权购买者必须不能对"输者"具有可用性，否则后者会以不达成交易相威胁，迫使他（第三方）放弃对特许权的索取，这样就会重回原初的边际成本局势。但是，我们可以想像制度的日益完善将专业化特许权购买——专业化购买者最终的胜利依赖于从不食言和从不重新谈判的声誉，而其动机也因此就不会被任何单个的磋商所诱惑。

谈判；乞灵行为在签字时即已生效，但另一方直至其收到信件之前并不知道这一点。现在，在我方还在起草这样的信件时，对方或许已在其自己要发送的信件上签了字，或在我方的信到来之前，已这么在做。这样一来，交易无法达成，双方都被锁定在了不相容的位置之上。现在，每一方必须认识到谈判陷入僵局的可能性，并且考虑到另一方已经或将完成签署其任责之信。

沟通的不对称或许会对不能（并且被知道不能）收到信息的一方十分有利，因为他不需要因收到对方的任责而被威慑放弃自己的任责（另一方面，如果无法进行沟通的我方能够基于自己的无能而装疯卖傻，对方就会被威慑放弃他的任责，因为他担心我无意识的任责行为）。如果任责不仅依赖于言辞，还依赖于特殊形式或仪式，如果这种无知被众所周知的话，对对方任责仪式的无知可能是一个有利条件，因为它让另一方明白只有他自己做出约束才能避免出现僵局。

假设只有部分人口属于这样的文化，在此文化中"我向上帝发誓"是（或被相信是）绝对的自我捆绑行为。如果每个人都知道（并被知道其知道）所有其他人的文化隶属关系，那些属于这种特定文化的人就占据了优势。他们可以任责他们自身，而其他人却不能。如果买方说"16000美元，我向上帝发誓"他报出的是他的最终价格，而卖方说"19000美元"他这只是（并被知道是）在"讨价还价"。

如果每方都不知道对方真实的保底价格，就会存在一个前奏阶段，在此每方都努力发现对方的保底价格，同时谎报自己的，恰如在通常的集市讨价还价之中的那种情形。但是，发现和揭露的过程很快会与任责的创造和发现过程融合在一起。实际上，这些任责行为会永久性地改变"真实"的保底价格。如果一方拥有而另一方却没有包含了某种约束性仪式的信念，则在后者只能追求诸如**声明**其保底价格等"一般性"谈判技巧的时候，前者却将进一步**制造**自己的保底价格。

前面的探讨试图表明自我任责的合理性及其逻辑机制。某些例子能表明其与策略的相关性，虽然对于一个可见策略，观察者很少能自信地区分开其有意识而富有逻辑的、直觉的及漫不经心的使用这三者之间的差别。首先，工会官员在工资磋商期间或之前站在工会成员的立场激发斗志、坚定决心并非是罕见的。如果工会将坚持 2 美元，并预期资方以 1.6 美元反击，一个努力就是要使工会成员相信，不仅资方能够支付 2 美元，而且，如果无法让工资最终定在接近 2 美元的地方，工会谈判代表们本身甚至都可能被认为是不称职的。其目的（或者毋宁说，我们的分析表明的比较合理的目的）是为了向资方清楚地表明，谈判代表无法接受低于 2 美元的报价，**哪怕他们希望接受**；因为如果他们试着去接受该报价的话，他们将无法控制工人们或者将失去他们自身的地位。换句话说，谈判代表压缩了他们自身权力的适用范围，并迫使资方面对工会自身也难以防止的罢工的威胁，尽管事实上正是工会自己的行为消除了其阻止罢工的权力。

类似的情况也存在于美国政府与其他政府之间的谈判中，比如说，就国外援助的使用或关税削减等展开的谈判。如果行政部门能自由地、尽其所能地磋商最佳的安排，它可能就难以坚持一个坚定的立场，而会以退向很成问题的某处来结束谈判，因为其伙伴知道或固执地相信，美国宁愿退让也不愿谈判无果而终。但是，如果行政部门在立法机构的权威下谈判，令其立场受限于法律，显而易见，国会不可能在必要的时间段内重新召集会议以修改法律，这样行政部门就有了坚固的立场，且清晰地呈现于其谈判伙伴们的面前。

当国家代表进行国际谈判时，都知道有很宽的范围来达成可能的协议，其具体结果将依赖于谈判的进展。此时，他们通常会通过公开声明，故意激发公众绝不妥协之类态度的陈述，来创设一个谈判的立场。一旦捆绑性公众态度能被培植起来，并将其清楚地传达给对方，那么，最初的谈判立场就被创设成了可见的"最终"立场。

这些例子具有某种共同的特点。第一，它们非常明显地不仅依赖于引发一项任责，而且依赖于将其令人信服地传达给对方。第二，这绝不意味着确立该任责是容易的，也不意味着该任责的强度于任何一方而言是完全明白无误的。第三，同样的行为可能对谈判双方均具可用性。第四，任责的可能性，虽然双方均有，却绝不意味着是均等的，民主政府将自己受缚于民意的能力，可能不同于集权政府引发这样一个任责的能力。第五，当它们确立一个不可动的立场时，都可能冒这样的风险：超出对方退让的能力范围，由此十有八九会招致僵局或无果而终。

磋商的制度性和结构性特征

谈判局势的一些制度性和结构性特征可能导致任责策略易于或难于使用，或使其对一方相对于对另一方更具可用性，或影响同时任责及招致僵局的可能性。

谈判代理人的使用。谈判代理人的使用至少以两种方式影响任责的能力。其一，代理人可能会被下达难以或根本不可能更改的指示，且这些指示（以及它们的刚性）同时还易于为对方所知。该原则的运用见于：（1）区分立法机构与行政部门；或（2）区分管理层与董事会，以及（3）由信使传达出价，在此，谈判进程有时间限制，且委托人与信使之间存在足够的空间距离，使得在时限之内他们之间进一步的沟通明显不可能。

其二，"代理人"可能有着不同于委托人的自己的动机结构，出于自己的权利而作为一个当事人去行动。汽车保险业中即可见到这一设置；个体市民，在庭外和解时，无法像保险公司那样能有效地以诉讼相威胁①,这是因为后者显而易见地更容易被迫去实施这类威胁,以维护其自身在将来的事故处理中的声誉。②

保密性与公开性。一个强有力的任责手段,有时甚至是唯一手段,是押上行为者的声誉和尊严。如果国家的谈判代表能安排其因每一个细小的让步而被指责为绥靖主义者,他们也就会将退让明显地置于自己所能达到的范围之外。如果一个有着其他工厂需要应对的工会,能通过安排让其在谈判中做出的任何退让都极度清晰可见,它也就将其谈判的威望和声誉置于了危险的境地,这样也就显而易见地无法做出重大的妥协(同样实用的"危险的境地"是被普遍利用的防卫的基本原则,"如果我为你这么做了,我就不得不以同样的方式对待任何其他人")。但以这种方式任责,公开性是必要的。初始出价和最终结果这两点都应该被大家所知,而如果秘密笼罩着两点中的任意一点,或结果本质上是不可见的,该设置就不具有可用性。如果一方具有"公共性",而另一方没有,后者就可能通过排除或拒绝相关的"公共性"以中和、缓解自己的劣势;或者如果双方都担心彼此同时使用这种策略造成谈判出现僵局,他们应会就保密问题强制执行某个协议。

关联谈判。如果工会同时从事(或将短期内从事)多个谈判,而资方并无其他的工厂,亦无其他工会组织需要应对,那么,资方无法方便地押下它的谈判声誉,而工会却能。谈判优势将会被这样的一方所掌握:它能极有说服力地指出,如果它在本谈判中退让的话,在一

---

① 中国有句俗语"皇帝不急太监急",古代中国就皇帝立储而言,有些皇帝似乎还不如大臣来得着急,都可以说是这种情况的写照。——译注

② 汽车行驶中通行权问题的正式解可能是,胜者是第一个针对所有的意外可能为汽车投全面且明显保险的司机;因为在此后他没有更多的激励去避免交通事故,而另一方必须退让,并知道这一点(后者无法以同样的方式回击,没有保险公司现在愿意为他投保,既然前者已经投了全保)。更严重的问题是,罢工援助基金在工会联合会范围内的集中共用,降低了每个个体工会避免罢工的外显动机。正如前面所建议的双边垄断的解那样,这里存在着利益向第三方的转移,它显而易见地改变了行为者(双边垄断者或个体工会)自身的动机结构。

系列其他的谈判中其自身的位置也就难免被动（谈判的"声誉价值"可能较少与结果相关，而相对更多地依赖于遵循某种初始谈判立场的坚定性）。针对该策略的防御，在众多其他事项之中，可能同时包括这么两点：（1）曲解对方的立场，和（2）努力使得最终结果与其初始立场不具可比性。如果谈判的数个主题能被拉长置于谈判的不同阶段或工资数据被置换成——不能化约为工资等价物的——额外福利，一个可下的"台阶"也就提供给了已作出任责的一方，而该"台阶"的可用性削弱了任责本身，于任责方很不利。

连续谈判。关联谈判的一种特殊情形会在同样的双方之中——同时或在将来——就其他话题进行磋商时而引发。这一情形的逻辑更为微妙，为了说服对方自己无路可退，一方可以有效地说："如果我在这里做出让步，你就会在我们的其他谈判中调整对我的评价；为了保护我的声誉，我必须立场坚定。"这样，对方也就同时成了"我方的谈判声誉能被发誓给予抵押的""第三方"。这类局势发生在以局部抵抗对局部入侵予以威胁的行为之中。这里实施威胁的一方之所以能达成它的任责，并由此获得其威胁的可信性，不是依靠提及（通过实施该威胁）其能在这特定的一局中得到多少利益，而是靠指出践行一个威胁在提升其未来威胁之可信性上的长远价值。

限定性议程。如果有两个事项需要谈判，对它们同时或分不同专场或在不同时间进行磋商的决定，绝非与谈判结果没有关系，特别是当这其中存在一个潜在的敲诈式威胁（而它只有是在贴附到某种更一般、更合法的谈判局势之中才有效）时。避免敲诈的保护有赖于拒绝磋商、无法利用磋商或无能力磋商。但是，如果敲诈式威胁的对象能被带入到另一主题的议程之中，潜在的威胁就会变得更加有效。

关税谈判就是一个例子。如果互惠性关税的磋商是在奶酪和汽车间展开的，一方也许会以某种其他关税的惩罚性改变相威胁，从而改变谈判结果。但是，如果被威胁一方的代表因受限而仅关注"奶酪—汽车"的议程，且没有指示准许他们哪怕是了解一下其他商品，或者如果存在一个基本准则，禁止在"奶酪—汽车"问题仍未解决时提及其他关税，那么，敲诈式武器就只能等待另一个机会了。如果将被带上谈判桌的威胁是羞于公开的，那么，公开化本身就可能阻止它的有效传递。

补偿的可能性。正如费尔纳（Fellner）曾指出的那样，协议的达成可能取决于成本和收益的某种再分配方式。① 例如，在（行业或卖方）双头垄断的市场中，两个市场寡头以一种最大化其联合利益的方式分割市场，某种初始收益也就因此被决定了，任何其他利益划分都要求某企业能补偿另一企业。如果补偿的事实会被当作非法串谋的证据，或补偿的动机会被股东们误解，或双方不是足够互信，某种次于最优的利得**联合**就会变得很有必要，以便两个企业的初始收益能够与一种双方所赞同的利得划分方案更一致。

如果必须就某种在本质上是某人单独行为之事来达成协议，任何其成本的划分均取决于补偿。在这类情形中，"议程"被认为特别重要，因为补偿的一个原则性手段就是在某种其他目标事项上的让步。如果两个同时进行的磋商能够被引导进某个具有条件性的关系之中，就会出现一种新的补偿手段。如果两者保持分立，每个目标事项就都将继续其不可分解的状态。

对一方而言，保持某个谈判的被隔离状态是有利的，但对另一方而言，则将其加入第二个谈判之中可能会更有利。如果存在两个项目，其成本都是3，其对A产生的价值均为2，对B产生的价值均为4，且它们就其实施而言在本质上都是"单人"项目，同时，如果补偿在制度上不可能，只要两个项目保持分隔状态，B将被迫承担每个项目的

---

① W. 费尔纳（W. Fellner），《少数个体中的竞争》，纽约，1949年，第34-35、191-97、231-32、234页。

全部成本。他无法以不实施作为威胁，因为 A 没有动力单靠自身来实施任意一个项目。但是如果 B 能够将两个项目联结在一起，表示愿意实施其中之一（如果 A 执行另一个的话），并能有效地以放弃两个项目相威胁（如果 A 不执行另一个的话），现在 A 有了一个选项，其收益为 4，其成本为 3，他将接受之，而 B 也将自己的成本减少了一半。

经济学问题——作为谈判局势的典范——的一个重要局限，是它们总是不成比例地过于关注可分解的对象以及可补偿的行为。如在某房屋后面挖一条排水沟渠对其后的房子亦有保护作用，且如其成本为 1000 美元，并对每个房子的主人而言价值 800 美元。分开来做，两人都不愿意从事该沟渠的挖掘，但我们却仍然通常假设他们会聚到一起，并把这一工程看做是对他们俩共值 1600 美元的项目而值得一做。但如果做童子军领队的成本是一周 10 个小时，而每个人都认为值得一周花 8 个小时来带领童子军，但是全部工作必须仅由一人完成，那么，就很难确保两个邻居之间会达成这样一个协议，据此协议，一人花 10 个小时完成该工作，而另一人付其现金或为其修整草坪 5 个小时。两辆汽车狭路相逢时，继之而来的僵持会因缺乏通行权之竞价购买惯例而加剧。在互投赞成票不能实行时，国会中就会出现僵持的局面。只是在好几项被捆绑在一起时，才有可能发起要求一致同意的措施。①

谈判操作流程。还有不少其他特征值得提及，尽管我们无须彻底弄清它们的含义。传递虚假的信息会受惩罚吗？堪称糊弄的行为该受惩罚吗？也就是说，一个人是否可以提出一个报价又在其被接受后将之撤销？是否应该惩罚雇用"托儿"（这些"托儿"貌似利益相关方，却只是做虚假的报价，目的只不过是为了探寻对方的底线）？所有的利益相关者是否都需要经过验证？谈判是否有时间限制？讨价还价是否采取了

---

① "巴黎协定"中有关萨尔地区的条款，它结束了西德对萨尔地区的占领，其包含的内容可能反映了这一原则或之前段落中揭示的原则。

特定的竞标模式：降价拍卖式、密封投标式，还是某种其他形式的安排？是否应确立**现状**，当这样做在磋商不具可用性时，倾向磋商的一方能够赢得**现状**？在出现僵局时，是否可以再磋商？僵局的成本是什么？对协议的遵从行为是否可以被观察到？一般而言，沟通的手段是什么？它们中的某些手段是否易于被一方或另一方破坏？如果有多个议题需要磋商，它们是在一个综合的谈判中被磋商，还是分开来以特定秩序逐个进行，还是同时通过不同的代理人或在不同的规则下进行？

仔细想想国会的操作手法，许多这类结构性问题的重要性就变得显而易见。准许总统只能以整体方式否决一个拨款议案的规则或在原始议案被表决之前，每个修正案都要求被表决的规则以及根据不同请求确立的优先权体系都极大地改变了与每项法案有关的动机。可能被迫选择次优方案的行为者，如果能早些投票来排除这一可能选项的话，便可缓解他的脆弱性，因为这样一来就仅留下了最优和第三好的方案，而对于这两者，他的偏好被公认是如此之强烈，以至于不会有什么威胁会被做出来针对他。

原则和先例。为了令人信服，任责通常必须讲求质量而非数量，并且要有根据。很难想像一家公司任责于定价 2.07 美元，为什么不是 2.02 美元呢？这样的数字尺度太具连续性以致难以提供好的栖息地，除非是像 2 美元这样的好的整数。但是，任责于"分红制"、"生活成本增加"等**原则**或者数字计算的任何其他基础而得出 2.07 这样的数字，也可能为一项任责提供立足点。此外，行为者可以以置原则和先例本身于危险境地的方式，将某事创设为一个任责。如果在过去行为者成功坚持了某原则，比如说，不承认政府的横征暴敛，并在当前谈判中选择将他的诉求钉入该原则之中，他不仅援引先例支持其诉求，也为该原则本身带来了风险。这样以某原则起誓，他也就能说服他的对手，他宁愿接受僵局也不会退让而败坏该原则。

找说法，给台阶。如果行动者达到了让步被认为是可取的那一点时，他必须意识到让步的两个效应：（1）它将使他更接近其对手的立场，以及（2）它将影响其对手对他的坚定性的评估。让步不仅会被对方解释为投降，还将导致此前的任责被标识为欺诈，而且导致对手怀疑其宣称的任何新任责。因此，行为者需要一个"说法"以调整他的对手适应新情况，最好对其初始任责作合理化的再解释，该解释应对对手自身而言具有说服力。

更有趣的是通过是非判别式的"给台阶"而将对方从一项任责中解脱出来。如果一方向对方表明后者并未任责，或后者对其任责估量错了，行为者也就可以在事实上解开或者改变对手的任责。或者，行为者也能搅乱对方的任责，使其选民或委托人或观众无法准确地识别其对任责的遵从——通过表明"富有成效"是含糊不清的或"相当的贡献"有着多种意义，行为者也就能缓解任责之压力或降低其价值。这一任责成功地经过辩论而被驳倒，对对方而言是不利的。但是，当对方决定做出适度让步时，行为者可以这样帮助对方：通过证明其**能**在与先前的立场保持一致的情况下适度让步，或者证明如果他做出让步，也没有任何根据相信这会给其最初的原则带来不利的影响。换句话说，行为者必须寻求一种合理化解释，以否认自己从对方的让步中获取了太多奖赏，否则将不会做出让步。①

---

① 许多教科书所涉及的问题（如公司间的双边垄断）中，谈判范围的两个终端是一方或另一方利润为零的点；满足于一方最低限度的利润或立场之结果，并不好于什么解都没有。但是，除某种购买和销售情况之外，谈判局势可接受的结果之范围通常会存在一些限制，行为者可自由接受的、最低限度的有利结果，要在实质上好于僵局。在这种情况下，一方的首要目标可能是预先阻断对方任何误导性的任责行为。如果真实的立场比虚假的立场更易于证实，一个"保守"的初始立场也就被标示出来了。看来，一旦从一个初始"激进"的立场撤退，会使得后续传达真实立场的尝试变得不可置信。事实上，尽管一个人一般不愿意为自己的行为请求惩罚，但如果存在一个针对谎言的可执行的惩罚，将会有所助益。例如，如果一方能证实他的成本或收入情况——通过展示他的所得税申报表，那么，这里存在的对造假的惩罚将增加该证据的价值。

甚至"纯"双边垄断的情形中，如果谈判由代理人或雇员（其回报更多地依赖于**是否**达成协议而非协议的具体条款多么有利）执行，也可能会让情况变得一定程度上具有这样的、避免因抹不开面子而陷于僵局的性质。

威胁

行为者受到攻击时以回击相威胁，或竞争者降价时，行为者以消减自己的价格相威胁，这些威胁只是在向对方传递行为者自己的意图，试图使对手牢记其行为必然导致的后果。顺便说一句，如果它成功地形成了威慑，将对双方都有利。

但是，当这样的情形（即，行为者用以威胁的行为是其不愿意执行的，只不过基于该行为包含互损的前景，它被设计以用来威慑）出现时，威胁所牵涉的就不仅仅是信息沟通问题了。对微小的侵犯，威胁以大规模的报复就具有这一性质，类似的，还有以撞车威胁不遵守优先通行权的行为或威胁以召集成本高昂的罢工来求得"工资上涨几美分"。这种威胁的显著特征是威胁者没有动机将其付诸实施或践行，无论是在结果之前还是之后。如果他认为威胁能成功的话，他的确有动机将自己与威胁的践行捆绑在一起，因为达到目的的是威胁本身而不是它的践行。而如果威胁成功了，践行也就不必要了。依条件而定的践行越具必然性，真正践行的可能性就越小。但是，威胁的功效取决于对方的轻信程度，而且，威胁会无效，除非威胁者能重新安排或显示自身的动机，以便表明自己，**比照以往**，有将其付诸实施的动机。①

我们再次回到了任责问题。行为者如何事先任责自身于某一事实

---

① 值得一提的是，遏制性威胁有着某种有趣的数量特征，反映了回报与惩罚之间普遍的不对称性。例如，威胁并不必然承诺给被威胁方带来的损失要大于其给它的实施者造成的损失。以一辆新车撞一辆旧车相威胁，行为者可能会成功，如果其被相信了的话，为了微小的损失而以发动昂贵的诉讼相威胁，或以发动一场价格战相威胁也同样如此。此外，只要是就遏制的能力而言，就根本不存在诸如"太大"的威胁之类的事物，毕竟如果它大到足以成功，它就不会被实施。一个威胁只有是在如果它的真实规模影响了它的可信度时，才能说"太大"。对小小的行为不端威胁以原子弹式的毁灭，恰如以成本高昂的监禁来威胁超时停车，就会显得有些太大而多余，却也未必过分，除非被威胁方认为其太过可怕以至于不可能为真而忽视之。

上他并不倾向于最后（如果威慑有效就不会）实施的行为，以便其任责能威慑到对方？行为者当然可以糊弄，虚晃一枪地说服对方相信，对威胁发出者而言，该行为之成本或损失是很小的或为负数。更有趣的是，作出威胁的人可以假装他自己错误地相信该行为之成本是很小的，由此也就更可能错误地继续前进并践行其威胁。或者，他可能应假装报仇的动机是如此强烈，以至于压制了对未来自身损失的担心，但该选项可能对真实复仇者才最具可用性。否则，他就必须找一种方式来任责自身。

行为者可能试图在践行问题上——以一种令被威胁的人印象深刻的方式——押上他自己的声誉。行为者甚至可以押上他的声誉，将之**寓于被威胁者自身**，基于这样一种逻辑：如果后者不遵从威胁的话，为给后者一个教训，是值得支付相关的成本和代价的。或者，他还可以试着安排一个法律性的任责，比如说，通过与第三方订立合约。①或者，如果行为者能将整个生意交给一个代理人，该代理人的工资（或商业声誉）依赖于将威胁付诸实施，并永久地免于承担更进一步的成本之责，如此一来，行为者也可以改变其动机。

任责问题可以很好地用所谓"最后的明显的机会"（last clear chance）的法律原则来加以说明，该原则确认，导致事故发生的一系列事项中，会存在某个时间点，在此之后事故作为"先在"行为的结果才变得不可避免，而在这同一时点之前，双方阻止事故发生的能力并未丧失。谈判中，任责是一种设置——以一种对方完全明了的方式——留给了对方最后的明显的机会来决定结果，这是放弃了我方进一步行为的主动性，操纵了彼此的动机，如此一来，对方必须做出对

---

① 强国和弱国之间的联合防御条约，从这个角度看待也就很好理解了，这就是，其采纳并非是为了保证弱小国家的安全或换取它们的回报，而是作为一种设置，用以放弃令人为难的选择自由（这里，谢林把弱国当作了正文中行为者（强国，比如说美国）与之订约的"第三方"，其暗含的所谓"第二方"则是另一个强国，比如说苏联。——译者）。

我方有利的选择。一个司机已经加速行驶并无法停车,而另一位司机认识到这一点,后者就不得不避让。在国会会议的最后阶段,立法者给了总统最后的明显的机会来通过法案。[①] 该原则有助于我们理解,在一些情况下,谈判之"力量"内在于根据其他标准而言的"弱势"或"不足"。[②] 当一个人——或一个国家——失去了自助能力或失去了规避互损的能力时,另一方没有任何办法,只能承担其成本或责任。"强制性不足"是亚瑟·史密西斯(Arthur Smithies)用来描述行为者(如一国行政部门)故意将年度预算限额早早地消耗掉,以便使对更多资金的需求变得无法抗拒地紧迫的一种策略。[③]

一个相关的策略是将操控寓于**现状**之中,只需要一个公然的行动,行为者即可将自己从中逐出而形成破坏,而这个公然行动将使共同损失骤然发生,因为操控方已经放弃或交出了撤退的能力。如果一个人在其身上可见地——以一种明显不可避免地将造成自己与任何攻击者同归于尽的方式——带着爆炸物,他这样形成的对袭击的遏制作用,要甚于如果他在爆炸物上留下任何控制装置的情形。如果行为者置身于无法逃走的军队的象征性神力,投入于全面抵抗的任责就会增加。

---

① 美国宪法第七款指出:"有关征税的所有法案应在众议院中提出,但参议院得以处理其他法案的方式,以修正案提出建议或表示同意。经众议院和参议院通过的法案,在正式成为法律之前,须呈送合众国总统。总统如批准,便须签署,如不批准,即应连同他的异议把它退还给原来提出该案的议院,该议院应将异议详细记入议事记录,然后进行复议。倘若在复议之后,该议院议员的三分之二仍然同意通过该法案,该院即应将该法案连同异议书送交另一院,由其同样予以复议,若此另一院亦以三分之二的多数通过,该法案即成为法律……如总统接到法案后10日之内(星期日除外),不将之退还,该法案即等于曾由总统签署一样成为法律。唯有当国会休会因而无法将该法案退还时,该法案才不得成为法律。"根据这一规定,在立法工作中,美国总统显然有许多"最后的明显的机会"。——译注

② 中国有句俗话,"死猪不怕开水烫",也许可以作为一个例证。——译注

③ 见A·史密西斯,《美国的预算程序》,纽约,1955年,第40、56页。一种解决方法是将分配流程的期限压缩。也请参阅,谢林,"美国国外援助",见于《世界政治》,7: 609–625 1955年7月,该文考虑了对外援助分配中类似原则的问题。

沃尔特·李普曼曾用厚玻璃窗对珠宝店的保护作用打过比方：任何人都能轻易地打碎玻璃窗，但无法在不同时引起骚乱的情况下打碎它。

同样的手法也能为被威胁方所用。他的最佳防卫当然是在威胁做出之前实施该行为，如此，他就既无动机也无任责作为报复之需。如果他无法加速该行为本身，他也可任责自身于它；当将被威胁者业已任责，拟做出威胁的人也就不能用其威胁来遏制，他只能造就某种——其拟做的威胁所指向的——共同灾难。① 如果将被威胁的人能在威胁做出前进行一种安排来与其他人共担风险（如前面提到的建议那样，以投保方式来解决优先通行权问题），他将变得如此显然地免疫于该威胁，以致可以劝阻威胁者。或者，如果通过任何其他手段，他要么能改变、要么谎报自己的动机，以显得即使威胁被践行，他也将会（或可能只是他想他将会）有所收获，鉴于威胁成本高昂而无利可图，威胁者也许不得不放弃该威胁，或者，如果行为者能假装自己要么无法理解威胁、要么过于顽劣而无法遵从它，他也可能阻止威胁本身。最好的方案可能是**真正**无知、顽固或单纯地怀疑，因为对可能的威胁者而言，这更为可信。② 但是，当然，如果这一切没能说服他，

---

① 提供给警察的交通罚单编有号码且无法擦除，这一安排使得警察能够在与司机交谈前，通过记下车牌号，来排除司机的威胁。有些卡车上标识着"警报和锁闭系统不在司机的控制之下"，（来排除可能的半道抢劫之威胁——译者补充）。银行地下室的定时锁所起的作用，与选举中的强制匿名投票相同。类似的还有，在发起侵略之初，派出一小股先头部队前往，即使力量不足、规模过小而无法赢得目标（亦可免除对方的报复性威胁——译者补充）。在一项计划中列入大量"头面人物"，以使计划无法撤销：较大规模的人脉力量可以时刻准备着，不用惧怕遭受纯粹遏制性威胁。在很多大学，教师被一项规则所保护，该规则否定他们有权修改已经记录在案的课程分数（从而可以避免来自学生改分要求的威胁——译者补充）。

② 中国新闻网2014年1月26日的一则报道可以作为谢林该说法的例证。该报道据美国侨报网编译报道指出，2014年1月21日晚，阿拉巴马州赛姆斯市一名白人男子欲抢劫该市一家中餐馆，但未得逞。"当时，一名白人男子走进该家中餐馆，递给服务员一张纸条。这张恐吓纸条要求服务员交出出纳机内的全部现金。然而这时，戏剧化的一幕发生了。这名服务员完全不懂英语，也不知道该白人男子想干什么……因为服务员不懂英语，所以这名劫匪的计划未得逞。随后，嫌犯迅速逃出餐馆，窜进餐馆后面的树林。"参见：http://www.chinanews.com/hr/2014/01-26/5783230.shtml。——译注

而且他任责自身于这一威胁，结果是"双输"。最后，威胁和任责必须被传达。如果被威胁者无法获知信息或能破坏沟通渠道，哪怕他这样做明显是在努力避免被威胁，他也有可能阻止威胁本身。① 但是，显示怀疑或顽固的时机应是在威胁做出之前，也就是说，在任责发生之前，而不是恰在威胁践行之前。当坚定任责的威胁已被信使送上门来还对此表示怀疑，或是跑往城外，将于事无补。

在威胁的局势中，正如在普通的讨价还价中那样，任责并非全都是清晰的。对于牵涉到威胁的两个相关联的行为②，每方都不能准确地判断其对对方而言的成本和意义。任责可能是一个不断推进的过程，不同的任责通过一系列的行为来获得其坚定性。双方的沟通通常既不是完全不可能，也不是完全真实可靠，在此，行为者任责的某些证据能够直接传达给对方，另一些证据则只能通过报纸或小道消息来传递或直接通过行为来证实。在这些情况下，双方行动——作为一种同时任责的结果——一起发生的令人不快的可能性将大为增加。此外，鉴于行为者意识到任责同时发生之可能，这本身开始就变成一种抑制任责的因素。③

---

① 敲诈者也许因为其"客户"不在家，而无法收到保护费，同样地，绑架者如果无法与被绑架者的家人或朋友联系上，他也就得不到任何赎金。因此，作为一个可能是不具操作性的建议是：在绑架发生后立即监禁所有关心被绑架者利益的家人和朋友，这样一项立法能使通过绑架获取赎金的前景变得暗淡。同样的道理，看守和警察的轮换，或将他们随机成对任命，不仅能够限制他们受贿，也能保护他们免受威胁。

② "如果你……（行为1），我就……（行为2）"，这里行为1和行为2构成"牵涉到威胁的两个相关联的行为"。其中"行为1"也就是谢林所谓"威胁要针对的行为"，"行为2"则是谢林所谓"威胁将回击的行为"。——译注

③ 一个引人瞩目的制度性事实是，对个人和国家而言，不存在单一的、通用的方式来确立任责——我们正在讨论的这种任责。可以一试的方式有多种，但是，它们大多数非常模糊、不确定或只是可遇而不可求。在前面提到的"我向上帝发誓"式的社会里，谈判理论本身可能简化为博弈策略和沟通机制，但是，在当今世界的大多数社会中，该主题主要是一个经验性和制度性问题，它涉及谁能任责、如何任责以及在多大程度上能保证其为对方所知。

在威胁已经做出却未能有效地实现威慑的情况下，在威胁践行之前，还存在一个瞬间阶段，在该阶段松绑任责对**双方**都有利。这时，威胁的目的已失，其威慑的价值为零，只有任责尚存，才可能诱发威胁之践行。当然，其特征类似于普通讨价还价中的僵局，它源于双方当时已任责于不相容的立场，或一方错误地任责于某个对方真的难以接受的立场。如果这时出现了松绑任责之可能，**双方**都有动力去这么做。如何松绑则事关双方利益分歧之所在，因为不同方式的松绑将导致不同的结果。此外，"松绑"并不意味着不顾声誉地忽视任责；"松绑"——如果任责所投入的是真实的声誉，意味着切断威胁与一个人的声誉（或许是其对于被威胁方而言的声誉）之间的关系。因此，这是一个微妙而敏感的局势，在此，尽管双方都倾向于松绑任责，他们却可能无法协同来做到这一点。

在界定这一威胁时可能需要格外小心，特别是它同时涉及威胁要针对的行为和威胁将回击的行为。问题来自前面已经提到的一个事实，请注意，一旦前一类行为发生，进行后一类行为的动机就消失了。在这类行为发生前，威胁的可信度依赖于威胁者的无能为力（这种无能为力指的是，在威胁不能达到其目的情况下，威胁者无法合理化自身而从任责中摆脱出来）在何种程度上为被威胁者所见。威胁方在自己身上所留下的任意一个漏洞，如果它们易于为被威胁方所见，都会削弱其可见的任责，由此降低其威胁的可信度（一个可能的例子就是台湾决议案和共同防御条约中有关金门的模糊处理方式）。

因此，可信度的最大化至关重要，这意味着在做出威胁时，应尽可能压缩主观评判和自行决定的空间。如果一方决意惩罚某种越过某一界限的行为，而该界限又缺乏细致和客观的界定，那么，被威胁方将会意识到：当决定是否必须践行威胁的时刻到来之时，威胁方将与其利益存在一致性——都试图避免造成彼此不快的后果。

为了使威胁精准，所以其条款一清二楚地呈现于被威胁方以及任何"对整体事件之反应可能于对手有利"的第三方面前，威慑方有必要引入一些专断因素。威胁必须关联于明显的行动而非限于意图；它必须贴附在可见行为而非不可见的行为之上；它还可能不得不令其针对某种"就其自身而言对威胁方后果不重"的附属性行为。例如，它可能必须对携带武器就进行惩罚而不仅限于针对武器之使用；对可疑行为就进行惩罚而不仅限于针对可观察到的罪行；对接近于犯罪就进行惩罚而不仅限于惩罚犯罪本身。最后，惩罚行为的效应或影响必须是清晰可辨的。①

　　行为者要想在威胁的背后押上他的声誉，就必须注意当前局势与后续将要出现的问题之间的连贯性。这种连贯性之有必要，暗示了令原威胁更有效的一种手段，如果整个威胁可分解成一系列连贯的更小些的威胁，那么基于针对早先少量违规行为的"牛刀小试"，威胁方即可有机会证明：针对后续剩余的违规行为，他的威胁将仍被付诸实施。如此一来，早先的少量威胁也就变得更加真实可信，因为威胁方有更明显的动机去践行它们以给对方一个"前车之鉴"。

　　这一原则可能与"本质上是程度问题"的行为最为相关。在对外援助项目中，结束援助的明显行为对双方来说其痛苦都是如此显而易见，以至于受援方不会将此当真，但是，如果受援方每一次较小的资金滥用，都伴之以援助的一个较小缩减——缩减程度"不要令受援方感觉无助，也不要激起外交的裂痕"，那么，将这样的威胁付诸实施的意图就能获得可信度，否则，如果最初不这么去做，就留不下什么有

---

① 1950 年期间，美国经济合作部宣称，将会通过或增加或缩减国外援助份额的方式，来回报马歇尔计划中那些政策遵循得力的国家，而惩罚那些遵循不得力的国家。但是，由于基础数据并未事先确定，且由于这些数据的决定最终涉及主观评判而非客观公式，如此，其后也就无法在事实上看到增加或缩减援助份额之行为，该计划也就招致了人们的怀疑。

说服力的教训，除非以过大的损失为代价。①

当然，威慑方可能不能把行为划分成步骤来进行（"划分步骤"意味着，威慑所针对的行为以及对此实施的惩罚都必须具有可分性）。但是这一原则至少表明，以某种"关键程度"或"被认为难以容忍的量"等术语来定义侵略或越轨是不明智的。一旦威慑所针对的行为在本质上是（其累积效应事关重大的）一系列步骤，契合于这一累积而不断增强的威胁会更为可靠——相对于在某种"关键点""要么全部践行，要么根本不付诸实施"的威胁而言更为可靠。何况，甚至将"关键点"界定得足够清晰而具有说服力都是不可能的。

为了使威胁所针对的行为具有可分性，这些行为本身可能必须被调整修改。行为中无法分解的部分需要暂时搁置，与事件相伴推进的辅助性行为，尽管其本身并非利害攸关，却可能是一个威胁可有效附带上的对象。例如，主要行动的一些准备工作，其本身不会带来伤害，在时序划分中却颇为敏感，由此也就是威胁所针对的有效对象。对于一个踢狗的人，对其每一步踢向狗的动作，都需要威胁以适度的惩罚，尽管其碰到狗之前的靠近行为就其自身而言并不利害攸关。

同样地，将一个威胁分解成一系列威胁也就是：以一个惩罚性行为开始，之后再与时俱进地提升其严厉性。在以暴力致死相威胁不可信的情况下，截断食物供应可能能使对手的服从。出于道德或公关的考虑，这一设置事实上能留给对手"最后的明显的机会"，这样，如果威胁还是失败，对手的不幸（如死亡）将被归咎于其顽固不化。但是无论如何，威胁方应在其威胁行为还处于开始阶段和比较弱小时，就从中开发出显而易见、异乎寻常的行为，而不是将其姑息成解决问题

---

① 贷款通常被要求进行较短间隔期的分期偿还，而不是在贷款快到期时一次性还回，这种常见的要求可能反映了相同的原则。同样的逻辑还有，在一门大学课程中，惯例是对学生进行多频次的考察，而避免在课程结束时全凭一次性考试来定学生的成绩和成败。

的终极的、令人畏惧且异常明显的障碍。而且，如果灾难承受方是唯一知道他们自己是如何一步步地挨近大灾难的人，那么他的"最后的明显的机会"才是真正意义上的机会。此外，威胁方或许会为对手的崩溃而非小小的不适而感到局促不安，因此，这一设置能够将危险的、只此一次的终结性威胁转化为破坏性较小的持续性威胁。同样地，要赶走租房客，相较于以强力驱逐，不如简单地断电、断水、断煤气来得容易。①

化整为零的方法可能也同样适于由被威胁方运用。如果他无法通过一股脑地推进整体行动免遭威胁，他可以先着手某种初始阶段，以此明显地任责，表示他将完成整体行动。或者，如果他的行动是可分的，而威胁方的反击则以大的、整体性的规模出现，那么化整为零，构成序列，与时俱进，逐步蚕食，就可有效地化解威胁方的威胁，避免剧烈的明显行动所可能激起的威胁方的剧烈反应。

承诺

在公司的众多合法权益中，有两个为教科书所提及：诉讼的权利与被诉讼的"权利"。谁愿意被诉讼？！但是，被诉讼的权利恰恰是做出承诺——来借钱、来订约以及与可能遭受损失的某人来做生意——的力量之所在②。如果诉讼真的被提起，该"权利"看来像是一个事后可被追溯的法律负担，事前，它却是做生意乃至谋生的前提条件。

---

① 这看起来与1945年6月戴高乐的部队从北部意大利的一个省撤退时使用的策略类似。为了避免战争的突然爆发，戴高乐的部队从该省撤出之前，宣称他们的盟军的任何异动将被视为敌对行为。参阅：亨利·杜鲁门，《决策之年》，New York，1955，第239-42页；以及丘吉尔，《凯旋与灾难》，《第二次世界大战》的第六册 Boston，1953，第566-68页。

② 中国俗语有所谓"跑得了和尚跑不了庙"，正是因为有容易被找麻烦的根据地"庙"，和尚才能较好地作出承诺，也进而才能化到缘。——译注

简而言之，被诉讼的权利也就是承担一项任责的能力。就此处探讨的任责而言，它到了这一点时，在本质上，行为者的对手（或"伙伴"，这依赖于我们想怎么去描述他）已经没有能力将行为者从任责中解脱出来。事实上，该任责对某个第三方而言，有时是真的，有时则是虚设的。承诺是在谈判中任责于第二方，而且，只要其中一方或各方的最终行为不为对方所控制，承诺就必然会被要求做到。无论何时，只要协议存在漏洞，可能诱使欺骗，承诺也都会成为必然要求。①

　　对承诺的需求远非偶然性的，它本身之重要还在于它的制度性意义。做出一个具有说服力、能自我约束或捆绑的承诺并不总是容易的。无论是意欲释放人质的绑架者，还是人质，都可能会不顾一切地寻求让人质任责于不要告发绑架者，却遍寻而不得。如果受害人任责过某项行为，使得他检举告发的话可能招致敲诈，他可能就会认下该项行为；如果不成，他也可当着绑架者的面任责某行为，以束缚自己，确保将会沉默。尽管经常遍寻而不得，这些极端的可能性事例却表明了设立一项承诺是多么的困难，同时又是多么重要。如果法律将不能执行价格协议；或如果工会无法任责自身以保证避免罢工；或如果缔约方在诉讼失败后没有资产赔付损失，而法律又不能将债务人投入监狱；或如果某人在以其声誉发誓时，却没有任何"听众"，那么，就不可能发起一场谈判，至少是在其他情况下已能被激发的那类谈判。

　　谈判本身不仅关注"动机"体系，还不得不与收益划分密切相关。市场寡头会通过游说疏通来获得"公平交易"法或者交叉持股。互不侵占对方市场的协议，可能要求它们就各自重新设计——不适用于对方区域的——产品达成一致。两个国家如果希望不将某岛屿服务于军

---

① 如果一个行为者押上的是自己在对手面前的声誉，威胁也可视为一种承诺，但是，并不是第二方可以单方令威胁者获得解脱的那种承诺，因为在此，他无法令人信服地将自己对威胁者的未来评价与后者的行为表现脱钩。

事目的达成一致，就有可能必须摧毁该岛本身的可用性（事实上，如果无法创造有效的"第二方任责"，就必须设立"第三方任责"）。①

　　承诺之践行并非总是可被观察的。如果在匿名投票选举中，一个人出卖自己的投票，或政府同意向议会推荐某项法案，或员工保证不监守自盗，或老师赞同在课程中不涉及自己的政治观点，或一个国家许诺"尽可能"刺激出口，所有这些承诺的遵从都缺乏可靠的观察和测量的方式。可观察到的结果受到许多因素的影响，但是其中只有少量因素被协议所涵盖。因此，谈判可能必须以可观察得到的事项来作条款之表述——哪怕这些可观察到的事项并非谈判意欲获致的目标。如果某人在选举中胜出，他可能就必须回报其收买的投票人，而不管后者真正投的是谁；根据销售量来给销售者提供酬金，而不管其销售技巧和努力程度；根据有关犯罪的统计数据来奖赏警务人员，而不管其如何尽职尽责；或者，因一个雇员的违规"连坐"其他雇员，而不管其他雇员的表现。而且，在成效等事关程度问题的地方，谈判可能必须专断地定义限制条件以区分有成效和没成效；存货仓库中某种特定类型的损失，应被视作存在偷窃行为的证据；出口的某种特定增长应被视作"足够"努力的明证；行为表现的特定例子，应被视作整体绩效的表征。②

　　化整归零的方法不仅适用于威胁，也适用于承诺。许多协议之所以具有可执行性，乃在于对如下问题的认识：如果互信无法创设和维持，未来达成一致的机会将会下降，而对于谈判双方而言，这种未来机会之价值均高于目前欺骗能得到的货币收益。双方均须确信，对方

---

① 在古时候，常有人质交换的情况。
② 无法确立一个可执行的承诺，恰如无法履行所要求的行为，能保护行为者免遭敲诈式威胁。强制性的匿名投票对那些愿意出卖自己投票权的人是一种损失，但对那些可能害怕强制的人而言，则是一种保护设施。

不会以破坏开端时期的彼此信任来牺牲未来之机会。然而这种信心并不总是能够确立，化整为零式的谈判的目的之一，也就是要通过一件一件地谈判，培植起这种必要的共同预期。在大的谈判中，双方可能都不愿意轻信"另一方的慎重"（或"第二方对第一方的慎重的信心"，如此等等）。但是，如果一些初步的谈判能在较小的范围内达成，那么双方就可能愿意冒较小的投入风险，来营造互信的传统，其目的是为了让每一方都能证明其呼唤信任的诚意，并且知道对方也同样如此。因此，如果存在大的问题需要进行谈判，可能有必要先找出一些小的问题，并就此进行磋商"演习"，以便双方就忠诚的长期价值形成共同的认识和必要的信心。

尽管未来不会完全复归当前，通过将谈判议题划分为前后连贯的不同部分，创建连贯性的类似物仍然是可能的。如果每一方都同意向红十字会捐献一百万美元——以对方这么做为前提，但如果对方先捐另一方都会倾向于欺骗而不捐，则每个行为者对对方欺骗行为的预测将抑制协议的达成。但是，如果一百万的捐赠分为连续的小额捐赠，每一方就均可用很小的价格来试探对方的信誉。而且，鉴于每一方都捆绑了另一方完成捐赠的行为，也就没有人有必要冒超过一次较小捐赠成本的风险。最后，这一动机结构本身的改变大大降低了初次捐赠的风险，已经确立的信任的价值也就变得对双方而言明显可见。

先期谈判还服务于另外一个目的。只有当至少一方主动建议谈判时，谈判才可能发生。但是，该主动性的一个抑制因素是，由此得出或看来能得出，有关行为者心情急迫的信息。但是，如果双方均有明显的原因去预期另一方会与自己半路相逢——因为过去成功的谈判历史，该历史就能提供一种保护，使得参与人不会轻易做出对方心情急迫的推断。①

一个说明性博弈

不同的谈判局势包含的任责、威胁、承诺和沟通的问题，能够用一个博弈的不同变体来加以说明，其中两个行为者都有一对备选项供选择。行为者 N（North，即北）选择 A 或 α，行为者 E（East，即东）选择 B 或 β。每个参与人的收益根据双方的共同选择而定。四种可能的选择组合是：AB、Aβ、αB 和 αβ，由此产生 N 的特定的得与失，同时得出 E 的特定的得与失。且 N 与 E 之间不存在补偿支付。一般而言，每一方所偏爱的选项（优选）很大程度上取决于另一方作出的选择是什么。

每一个这样的博弈都可以被数量化地表示于一个二维图中，以垂直方向来测度 N 的收益，而水平方向为 E 的收益，4 个选择组合的值以标识为 AB、Aβ、αB 和 αβ 的 4 个点来表示。该博弈尽管简单，实际上却存在大量的本质上不同的变体，不仅有赖于 4 个点在平面上的相对位置，还有赖于行动顺序、沟通可能性、任责手段的可用性、承诺的可执行性，以及两人参与的两个或多个博弈是否可以联合在一起，等等"规则"。变化还将因就如下内容选取不同的假设而翻倍以至无穷——参与人知道或猜测的 4 个结果对对方的"价值"，以及他猜想的对方对他的相关"价值"是什么的猜想。为简便起见，我们在此假

---

① 期盼就某种大的主题达成解决方案的谈判双方，如果能保持针对小议题之磋商渠道的通畅，可能会是有利的。例如，如果 E（East）和 W（West）两方争辩的宽松目标是如此之少，以至于除了"终极主题"（针对所有疆界和军备问题的某种最后的、永久性安排）之外，已无其他议题可议，则即便是开启针对这一"终极主题"之磋商的可能性恐怕也是渺茫的。或，如果零碎议题并非分解自"大"主题，而是变得如此紧密地附着在"大"主题之上，以至于就它们进行磋商的愿望将会被解释为就整个解决方案而言心情急迫，则先期谈判的可能性也会消失。

设这8个"值"对两个参与人而言是显而易见的。而且，正如我们排除了补偿之可能，我们还同样要排除处于该博弈之外的威胁行为。这类博弈的一个很小数量的范例展示如下。

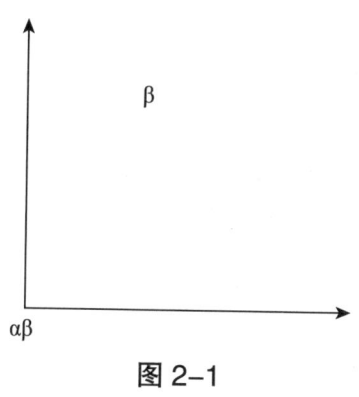

图 2-1

如果我们接受 N 和 E 在选择前必须达成明示的协议（或一致）这一规则，图 2-1 表示的是一个"一般"的谈判局势。Aβ 和 αB 可被看做是他们能达成的备选协议，而 AB 和 αβ 对双方而言其价值为 0，可被看做是等价于讨价还价中的"无出售"状态。无论是谁，能最先做出任责的一方将获胜。如果 N 任责自身于 A，他将能确保 Aβ 的选择组合作为结果，因为他留给 E 的选择是在 Aβ 和 AB 之间进行，而 Aβ 显然是 E 在该背景下的最佳选择。然而，如果 E 能抢先任责自身于 B，N 的选择也就被限制在了 αB 或无法达成协议之间进行（也就是说，在 αB 或 AB 中做出选择），并最终将选择 αB。事实上，抢先任责是某种"先行举动"，且在参与人相同、依次做出"举动"的博弈中，先行动者将获得优势。而如果因为某种错误，双方同时做出了任责，N 任责于 A，而 E 任责于 B，那么他们将自己锁定在了僵局 AB 之中。

图 2-2 提供了一个遏制性威胁的示例如果我们将 AB 视作**现状**，面对 N 转向 α（将导向 αB）的计划，E 威胁以"如果 N 这样做，他就

转向 β"（从而导致 αβ）。如果 N 先作出行动，E 只能移向 β 而输掉博弈同样地，N 可以在 E 做出威胁之前任责自身于 α。但是，如果 E 能够有效地以双方不可欲的 αβ 相威胁，他可使 N 只能在 αβ 或 AB 之间做出选择，N 只好选择 AB。注意，这里 E 不足以像在图 2-1 中那样抢先任责其于**某特定选择**，他必须任责自身于一个**条件性**选择：根据 N 的选择是 A 或 α，而任责于 B 或 β。如果 E 已任责了他的选择，他将获得独有的"先行举动"优势。而在当前的博弈表述中，如果行动依次做出，无论谁先行动，N 将在 αB 处获胜（E 倾向于选择 B 而非 β，以让 N 在 αB 或者 AB 之间选择，而非在 αβ 或 Aβ 之间选择，而 N 将选择 αB。当 N 先行动时，将选择 α 而不是 A，让 E 在 αβ 或 αB 之间选择，而非 Aβ 或 AB 之间选择，E 将选择 αB）。

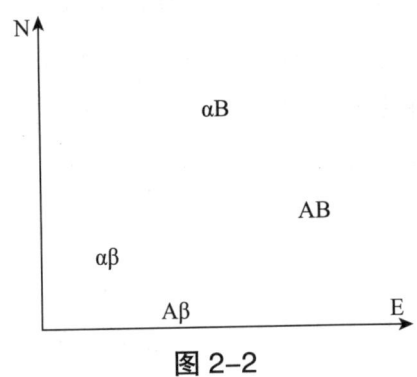

图 2-2

图 2-3 说明的是承诺问题。无论谁先行动或同时行动，αB 都是"最小最大"值。无论谁都能依赖自身来获致它，而且谁也不能以相对不利的条件威胁另一方。但是，两者都倾向于 Aβ 而不是 αB。不过，要想达到 Aβ，他们必须彼此信任或能做出可执行的承诺。无论谁先行动，另一方都会有欺骗的动机。如果 N 选择了 A，E 将选择 AB，而如果 E 先行选择了 β，N 将能选择 αβ。如果双方同时行动，每一方都

有动机欺骗对方,且每一方还会预期对方也会欺骗;以及,每一方对欺骗都会慎重或慎于自我保护以免除对方的欺骗动机,这表明 N 和 E 所倾向的选择将分别为 α 和 B。至少有一方必须能任责自身于自我节制时,另一方才能先行动,以获致相对较好的结果。如果必须同时行动,双方都必须能做出可执行的承诺。

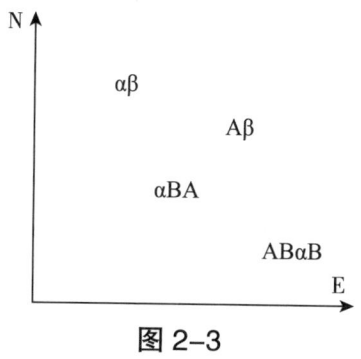

图 2-3

除了 αB 的位置在图 2-4 中相对更靠向左之外,图 2-4 与图 2-3 基本相同。这里,在无沟通的情况下,无论是 N 还是 E 先行动,或是同时行动,N 都将赢得 αβ。但是,如果 E 能够传递一个有条件的任责,他能迫使 N 选择 A 并得到结果 Aβ。而该任责超乎于单独的承诺或威胁,它既是承诺又是威胁。他必须威胁以 αB——如果 N 选择 α 的话;他又必须承诺"不会是 AB"——如果 N 选择 A 的话。仅仅是威胁将很难诱导 N 回避对 α 的选择;对 N 而,αB 相对于 AB 更好,而如果 E 无任何承诺、能够自由选择 B 的话,N 选择 A 就只能令其得到结果 AB。鉴于对方"要么 α,要么 A"的选择,E 必须任责自身去做"与其在没有任责情况下可能会做的相反的"选择:克制自己不去选择 AB 或牺牲自己去选择 αB。

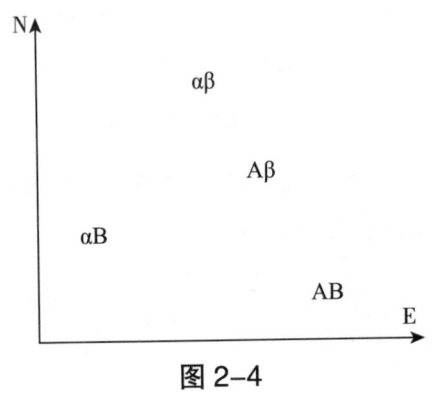

图 2-4

最后，图 2-5 和图 2-6 展示的两个博弈分开来看没有什么特别的利益可图，但放在一起则可能构成一个敲诈式威胁。在图 2-5 中存在一个极小极大解于 αB 处。双方都可获致 αB，双方都无法强加出对其更好的结果，合作是不可能的，也无法作出威胁。在图 2-6 中，尽管就双方的利益特征而言截然不同于图 2-5，却也同样免于任何合作或沟通之所需或威胁利用之可能。无论沟通与否或行动顺序为何，结果都是 AB。

但现在假定两个博弈同时列入决策，且同样的双方参与其中。如果双方都可以通过任责自身于一项威胁，他可能能改善其处境。例如，E 可以威胁在博弈 6（图 2-6）中选择 β 而不是 B，除非 N 在博弈 5（图 2-5）中选择 A 而不是 α。对应地，N 能在博弈 6 中威胁选 α，除非 E 在博弈 5 中选择 β。假设博弈 6 中不同结果的利益间隔足够大，且威胁能被令人信服地做出并传达出去，威胁方将在博弈 5 中获益，而无须以牺牲博弈 6 中的利益为代价。因为一旦其威胁成功，他就无须将其付诸实施。于是他在博弈 6 中仍可获致 AB，又能在博弈 5 中如愿以偿。该结果换一种方式表达，是博弈 6 提供了某种此前被排除的因素，即：处于"博弈之外"的威胁行为。站在博弈 5 的立场上看，博弈 6 是一种外来的行为，恰如 E 以烧掉 N 的房子相威胁——如果 N

不在博弈 5 中选择 A 的话。但这种纯敲诈式威胁并不总是容易做出的，它们通常要求具备某种时机、目标以及沟通渠道，而且附带地通常被视为不合法、不道德或源于某种牛脾气的顽固不化。因此，当一个纯自带的威胁不具可操作性时，将两个谈判融入于同一个议程之中也许能够获得成功。

如果 N 无法任责自身于一个威胁，由此只能寄希望于避免来自 E 的威胁，这时从他的角度来看无法沟通是有利的；或者，如果存在沟通，则令两个谈判不能融入同一个议程来进行，对其而言也将是有利的；或者，如果 N 无法避免它们被 E 合并在一起加以讨论，则对他有利的做法是：将每个博弈移交给不同的代理人，并规定这些代理人的报偿只与他们各自经手的博弈结果相关。如果 N 能迫使博弈 6 先行进行，且无法令自身对某威胁做出反应，该威胁也能被回避掉。如果他能在博弈 5 中于威胁发出前做出自己的选择，N 也将是安全的。但是，如果他能任责自身于博弈 5，且博弈 6 先行进行，E 就能以在博弈 6 中选择 β 相威胁，要求 N 在博弈 5 中先行任责于 A。这样 N 任责自身的能力对他而言是不利的，因为它使得 N 被迫于博弈 6 之前不得不"先玩"博弈 5。

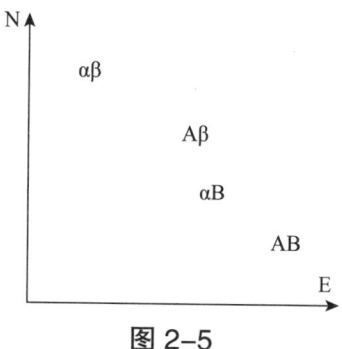

图 2-5

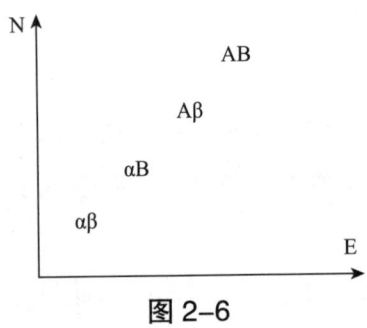

图 2-6

值得一提的是,在图 2-2 中将 AB 点垂直下移直至低于 αβ 的水平,将有助于说明一个重要的原则,即,以对 N "不利的"方式移动某个点,实际上可能提升其产出。让 N 在图 2-2 中无法取胜的威胁有赖于 AB 点的吸引力对他而言甚于 αβ 点。如果 AB 变得于他而言比 αβ 更为糟糕,N 也就能免疫于该威胁,而该威胁也就不会被做出,于是他将如愿地赢得 αB。这是一个抽象的例子,其说明的原理是:在谈判中,守弱可成图强之道。

第 3 章　谈判、沟通与有限战争

限制战争需要有限制条件。如果它希望稳定地缩短战争的话，战略谋划同样需要限制条件。但是，限制条件又要求达成协议（或一致）或至少是某种程度的共同认可或默认。而就限制条件达成协议（或一致）是困难的，不仅因为不确定性因素的存在和利益上的严重分歧，更是因为在战争期间和战前，谈判磋商已被严格禁止。此外，还因为战时双方的沟通或信息传达变得特别困难。更重要的是，避免就限制条件达成协议（或一致）似乎对某方可能是有利的，它可以增加另一方对战争的恐惧；或者一方或双方都担心即便是谈判磋商意愿的一个轻微表达，也会被解释为是（对谈判的）过度渴求。

这样一来，研究默识谈判——在沟通或信息传达渠道不畅或不可能的情况下的谈判——就具有了重要意义，它涉及有限战争，同样，还涉及有限竞争、管辖权的谋划、堵车时的操作或与一个从未打过招呼的邻居相处。问题在于，当一方或双方都不能或不会进行明示磋商，或当双方都不相信会与对方达成任何明示协议（或一致）时，形成一种暂时妥协。本章将考察默识谈判可能包含的一些基本概念和原理，并努力得出一些有关有限战争或类似情况的解释性结论。同时，还将表明，同样的原则通常还非常有助于我们理解沟通顺畅和执行有效的明示谈判的情形，尽管二者存在逻辑上的不同。

最有趣也是最重要的局势是这样一些局势，在此卷入的各方之间存在利益上的冲突。但是，从特别简单化的情形着手开始探讨将是有益的，即，双方或多方之间存在共同的利益，且面临的问题不是利益调和，而只是协调他们的行为以获取共同的好处。不过，沟通在此是不可能的。这一特殊情形将向我们清楚地呈现出某个原则，随后，该原则将被用于解决"涉及冲突偏好"的"默识谈判"难题。

默识协调（利益共同）

假设一对夫妻在百货商场失散，事先也没有约定万一分开他们见面的地点，他们找到彼此的机会还是很大的。每个人可能都倾向于找某个明显的地方碰头，该地方是如此明显，以至于每一方都确信对方也会确信它对双方来说是"明显"的。一方不是去简单地预测对方会去什么地方，因为对方会去的地方是其预测前者可能要去的地方，这也是前者预测后者预测前者要去的地方，如此无休止地推演。问题不是"如果我是她我该做什么？"，而是"我该做什么——如果我是她并在想她该做什么——如果她是我并在想我该做什么——如果我是她……"非常必要的是，协调这些预测，以在共同的局势中解读到同样的信息，并明确他们对彼此的预期能够汇聚起来的一连串行动。他们必须"共同认定"某种能够协调彼此预期的独特信号。我们不能肯定他们定会重逢，也不能肯定所有的夫妻都能解读到同样的信号，但是，以这种方式寻找对方，其成功的概率一定比他们随机地搜寻要高得多。

读者可以亲自试试下图（图3–1）相关的问题。两个人意外地降落到了如图所示的区域，每人都携带了一张地图，并知道对方也有一张，但双方都不清楚对方降落的具体地点，也无法与对方直接联络。他们必须尽快地相会以便获救。他们能分析他们的地图并"协调"彼此的行动吗？地图是否清晰地暗示了某个特定的相会地它是如此清晰以至于每一方都有信心对方能够充满信心地领会这一暗示呢？

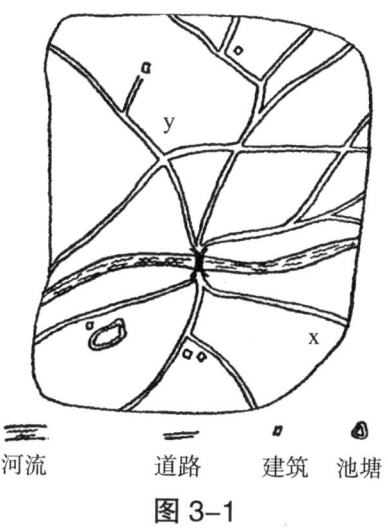

河流　　道路　　建筑　　池塘

图 3-1

笔者在一个由偶遇性应答者构成的样本中，试着问了这个问题以及其他类似的问题，得到的结论是人们通常能协调彼此的行动。下面所列的假想困局亦典型地属于此类问题，大多数被试者都能"解决"之。当然，该解带有很强的主观性：如果足够多的人这么想的话，任一解都是"正确"的。就下面的问题，读者可参照脚注中提供的得分值，来确认一下自己与别人协调一致的能力。①

---

① 在笔者的样本中，36人就问题1选择了"头"，只有6人选择了"尾"。问题2中，41人中有37人选择了前三个数字，数字7以微弱优势领先于数字100居首，数字13位居第三。对问题3，41人中有24人选择了左上角的正方形，剩下的人除了3个外，都分布在同一对角线上。对问题4、5，可能能够反映样本来自康涅狄格州纽黑文的特征，大多数人选择到中央车站（问询台）会合。实际上，他们所有人都选择在中午12点会面。问题6的回答差别较大，但样本中有五分之二的人在数字1中达成了一致。而对问题7，41人中有12人达成一致，定的是1000000美元，只有3人决定的美元数不是10的n次幂，而这3人中，有2人一个是64美元，另一个则是比较与时俱进的64000美元！问题8没有什么问题，41人中的36人将100美元分为50-50两叠。在问题9中，绝大多数人即22人中有20人选择了罗宾逊。在该问题的另一形式中，琼斯和罗宾逊在第一轮投票中均以28票位于首位，相持不下。作者想以此证明，在得票相持不下时，要想让投票协调一致有多困难。但是，被调查者都克服了这个困难，18人中有16人投票给了琼斯（明显是因为琼斯在名单中所处的位置居前），显然，在显示自己为主流时，同时会对支流构成压制。在地图（极为接近本书图3-1的情形）题中，8个应答者中有7人试图在桥上相会。

1．请说出"头"或"尾"。如果你和你的伙伴所说的一致,你们都将获得一个奖品。

2．请在下列数字中圈出一个来。如果你们所圈的数字都相同,你们将获胜。

　　7　　　100　　　13　　　261　　　99　　　555

3．请就下面16个正方形中的一个画钩。如果你和同伴们的选择相同,你们将获胜。

4．你将在纽约市与某人会面。但你未被告知会面的地点;你与要会面的人也没有事先约定会面的地点;而且无法互相联络。你只是简单地被告知:你将不得不猜测在哪儿碰面,以及他也被告知了同样的事项;你们需要试着将你们的猜测协调一致。这样,你会选择何处作为会面地点?

5．沿着问题4,你只被告知了会面的日期,却未被告知具体几点几分;你们两人必须猜测确切的会面时间,精确到分钟。你将在哪个时点出现在问题4你所选择的地方?

6．写下某个正数。如果你和同伴所写数字相同,你们将获胜。

7．决定一笔金钱的数额。如果你和同伴所定数额相同,你们将获得该数额的金钱。

8．你要将100美元分为A、B两叠。你的同伴也将另外的100美元分为A、B两叠。如果你分配给A和B的钱数与同伴的分配一致,你们每人都将得到100美元;如果不一致,你们将一无所获。

9. 在第一轮投票中，候选人得票如下：

史密斯　　　　　19

琼斯　　　　　　28

布朗　　　　　　15

罗宾逊　　　　　29

怀特　　　　　　9

第二轮投票即将开始。对你而言，除了在第二轮投票中那个获得多数票的人恰是你所投的人而你将为此得到奖赏之外，投票结果无关紧要。同样，所有投票人的利益都只依赖于自己的投票是否与大多数人一致，而且每个人都知道这是每个投票人的利益所在。第二次投票时，你会投谁呢？

这些问题都是人为设计的，但是它们说明，人们通常**能**协调其意图或预期，使其与他人一致，如果每一方都知道对方也在力图这样做的话。大多数的局势，可能是人们所参与的这类博弈的每个局势，都提供了某种线索来协调行为，提供了某种每人都预期对方预期他预期将被预期做什么的聚点。搜寻这一关键线索，或者说找到**任一**关键线索（任何关键线索只要是双方认同其为这一关键线索，它就成了**这一关键线索**）可能更多地依赖于想像而不是逻辑推理它可能依赖于类比、先例、偶然安排、对称性、美学的或几何学的布局、怪异的推理，以及参与人是谁和他们彼此了解多少。独特的幽默感也许会将百货商场的那对失散夫妻带到"失物招领处"；或者，如果他们以前有过约定来处理这种意外情况的话，逻辑推理也可能会使两人都考虑到并预期另一方也能考虑到他们应在何处碰头。这并不是断言他们将总能针对该问题找到明显的解答，但是，他们这样做的可能性毕竟远远大于根据纯抽象随机概率的逻辑所能得出的几率。

这些问题之大多数的"解"（或者说，这些线索或协调物或聚点）都有一个非常基本的特征，即，一定程度的显著或显而易见性。但是，其显著性有赖于时间、地点以及当事人是谁。普通人在一个平面为圆形的区域走散后，可能自然而然地会到中心地带来与对方会合。但是，只有是熟悉数学的行为者，才会在一个不规则的区域中，"自然而然地"预期能在该区域的重心处与自己的伙伴会面。同等重要的还有某种唯一性；那对夫妻不会在"失物招领处"相会——如果商场有多处这样的地方的话。笔者曾经以多个地图进行实验，结果证明，如果一个地图标有多个住宅和一个十字路口，十字路口的唯一性会导致人们趋向于它；反之，如果一个地图标有一个住宅和多个十字路口，它会导致大多数人趋向于住宅。部分地，这只是表明，唯一性能够传达出显著性，但可能更重要的是，唯一性能避免模糊性。在地图中，住宅相对于其他事物从本质上讲更具显著性；但是若地图上同时存在三个住宅，并且没有哪一个住宅比其他住宅更为显著，那么，在某住宅处会合，三次努力可能只有一次能碰上。认识到这一事实将会导致放弃视住宅为"关键线索"的决定。①

　　不过，在分析的最后，我们强调对想像力的重视恰如对逻辑的关注一样，且这里的逻辑本身就带有很强的臆断色彩。在这类可能更像"双关语字谜"而非国际象棋的博弈中，诗人可能会比逻辑学家做得更好。逻辑有所助益，在问题6中，多元选择的相对多数在数字1上取得一致看来就是基于逻辑，但逻辑通常要落后于想像力，正是后者能从当前局势的具体细节中发现某种线索，以便进一步就此做逻辑推理工作。

---

① 值得一提的是，其作为"正确的"推理为笔者地图试验所证明。在标有多个十字路口和一个房屋的地图中，11个选择房屋的人都能达成会面，而4个选择十字路口的人，都选择了不同的路口，甚至没有一对能够碰上面。

默识谈判（利益分歧）

如果两个跳伞者都讨厌走远路，一种利益冲突就进入我们的问题之中。通过沟通——我们的问题排除了这一可能，他们就会针对碰面地点进行争论或谈判，每一方都会倾向于靠自己近的地点或是自己特别喜欢的休息场所。在沟通缺失时，他们更具优先性的利益是协调出共识；如果某个"明显"的会面处特别引起了他们的关注，该"谈判"的胜者也就简单地是那个恰巧靠近该处的人。即使那个距离聚点最远的人知道自己要跋涉最远的距离，他也无法坚守其认为的公平而不妥协，也无法提议将需要跋涉的距离作更合理的分配。由地图本身提供的"谈判"的"提议"（假如事实上它提供了一个）乃是唯一的现存出价，没有做出一个针对性的反提议能。冲突获得了调和——或许我们应称之为忽视，它是协调之需占据优势地位的副产品。

"输"、"赢"之说可能不甚准确，因为相对于他们通过沟通所能达成的结果，双方可能都输了。如果两人降落处相距甚近并离地图中唯一的房屋很远，那么，如果他们能够辨明自己所处的位置，并精确地就到某处会合达成一致，也就没有必要长途跋涉去那处房屋了。或者，可能存在一方"赢"，而另一方"输"，但其所输之量甚于前者所赢的情况：如双方降落于房屋的同一侧方向①，并以房屋为会合之处，他们所走的路程总和会大于其有必要走之（直线）距离，但是距离相对近的一方，会比如果其与对方商讨之结果相比，走的距离更短一些。

最后这个情况表明，对某一方而言，无法沟通也许恰是其优势之所在。如果一方意识到他的这种优势，并对其预见的"解"有信心，

---

① 也就是说他们各自的位置与房屋构成的三点并不处在同一条直线上，同时他们之间的直线距离又不是像正文前面所说的情况那样足够得近。——译注

他可能就会有动机去破坏沟通渠道或拒绝在事前协调会面的方法。在笔者测试的一个版本中，A知道B的位置，但是B不知道A的位置（并且这一信息为双方所共知）。B类型问卷的应答者多自鸣得意地固执己见，并乐于接受其无知的状态，而事实上所有A类型问卷的应答者则沮丧地承认其别无选择，并走完所有的路程去找B。更好的情形是，能够发出信息却无法接收信息：如果一方能够宣告自己的位置，并告诉对方他的话筒工作正常，但是听筒坏了，同时说他将待在原地等待对方到来，另一方也就别无选择了。他无法提出不同的建议，因为这样的建议对方听不到。

笔者在一定数量的人中对冲突利益博弈的一些范例进行了测试，这些范例包括一些对一方或另一方更为有利的博弈。总体而言，结果表明，其结论与纯合作博弈所得出的结论相同。所有这些博弈都需要协调。然而，它们也提供了一些能导致双方利益不同的选择项。但是，在所有的可用选项中，某个特定的选项通常被视为双方协调选择的聚点，而可能由此导致处境相对不利的一方通常也会接纳它——仅仅是因为他知道对方期望自己这么做。那些无法协调预期的选项，在没有沟通的情况下，并不真的具有"可用性"。所有这些博弈的奇特性在于，任何竞争者都无法通过巧胜对方来获益。除非一方完全按照对方的期望行动，否则他们都会输。每一方都是他们共同预期的囚徒或受益者，任何一方都不能不认可其自身的预期——对对方会预期他预期其被预期做什么的预期。达成一致的需要统治支配了潜在的不一致，每一方都必须协同对方，否则只能两败俱伤。这些博弈中的一些博弈只是对前文的问题略作修改，恰如我们针对地图问题所做的——假设走远路是令人厌烦的——修改那样。

1．A和B在不沟通的情况下选择"头"和"尾"。如果两人都选择"头",A将得到3美元;B得到2美元;如果两人都选择"尾",A得2美元,B得3美元。如果他们的选择不同,两人都将一无所获。假设你是A(或B);你将如何选择?(注意,如果两人以随机概率进行选择,则两人只有50-50的机会成功地达成一致,他们各自所能得到的期望值是1.25美元①,要少于3美元或2美元。)

2. 你和你的另外两名同伴(或对手)每人都有A、B和C三个字母中的一个。你们每人以任何顺序写下这三个字母(A、B、C)。如果三人的排列顺序相同,三个人将共获6美元奖励,分配方法为:谁拥有三人排序的首字母,谁将得到3美元;拥有第二个字母者得2美元;拥有第三个字母者得1美元。如果三个人的排序不同,三人都将一无所获。假设你拥有的字母是A(或B,或C),请写下你对这三个字母的排序:

_____,_____,_____。

3. 给你和你的同伴(或对手)一张纸,其中一张为空白纸,另一张上面写有"X"。获得"X"的一方可选择留着"X"或将其擦掉;持空白纸的一方可选择保持其为空白或在纸上写上一个"X"。如果你们在没有沟通的情况下做选择,两张纸只有一张有"X"时,其持有者将得到3美元,空白纸持有者将得到2美元;如果两张纸皆有"X"或皆为空白,双方将一无所获。现在,你得到的是写有字母"X"的纸,你是保留它还是将其擦掉?(**对应地**:如果你得到的是一张空白纸,你是保持其为空白,还是在上面写下"X"?)

4. 给你和你的同伴(对手)100美元,看你们能不能在不沟通的情况下就如何分配它达成一致。每人将自己希望得到的金额

---

① 其计算方式为3*0.25+0*0.5+2*0.25=1.25。——译注

写在一张纸上。如果两人的期望金额相加不超过100美元，每人将得到其所写金额的钱数。如果两个金额的加总超过了100美元，双方将一无所获。你希望得到的金额是：$_____。

5. 你和你的同伴从下面5个字母K、G、W、L或R中任选其一。如果你们选择了相同的字母，你们都将获得奖金；如果所选字母不同，则将一无所获。所获奖金金额之大小取决于你们共同选择的字母，但你们彼此所得的奖金金额并不相等，而且给你带来奖金金额最大的字母不一定给他带来的也是最大。你的奖金列表如下：

K 4美元
G 3美元
W 1美元
L 2美元
R 5美元

你不知道对方的奖金列表是怎样的。你首先向对方建议对你最有利的字母R。在对方做出回应之前，主持人切入进来，说你们不得彼此沟通，任何进一步的沟通将导致双方博弈资格的取消。你所要做的就是简单地写下一个字母，同时希望对方选择同样的字母。你会选择哪个字母？（第二方的表述与此对应，其奖金列表为：K—3美元，G—1美元，W—4美元，L—5美元，R—2美元。在沟通中断前，"对"方提出了选择字母R的初始建议。）

6. 在一个类似于图3-1的地图中，两支敌对的武装分别位于X和Y的位置。两支队伍的指挥官希望己方尽可能多地占有图中的区域，并知道对方亦如此。但是，每个指挥官都希望避免武装冲突，而且知道对方亦如此。每个指挥官都必须派出自己的队伍，他们接受命令占领一条指明的边界线，如果遭遇对抗则进行反击。

一旦双方派出队伍，后果仅依赖于双方指挥官授命其队伍去占据的边界线。倘若边界线有重叠，两军将碰上并发生战斗，这对双方而言都是不利的。而若两军所占的方位留下了任何可觉察的空间处于两者之间而未被占据，该局势将被设为是"不稳定"的，冲突在所难免。只有是当两军被命令沿相同的边界线占领区域，或者两边界线之间不存在事实上未被占领的空间时，才能避免交锋。这样，双方成功地获得其占据的区域，谁获得的有价值的区域——就土地和设施而言——最多，谁就获得优势。你所统领的武装处于位置 X（或 Y）。请在地图上标出你希望派队伍去占领的边界线。

7．A 和 B 每年的收入分别为 100 美元和 150 美元。他们注意到了彼此的收入情况，并被告知必须开始交纳个人所得税总额每年 25 美元。如果他们能够达成协议来分担该总额，他们也就能以达成的方案分摊双方的年征税单。但是，他们必须在不进行任何沟通的情况下达成协议。每一方都写下其打算支付的税费，如果其相加等于或大于 25 美元，双方将切实地根据其所写数额支付税费。但是，如果双方打算分摊的税费加在一起小于 25 美元，每人都将被要求交纳足额的 25 美元税费，征税人将获得其超出的部分。如果你是 A（或 B），你打算支付多少？ $_____。

8．A 掉了钱，B 捡到了。根据议院规则，除非 A 给捡到钱的 B 支付适当的报酬，否则 A 无法要回他的钱；而除非获得 A 的同意，否则 B 也不能将捡到的钱据为己有。如果双方无法达成协议，捡到的钱将归议院所有。捡到的钱数为 16 美元，A 提出给 2 美元作为报酬。但 B 予以拒绝，并提出要钱数的一半。争吵继而发生，议院介入干预，坚持在不做进一步沟通的情况下，每一方终结性地将其索要的金额写下来。如果双方索要的金额加起来小于或等于16美元，每人将切实地获得其索要的金额；如果双方的索要加总大于16美元，该笔钱将收归议院所有。当双方坐下来思考自己将要写下的索要金额时，一位知名的、受人尊敬的调解人出现，并愿意提供帮助。他说，他不会涉入任何谈判之中，但他会提供一个"公平"的建议。他走向A对他说："我想，在现有条件下，合理的分配方法是2-1开，即失主得到全部金额的三分之二，拾钱者得到剩下的三分之一，可四舍五入各得11美元和5美元。我将向B提出同样的建议。"不等任何回应，他走向拾钱者，提出了同样的建议。并说他已向失主提出了同样的建议；再一次，不等任何回应，他离开了。你是A（B），你将索要的金额是多少？

笔者非正式抽样的测试结果如脚注所示。① 在这些包含"你"和"他"，也即是"A"和"B"之间某种不对称性的问题中，对A的表述形式和B的表述形式——在得出"结果"的问题上——是相互匹配的。

---

① 在问题1中，22个A角色中有16人以及22个B角色中有15人选择了"头"。给定A的选择，"头"是B的最佳选择；给定B的选择，"头"也是A的最佳选择。综合考虑，样本所做出的选择显然好于随机选择的结果，而且，当然地，如果双方都力争得到3美元，那么他们的所得都将为零。但是，问题2——其逻辑与问题1类似，除了有着一个更具强迫性的结构之外——则表明，12个持A的被试者中有9人，12个持B的被试有10人，以及16个持C的被试者中有14人成功地协同，写下了ABC的排序（值得一提的是，剩下的7人中有5人是以委屈他们自己的方式，来偏离字母表顺序，结果致使其效益为零）。问题3在结构上与问题1类似，其结果表明22个持"X"的被试者中有18人与19个持白纸的被试者中的14人成功地协同一致，使持"X"者得到了3美元的奖励。在问题4中，40个被试者中有36人写下的索求是50美元（剩下的人中有两人分别选择49美元和49.99美元）。在问题5中，首先提出R建议的8个被试者中有5人写下了字母R，而另一方的9名被试者中有8人写下了字母R。在问题6中，据有X点的22名被试者中14人和据有Y点的21名被试者中的14人都选择沿着河边划定边界线。该解的"正确性"在这一事实中表现得再明确不过了：避开河流确定边界线的15人中产生了14条不同的边界线。在8*7对可能的组合中，55对归于失败，只有1对成功。问题7中，年收入为150美元的6名被试者中有5人——年收入为100美元的10名被试者中有7人——达成一致的税费分配方案为15-10划分法。问题8中，丢钱的8名被试者和拾到钱的7名被试者都一致同意调解人的建议，接受5美元作为拾到钱的报酬。

正如脚注所具体表明的，总的结论是：在上面的大部分案例中，参与人都能够"解决"他们的难题，他们做得明显地比任何随机方法所能达到的结果要好，甚至是在博弈中处于弱势的一方，也让自身遵从博弈所提供的有益于其协调的信息而行动。

上面这些问题的"线索"各不相同。基于某种传统惯例，"头"显然应该排在"尾"的前面，类似的惯例还有 A、B、C 的字母排序，尽管相较前者这一惯例更弱一点。最初持有 X 的一方，不倾向于擦掉它，显然是因为"现状"比起改变而言，要更为显在。字母 R 能够取胜的原因在于除了该第一个提议之外，没有与之相抵触的其他提议。道路在原则上看来和河流一样可取，特别是由于道路的多样性使得可以不用做出太过专断的选择，但是，准确地说，正是因为它们的多样性，地图没法给出具体**哪条**道路的提示，因此，只能放弃道路而选择具有唯一性和清晰性的河流（也许在规则地形的对称地图中，其结果可能与分 100 美元钱时 50–50 划分类似，可能是沿对角线划分成两半，但是，不规则的地图更倾向于排除几何学的划分方案）。

交税的问题说明了基于收入量来提供建议的强大威力。该问题的抽象逻辑与分配 100 美元的逻辑一致。事实上，这个问题可重述如下：每方都缴纳 25 美元的税，且其中 25 美元将返还给他们，如果他们能够就如何分配这 25 美元达成一致的话。该表述在逻辑上与问题 7 中的那种表述等价，而这样的表述，也使得它与问题 4 的差异仅仅在于分配的钱数是 25 美元还是 100 美元。但是，在纳入了收入数量的考虑——只是**暗示**它们的相关性并在问题中使它们凸显出来——之后，聚点也就发生了极大的变化：成了 10–15 划分法，而非 12.5–12.5 划分法。而且，如果与收入挂钩，在可能存在累进税率背景之时，为什么用**比例**税会如此明显？答案一定是，没有哪个**特定的**累进税率是如此明显以致无须事先说出而仍能成为彼此的默识。如果双方无法交流，在缺省条件下，独特、简单、易辨的比例税原则也就必须为双方所接纳了。首先，收入量不同排除了对半分的初始可能性；其次，比例税的单一性使得10-15划分法被认为是唯一能够达成默识认同的方案。同样的原则也在基于问题7的一个实验中得以展现，在此，原来的问题7通过纳入家庭规模、消费习惯等**附加数据**，而被有意地变得更为散乱。这里，收入-比例划分法的唯一性魅力显著地被削弱了，以至于高收入被试者和低收入被试者占优的反应都是50-50的、简单的税收划分法。收入-比例划分法的精制信号因为"噪音"而被淹没，均等划分法的粗制信号反倒突出重围呈现出来。

最后，再次地，问题8与问题4在逻辑上类似。问题8中，如果双方写下的索要金额不超过该数额的话，有总额为16美元的金钱由两人来分。但是，在制度安排上是有差别性待遇的。无论在道德或法律的意义上，拾钱者和失主都不具备不可抗拒的平等性，所以50-50划分法看来在此并不十分明显。调解人的建议提供了唯一的其他可见信号，其作为协调要素的效能甚至可以在"四舍五入"而得出的11美元和5美元中一目了然地看到，该方案最终为大家所普遍接受。

在上面的每个局势中，博弈结果很大程度上被某种十分专断的因素所决定。无论是从观察者的角度还是从参与人的角度，它都不能算作是特别"公平"的结果。甚至是50-50划分法，就其依赖于某种清晰可辨的数学纯粹性而言，也具有专断性，而且，即便它是"公平"的，也只不过是因为我们缺乏具体的数据来判定其非公平性，如资金的来源、对立的索求者的相对需求或道德或法律诉求的任一潜在基础等等方面的数据。在绑架赎金的争论中折中成交并不特别"公平"，但它却有着问题4所具备的数学性质。

如果我们要问是什么决定了这些案例的结果，答案还是需要在协调问题中去寻求。尽管在共同行动中不同的路线之间存在竞争，这些问题中每个都要求为了共同利益而彼此协调一。但是，在众多选择中，通常只有一项或少数几项能够充当调解人的角色。以问题 5 中第一个提议为例。支持 R 提议的主张最为强而有力，乃在于这样的反问："如果不是 R，那么是什么？"没有一个其他答案能够明显到给双方的协调带来超出随机概率的水平。为了说明这一点的力量，假设该问题中的主持人考虑到第一个提议破坏了整个博弈，并想他应通过宣布互换双方的奖金列表来重新洗牌。A 将得到 B 原本该得的奖金，而 B 将获得问题 5 中 A 的列表所示的奖金。那么，最初提议 R 的人有任何理由来改变其选择吗？或者，假设主持人宣布，无论他们选择哪个字母，只要双方选择的字母相同，奖金都将相同，情况又将如何？他们仍将共同支持字母 R，因为它是协调选择的唯一明示的途径。如果我们回到博弈的开始，并假设初始没有做出有关 R 的提议，让我们想象一下墙上有个标语说："在犹豫不决的时候，一定要选择 R，该指示牌为所有参与人所知，它构成一个协调选择的手段。"这里，我们也就回到了那对在百货商场走散的夫妻所面对的问题，他们的问题在这一情况下将不复存在——当他们都看到了一个醒目的指示牌说："经理建议，所有走散的顾客到位于一楼中心地带的问询台相会。"由于那对夫妻之间缺乏沟通的信息，或者指示牌相对于其他标语而言更为显见，其在引导他们相会方面就必将扮演重要的角色。

奇论在此能够体现得淋漓尽致：如果在博弈 5 中，对方知道你的奖金列表，而你却不知道他的（正如在一些应答者中使用了问题 5 的变体所体现出来的那种情况一样）。由于你没有条件猜测对方偏好的选择，你甚至无法给对方提供一个帮助或选择一个"公平"的妥协方案，哪怕你希望这样做，协调的基础只能是你们双方能够就你的奖金列表读出些什么信息。你自己所偏向的字母看来也就是或明或暗所指向的答案了。为什么还要选择别的字母呢？或者在其他字母中选择哪一个呢？这些问题难以回答，因为你没有条件知道：除了字母 R 本身外，还有哪个字母对他而言更有利。对方对你偏好的了解，加上你对他的偏好的无知以及缺乏协调的任何其他基础，都会迫使他只能做出对你而言有利的选择（实际上，在小型样本测试中，这是一个非常占优势的结果）。该局势与降落者只有一方知道另一方位置的情形相似。

明示谈判

这里，为默识谈判而发展出来的"协调"概念看来似乎还不能被直接应用于明示谈判之中。在能够进行交谈的情况下，直觉上的融洽默契也就变得不再那么明显地被需要。在默识情况下协调思维和影响结果的外在性线索，复归为附属性的细枝末节。

但是，有大量的证据表明，即使是在明示谈判中，外在性线索仍然存在很大的影响。例如，在所涉数值量级巨大的讨价还价中，往往会有很强的倾向去进行数字和计算上的简化。比如，这个细节说明人们往往喜欢用整十、整百、整千之类数字来表达结果，对于一辆汽车，如果算出其"保底"价格是 2507.63 美元，则销售人员往往会被恰当地要求将 7.63 美元的零头去掉。最终的协议频频地锚定于"折中"——且折中掉的部分并非总意味着细枝末节——之类的建议，说明了同样的观点。更令人印象深刻的可能是，针对成本或收益的复杂的、数量化的准则或特定的分配等问题的旷日持久的谈判，最终都汇聚于某一点，其粗陋简单恰如平均分配，或参照国民生产总值、人口、外汇赤字等某个共同的量级按比例分配，或按照双方在以前——逻辑上与此无关的——谈判中达成的比例进行分配。①

---

① 就向联合国善后救济总署捐赠问题而建议的众多准则中，胜出的一个是直接捐赠国民生产总值的 1% 这一方案，这是最为简单可信的准则，也是最易于想到的数值。可以肯定地说，该准则也是美国在争论中所倾向的立场。但是，这个事实对本案例并无影响，就是说，美国对该数值的增减作用相互抵消。

先例所产生的影响也许远远大于其逻辑上的重要性或法律上的效力。解决罢工或解决国际债务通常会设置起某种"模式",这种自然而然地为后续的谈判所默认与沿袭。可以肯定,有些时候这是因为措施一致性的要求,有些时候则是因为环境足够相似以致得到相同的结果也就理所当然,但更经常的情况则仅仅是因为,当谈判在一些引人关注而重大的先例的阴影下发生时,人们无心偏离这些先例。① 同样地,调解人通常会显示锚定协议的威力以及决定协议条款的能力。他们的建议能被接受,似乎很大程度上不是因为它们内在地多么公正或合理,而是由于当事人双方的服从和认可。"实情调查"报告也倾向于将预期汇聚于某个焦点之上——它通过提供建议,去填充可能存在的不确定性空间,而这并非事实,特定建议的创设,才是产生影响的根源之所在。

同样地,**现状**恰如自然边界一样对人有着强大的吸引力。即便是纬度线最近也展现了它们作为协议达成聚点的生命力。② 可以肯定,使用河流作为双方武装前进的停止点或(无论其当前相关性如何)仍沿用旧的分界线,就便利性而言是有理由的。但是,通常这些地形的特征之所以重要,更多地不在于它们在实践上的便利性,而在于它们令协议锚定而成型化的能力。

如果这些观察仅意味着,谈判结果可以被**表达**为简单的质性条款的话,或者达成了较小的和解来省略掉最后的数美分或数公里或小部分人口的话,它们可能不甚重要。但是,我们通常所见却是,协议的最终聚焦点不仅仅反映了谈判能力的平衡,而且向谈判的某一方或另一方提供了谈判的能量。通常情况下,人性讽世论者,看来在初期就

---

① 本段及前段的论述可以在这样一个例子中得到说明,二战后的几年时间里,大量中东国家盛行将石油产地使用费的安排聚焦于 50-50 的分成准则。

② 谢林这里指的是诸如南越、北越以北纬17度为分界线;韩国和朝鲜以北纬38度作为分界线,即使是频繁的战争也未能改变这一事实。——译注

能够根据协议的某种"明显"聚焦点以及局势本身所包含的某种强烈的暗示预测到它的结果,而不用考虑谈判过程中案例本身的情况、所作争论的特性或者所施压力的特点。妥协的"明显"位置似乎频繁地以默认的方式胜出,好像简单地就是因为没有根据在其他地方寻求折中似的。或者,如果"自然"的结果被认为是各方的谈判相对技巧的反映,那么,就很有必要把该技巧明确为是这样一种能力:它能够以帮助某种有益的特定结果凸显出来的方式设置谈判舞台。该凸显的结果可能不是那么显著地公平,或相对于预估的谈判能力而言并不具有显著的均衡性,而只是单纯的是"显著"的。

如果结果早已由问题本身的布局以及聚点之所在决定的话,这一结论看来是压缩了谈判技巧的范围,但是,它所起的作用可能改变了技巧发挥效应的场所。"明显"的结果很大程度上取决于:(1)问题是如何设计构想的,(2)谈判议题的界定能让人们想起哪些类似的案例或先例,(3)就争议的问题其可用的是哪种类型的数据。在委员会开始争论如何分摊成本时,该问题就已经受到了如下限制:(1)提到的条款是涉及应付款的分摊还是税费的支付;(2)为委员会服务的部门准备的是国民收入的数据,还是收支差额的资料;(3)委员会的员工是否凸显了某种其亲身经历的谈判作为先例;(4)将两个分离的议题并入同一议程,是否会给那些它们共有的特征带来显著性或相关性。在正式谈判开始之前,许多这类技巧业已被运用了。①

如果所有这些都是正确的——以笔者所见它们通常正确,我们对默识谈判的分析将有助于理解这些发挥作用的影响因素,也许默识谈判的逻辑甚至提供了某种基础让人们对其正确性深信不疑。默识谈判

---

① 或许技巧的另一角色已被包含在这种一般的思路之中。如果行为者无法成功地将问题按"明显"结果靠近自身偏爱的立场的方式进行规划,他可以转而将问题打乱。对所有条款寻求多种定义并增加"噪音"以淹没问题原初规划中包含的强烈信号,这一技巧也可能不会成功,但是,在我们前文提到的所得税问题的变体中一定适用。

的基本问题是**协调**问题,这样,我们也就应该追问在明示谈判中该协调些什么。答案可能是,明示谈判要求参与人——为了实现最终合作——协调彼此的预期,其主张可作如下阐述。

大多数谈判局势最终都涉及由可能结果构成的某种范围,在此范围内,每一方都宁愿让步而不愿达不成任何协议。在这种局势中,任一潜在的结果都是这样一种结果:由该点出发,至少一方——或甚至可能是双方同时——为了达成协议将愿意做出让步,而且通常另外一方对此也是知道的。任一潜在结果因此也就是这样一种结果,通过坚持,一方或另一方的境况能够获得改善。但是,他可能并无基础来坚持这一结果,因为对方知道或猜测他将宁愿妥协让步,也不愿徒劳无功。每一方的策略很大程度上由他对对方接受妥协还是坚持立场的预期所引导,但每一方都知道对方也是受此相互性想法的引导的。最终的谈判结果势必就是这样一点,从该点来看,每一方都不再预期对方会作出让步。而该预期的主要构成要素是,一方所想到的对方预期"我"方如何预期的内容,如此等等。在某种程度上,除了他预期其如何被预期去预期的内容之外,一个决定的达成,正是源自这一不固定、不明确的谈判局势看来已经无法为任何人提供逻辑性的推导以预期任何事。这一无限的反身性预期必须某种程度上汇聚到某个"每一方都预期对方不再预期其被预期会做出让步"的单一点。

这样,如果我们追问是什么能够将他们的预期带向汇聚点并导致整个谈判的结束,我们可能就会提议说,是某些特定结果的固有吸引力,特别是这样一些结果,它们具有显著性、唯一性、简单性、先例性或某种合理性,使得它们区别于其他可能备选的结果,而在本质上卓尔不群。我们可以说,不同的预期不会倾向于向这样的结果汇聚,它们与其他可能结果只存在程度上的不同,而不是那种人们必须站稳脚跟、背水一战以示决心的立足点。一个人必须有理由去牢牢地立足于某一点，而在本质上没有区分度的可能的立足点中他找不到这种理由。在专断的"聚点"中，其理由可能不甚强烈，但它至少能用这样一种主张来捍卫其自身："如果不立足于此，那么还能是哪儿？"

一个彼此认同的栖息之处可能还需要满足更多条件。如果一方准备做出让步，他需要控制其对手的预期，他还需要给自己的让步设置可识别的限制。如果一方试图做出一个不能被解释为是投降的让步，他需要有一个明显的止步点。这个点可以由调解人的建议来提供，或者，如果该要素能够将新的立场与周围其他立场在本质上区分开来的话，它也可能由任何其他要素来提供。如果一个人曾经要价60%，现在退到50%，他可能能在此站稳脚跟。但是，如果他撤退到了49%，对方可能就会想他已经开始败退，且将继续败退下去。

如果某些军队在我们的地图中撤退到了河流对面，他们将预期自己会被预期在此立足。这一点便是他们能撤退到而无须同时被预期将继续撤退的地方，而且，如果他们再继续退让，将无处可停，他们将无法被预期能够确立一个坚定的立足点。同样地，推进的一方能预期强迫对手撤退到河流的对岸，而无须让其推进被解释为是无法满足的对无限制撤退的要求。这样，河流带来了稳定性，这可能是任何其他地方所无法提供的。

这一主张在直觉上是站得住脚的。在笔者看来，在任何事件中，问题在聚点处获得解决的趋势是需要某种解释的。但是，如果不是因为默识谈判在某种程度上有着更为切实的逻辑的话，该主张仍然是模糊而带有神秘性的。默识谈判的逻辑不仅提供了一个类比之物，而且提供了证据来证明，必要的心理现象——预期的默识性协调——是真正可能的，甚至在某种背景下是显著可靠的要素。在沟通截断之时，预期的"协调"类似于行为的"协调"，而且，事实上，二者所涉及的都不多不少恰恰是共同预期的直觉性感知。这样，某些默识谈判博弈在经验上能证实的结果，连同该情况下预期协调的更具逻辑性的角色，证明了：预期能够协调，并且，当预期的协调变得至关重要的时候，局势中的某些客观性细节能够发挥控制性影响。**某些事**在沟通不可能时能为双方所共同感知到。而当沟通成为可能时，尽管毫无疑问在力度上会有所降低，它也必然仍是具有可感知性的。沟通的可能性并不会导致 50–50 的划分法变得更缺乏对称性，或者使河流更不具唯一性，或者让 ABC 更不具自然顺序的特征。

如果我们做出所有推断的基础仅仅是默识谈判的逻辑，那么可能就只能猜测，甚至可能是粗略地猜测，在明示谈判中，同一种心理吸引力也在发挥作用。而且，如果我们进行所有归纳的基础仅仅是实际谈判中特定"可行"结果的观察，我们可能就不愿意承认外在偶然性细节的力量。但是，这两条证据的路线是如此强烈地互相推进着，以至于默识谈判和明示谈判的类比，看来是有说服力的。

以 100 美元如何划分的明示谈判达成问题为例来进行说明：50–50 划分法看来是可行的，但它之所以可行，源于多方面的理由。它可能看起来"公平"；也可能是由于谈判力量相对平衡；或者可能，正如本文所指出的，简单地是因为，它能够——以某种令每一方都领会到他们双方均领会到它的方式——向双方传递其自身的不可避免性。我们有关默识谈判的分析为后一种观点提供了证据支持。该证据简单地说就是，**如果**双方必须在缺乏沟通的条件下分配 100 美元，他们将在 50–50 的划分法上取得一致。这里，与仅仅依赖于直觉不同，我们能在稍微不同的背景——默识谈判的背景——中指出这么一个事实：我们的主张拥有一个客观上可论证的解释。

再举一个例子。我们的问题中两个指挥官对河流所具有的稳定化能量的认可能力——或者，毋宁说，他们不能无视它的能力——获得了如下证据的支持：如果他们的生存有赖于就在何处稳固他们的阵线达成某种协议，**且沟通是不被允许的**，他们可能能发觉并领会河流所具有的性质，并将其作为他们默识协议的关注点。这样，默识类比至少证明了"协调预期"的观点是有意义的，而非神秘的。

也许我们还能将该主张作进一步的推演。即使是在某个谈判结果的唯一突出特征是其明显（就参与人被认为会都对之予以领会的标准而言）的"公平性"的案例中，我们仍然可以认为，"公平性"的道德力量很大程度上反过来又被一个"公平"结果汇聚注意力的能力所强化，如果该能力能够填实——否则即可能存在的——不确定性空间的话。同样地，当公众意见的压力看来正迫使参与人达成明显"公平"或"合理"的解时，我们可能夸大了该"压力"或者至少误解了它对参与人起作用的方式，除非我们相信它具有协调参与人预期的能力。换句话说，它具有提供**建议**的能力，该建议以本文所描述的机制进行运作，才使得公众意见或先例或伦理标准变得如此有效。再一次，作为该观点的证据，我们只需要假定这样一种情形：参与人不得不达成最终的协议，但是是在缺乏沟通的情况下，且缺乏可见的公众意见或者某种明显的伦理标准来提供强有力的建议——类似于我们早先的案例中所包含的那种建议——的情况下。这种情形下的解，极度地依赖于类似问题7中调解人的参与。最后，即便约束参与人的东西的确是道德责任感或者对公众意见的敏感度，而非他们所获得的"信号"，我们仍必须去查看公众自身意见的本源。在此，笔者想指出，对简单、质性的理由的需求，也通常反映了本文所讨论的机制。

但是，如果这种推理的总体路线是有效的，则任何明示谈判的分析都必须注意谈判局势内在包含的、我们称之为"沟通"的内容，在案例平平淡淡的细节中参与人所解读出的信号。这也就意味着，默识谈判和明示谈判并不是完全分离的两个概念，而是一个连续体中的不同等级——从默识谈判出发，经由几类不完全或不完美或有限的沟通，到全面的沟通，它们都展现了对协调预期的某种程度的依赖性需求。因此，也就都展现了参与人自身一定程度上依赖于他们共同的无能，即无法让他们的注意力从某种结果中摆脱出来。

这并不必然意味着这样一种主张，即期望明示谈判的结果会倾向于在缺乏沟通时会出现的那种结果；在允许对话交流的情况下，聚点肯定会与默识谈判时有所不同，当然，我们在说明性示例中人为设计的某些案例除外。尽管如此，默识谈判中的**主要**原则显然至少也是明示谈判分析应予考虑的重要原则**之一**。而且，由于甚至是许多所谓的"明示"谈判也都包含了谋划运作、间接沟通、抢位占道或谈话故意被窃听、被众多参与人以及利益的分歧所迷惑，预期收敛的需要以及具有协调预期能力的信号的作用也就会变得强而有力。

或许，许多类型的社会稳定和利益群体的形成也同样依赖于这样的协调，恰如地域或环境所能提供的那种协调一样：政治会议的从众通常能将一个占据微弱优势的迹象，转变为压倒一切的绝对主流；当出现无政府状态或政治真空期时，宪法的合法性有能力获得广泛的支持；一个黑帮元老的传奇性权力能够给地下社会带来秩序，仅仅是因为顺从行为依赖于这样的预期：杀鸡儆猴能带来其他人的顺从。在社会行动中，我们通常表述为"聚集点"的思想，看来也反映了同样的观念。经济领域中的价格领先、不同类型的非价格竞争，甚至是价格稳定本身，无不可以与这样一种分析相印证：该分析强调默识沟通的重要性以及它对局势本身能够被解读的、可确认其性质的、极其清晰的信号的依赖性。"自发的"反叛可能能反映同样的原则：当领导人很容易被推翻，人们需要某种信号来协调他们的行为，该信号是如此能易于被准确无误地理解，如此强有力地有助于推动行动，以至于每一个人都能够确信：任意一个读到该信号的他人，将会充满信心地遵循该信号行动，如此一来，也就提供了与某种大规模群体行动相伴而生的恐惧免疫力（甚至存在这样的可能性，该信号可能来自外部，甚至是来自某个代理人，其获致领导地位的唯一因由是：标识协同行动所要求的指示的能力）。

默识谈判和有限战争

对于解决我们经常面对的默识谈判的实践问题，特别是战略谋划和有限战争问题，这一分析路线能够提供些什么有用的启示呢？它肯定意味着，即使没有明显的磋商，找到战争——真实的战争、管辖权之争或者其他类型的战争——的限制性条件是**可能**的。但是，它并没有带给我们新的、更强意义上的**可能性**。在朝鲜发动的战争是受到限制的，第二次世界大战也没有出现毒气战。就限制战争的可能性而言，这两个事实——与前面讨论包含的所有建议相比——是更具说服力的。这样，如果本分析能够提供些什么的话，它将不是对成功达致默识协议的可能性的判断，而是更好地明白应去何处寻找达成协议的条款。

如果这里能够得出一些重要的结论的话，它们可能是这样的：（1）默识协议或者通过局部地或偶然地磋商达成的协议，要求其条款在本质上区别于其他备选条款，这种区别不能简单地只是程度上的不同；（2）当协议必须在缺乏沟通的条件下达成，参与人就必须准备着让局势本身对结果发挥充分的限制性作用。特别强调一点，歧视一方或另一方的方案，甚至是对双方都带来"不必要"损害的方案，可能是唯一的能够令参与人的预期得到协调的方案。

第二次世界大战时没有出现毒气战，这种一致性"协议"，虽然并非没有先例的，却在很大程度上是默识的"协议"。思索这样的问题是有趣的：是否有关毒气的其他任何可能的协议，能够在没有正式沟通（就该事项而言，甚至存在沟通）的情况下达成。"能用一些毒气"会因为纠结于究竟能用多少而使得问题复杂化，于是，在这种环境下，"禁止使用毒气"就具有简单而毫不含糊的性质。毒气仅能用于针对军事人员；毒气仅能由防御性武装力量使用；仅有车辆或投射弹能携带毒气；在发出警告之前不得使用毒气——这些都是可以想像得到的限制条件的不同类型；有些可能是有道理的，而且许多甚至能导向更为公平的战争结果。但是，"禁止使用毒气"的简单纯一性，使得它几乎是（在每一方只能揣测另一方将提出何种规则之时，以及在如果第一次协调失败则会彻底摧毁就任何限制条件达成默识的机会这样一种情况下）达成协议的唯一聚点。

朝鲜半岛的自然结构势必有助于给战争确立限制性条件，并使得地理的限制成为可能。该区域被水环绕，其重要的北面政治边界则引人注目且准确无误地以江河为标识。三八线看来也就成了僵持的焦点。而作为主要的唯一选择，"腰部"是一个强有力的结局归属地，不仅因为它提供了最短的防线，而且在于双方能够清晰地知道，推进到腰线位置并不必然意味着必将继续推进的信号，而退守该处也并不必然意味着是通告将进一步撤退的信号。

台湾海峡在中国共产党部队和国民党部队之间确立了稳定的界线，不仅是因为水有助于防御者并抑制了进攻，而且因为海岛是一个完整的单位，而水是明显的边界。牺牲海岛的任意部分，都会使得作为结局的界线变得不再稳定；保留大陆的任一部分，也都势必导致同样的不稳定。除了在水边的行为，所有其他行为都是一个程度问题；跨海进攻也就是宣告这种"默识协议"的结束。

在朝鲜战争中，原子弹和常规武器本质上的不同对武器的使用提供了限制。可以肯定地说，要想在如下事项上形成稳定的默契会更加困难一些：在原子弹使用规模或选择性打击特定目标方面形成某种限制。① 有关规模或目标的界定，没有像"零规模，严禁打击任何目标"这样明显、自然而不言自明的了。美国对在印度支那的法国军队的援助令人信服地限于物资而非人员。当然，法国曾希望美国扩大援助，包括，比如说空中参与，并将其认作是有限制的空中支援，但是，在空中或地面参与方面不可能确立起一个有限制的**量**。避免地面干涉的意图能够通过完全地撤出地面部队来传达，但是，要做到下面这点却不是如此容易：调遣**一些**部队并传达说，这便是行为者对意图保证援助的**量**所做出的令人信服的限制。

就限制条件进行沟通或协调之需要影响了报复的策略。局部入侵界定了一个区域，如果它有着幸运且自然的边界，则地理的限制条件或作为攻击目标类型的限制条件就可能被默认和接受。一方或者双方可能会愿意接受有限制的挫败而不是主动地去破坏规则，并且尊重对方该意愿的方式行为。该"规则"可能受到尊重，因为，它们一旦被打破，就无法确保能够找到新的规则并获得双方的认可，以便及时遏制日益扩大的冲突。但是，如果报复偏离了报复者自己所选择的方法和区域，则可能会使得其提议的限制条件很难传达给受害者。这样一来，受害者也就没有机会在其反报复中接受这些限制条件。事实上，一旦报复行动开始偏离其引发时所针对的区域，就如同宣称，其不倾向于创立稳定的共同预期。如此，假若侵犯者自身行为寓意的界定无法令人容忍，为战争寻找共同认同的限制条件的问题就变得加倍困难。

总而言之，限制战争的问题涉及的并非是一个可能性的连续范围——从对这一方或那一方的极大支持到极小支持，这是一个集结成块的、非连续的世界，在此最好是能就本质上而非程度上的不同达成共识。在这里，多元的选择会带来动荡不安，有必要迫使双方接受某种由他们自身资源禀赋所发出的指令。笔者想说的是，该原则适用于

---

① 该点在附录 A 中有详细论述。

所有竞争——在其中得以产生并——受到限制的领域。

事前的安排

尽管本文的主要目的是要表明默识谈判是可能的,而且能够对之进行系统性分析,但是,这并不意味着在任何特定案例中都能确保默识谈判获得成功,或者即便它成功了,也无法确保其产生的结果给任一方带来的帮助就一定优于完全沟通可行条件下可能的结果。同样地,如果下一次战争来临,也不意味着确保能及时找到彼此可观察到的限制条件或者某种能提供保护的限制条件,除非明示谈判能够出现。鉴于此,也就有理由考虑在默识谈判开始之前可以采取什么样的做法,来提高达致成功结果的几率。

保持沟通渠道的畅通看来是显而易见的做法之一(在最低限度上,这意味着,确保对任意一方而言,能够听到投降的请求并获得反馈)。这一原则的技术侧面是:谁能够发送和接收信息、基于何种权威、通过什么设备、如果使用了中间人的话那是什么样的中间人以及如果所表明的当事人或设备被破坏了,谁能够代做以及以什么风格做相关的工作。在致力于打一场核战争的时候,双方不得不在很短且很仓促的瞬间去确定,是限制战争的诉求已经极其迫切,还是全面的战争才刚刚开始,而花12小时纠结于如何取得联系,就可能丧失将行为锚定于限制性条件的一些机会。

有必要思考调解人或裁判者潜在的作用。选定有影响力的调解人通常要求某种事前的了解,或者至少是某个先例或传统或其受欢迎的信号。即便我们排除了为有备无患而做公开安排的必要,每一方都乐于接受调解人和裁判者——即便在实践中很少使用他们——的证据,也可能会有助于在严重意外发生时准备好某种极具价值的手段。

但是，所有这些努力都可能遭受对手的抵制，对手不愿意投入到任何准备阶段的步骤中去。不仅对手可能会回避给出试图达成协议的热切愿望的信号，甚至这样的可能性也是存在的：潜在战争的一方在谋略上倾向于保持战争不受限制，并夸大两败俱伤的可能性，以避免战争的来临。为什么这样？因为这是威胁、诈唬和威慑的战略。发动一场战争（不管该战争是侵略还是反侵略），可能有赖于相关国家领导人对战争将会受到限制的信心。具体来说，美国以核打击报复局部入侵行为的意愿，很大程度上取决于（且苏联人也知道它取决于）我们在何种程度上认为这种报复本身能受到限制。换句话说，这取决于我们在何种程度上拥有这样一种判断：当美国和苏联都极度需要认可"哪怕输掉战争也不至于会放松的某些限制条件"时，我们将能找到这种限制条件，并就它们形成默认的共识。这样，如果这时苏联人"拒绝投身于任何导致战争更可能受限的行为，以遏制我方行动的决心"，他们可能就会冒放弃这种限制条件的风险，以便削弱美国的行动对他们所构成的威胁。在我们的案例中，一个跳伞者可能知道，对方如果确信他们跳伞后能够碰上面并实现自我拯救的话，将对飞机飞行漠不关心。这样一来，如果第一个跳伞者避免就可能的意外情况与对方进行讨论，对方就将不得不在飞机上安静地坐着，因为他担心飞机失事导致降落后的他们之间形成要命的分离。

无论是这种考虑，还是对严肃磋商的常见禁止，都会使得事前的讨论变得不可能。尽管如此，前述博弈中的一个案例仍然给我们提供了某种有用的思想。这就是，以协调预期为目标的磋商或沟通并不一定是相互的：单方的磋商也可以提供能拯救双方的协调。此外，即使是一个无意磋商的成员也并不必然能让其自身无法收到相关的信息。想一下前面一个谈判博弈中某人提议字母 R 的情形：只要其伙伴（或对手）听到了——而他显然听到了——字母 R 作为当前唯一的提议，且无法对之加以挑战，那么，在缺乏任何反提议的情况下，博弈参与人将协同于R，正如该字母在明示谈判时也会被接纳一样（即使对方**否决了**字母R的提议，恐怕也难以避免该诉求变得显著起来，其实，只要没有敌对的诉求在此造成模棱两可的局面的话，否决行为恰恰证明了他对它的关注）。如果我们的跳伞者之一在飞机失事之前且双方均未想到需要跳伞之时，闲聊道："如果我必须与某人在下面相见，我将奔向视线中最高的山。"事后第二个跳伞者也许会回想起这句话，并知道前者可以确定他会想起这句话，于是去往最高的山。尽管当飞机失事时，他差点脱口而出说什么，"真愚蠢"或"我绝不会这么干，爬山会伤到我的腿"。当**双方**极度需要某种信号，且双方都知道这一点，那么，即使是很糟糕的、有偏向性的信号，在任何其他信号缺失的情况下，也会获得承认。一旦意外事故发生在他们身上，尽管原本在威胁和威慑的弈局中是有分歧的，他们的利益，却能够因为极度需要达成协议的聚点而从根本上一致起来。

第二部分

给博弈论重新定向

第 4 章　迈向相依决策理论
第 5 章　实施、沟通与战略举动
第 6 章　博弈论与实验研究

第4章 迈向相依决策理论

在纯冲突（零和博弈）的战略领域，**博弈论**产生了一些重要的洞见和启示。但是，在冲突与彼此依赖相混杂的（涉及诸如战争及以战争相威胁、罢工、磋商、犯罪遏制、阶级斗争、种族冲突、价格战、敲诈勒索、官场中的钩心斗角或交通拥堵中的你争我抢以及对自己孩子的强制等非零和博弈的）行动战略领域，传统博弈论所提供的洞见和启示则要逊色得多。这些内容都是"博弈"，其中，尽管冲突的元素是引人注目的，相互依赖（相依）却也是逻辑结构的一部分，并且要求——即便只是为了避免共同灾难——某种程度上的默识性（如果不是明示的）合作或彼此协同。它们还是这样的博弈：尽管保守秘密可能发挥战略性的作用，意图的标识以及思维的碰撞一定程度上也是极为需要的。最后，它们也是这样的博弈：参与人为了避免彼此损害**能**做些什么，会影响另一个参与人**将**做些什么以规避之，这样，拥有主动权、知识或选择的自由并不总是有利的。

传统上，大部分博弈论将其在纯冲突的战略研究中被证明有效的方法和概念，运用于这些相依博弈（非零和博弈）之中。本章和下一章尝试拓展博弈论的范畴，把"零和博弈"看做是一种极端情况，而非一个基本出发点。理论拓展将计划主要沿着两条路线进行，一条是明确协同预期建构中的感知性和提示性因素；另一条（下一章的主题）是明确实际战略博弈中可能发生的一些基本"举动"和这些举动所依赖的结构性因素，它包括如"威胁"、"强制执行"等概念以及沟通或破坏沟通的可行性能力。

博弈论未能很好地沿着这两条路线发展可能反映了其对"零和博弈"的过度执着。在已被接受的"零和博弈"理论中，暗示和干预、威胁和承诺都不重要。它们不重要是因为它们意味着两个参与人之间存在某种关系，这种关系除非是完全良性的，否则势必对其中的一个参与人不利，而他可以（如果必要的话，基于某种随机化机制）通过采用最小、最大化战略来摧毁这种不利因素。这样，在纯冲突（典型的如猫鼠游戏）局势中，两个博弈参与人追求的"理性战略"，不应被预期能"显露"什么类型的行为将有助于导向彼此调适，也不应被预期能说清如何从相互依赖中挖掘单方的收益。

如果"零和博弈"是纯冲突的极端情况，那么，它的另一个极端是什么呢？它势必是"纯合作"博弈，在此，参与人祸福与共，就结果而言有着完全相同的偏好。不管他们赢得的是总数中的固定份额还是随着总值而变化的份额，他们都必须按照各自偏好的尺度，将所有可能的结果作同等的排列（并且，为了避免任何初始的冲突，对参与人而言，偏好一致必须是显而易见的，这样一来，在双方试图传达的信息或"信息误报"问题中就不存在利益上的冲突）。

纯合作之中究竟有些什么将其与博弈论或谈判勾连起来呢？部分地是因为——该原因确立了这种博弈并非微不足道的地位——它可能包含了某种在非零和博弈中经常出现的感知和沟通问题。无论何时，每当沟通结构不容许参与人根据明示的计划在事前分解任务时，在博弈进程中协调彼此的行为可能也就不太容易。参与人必须彼此了解，必须去发现个体的、"让每一方的行为对对方而言具有可预测性"的行为模式；他们还必须为了形成某种模式或规律的共通意识而彼此考验；利用陈规、惯例、临时代码来标识他们的意图并对彼此的信号做出回应。他们必须通过暗示或者暗示性行为来沟通。两辆努力避免相撞的汽车、两个在不熟悉的音乐下跳舞的人或者在战斗中走散的游击队员，都需要以这种方式让他们的意图协调起来，恰如音乐会听众鼓掌的情形，他们需要在某个时点就要求"再来一个"还是"一起逐渐停止""达成一致"。

如果**国际象棋**是零和博弈的标准范例，那么，**哑剧字谜游戏**就是典型的纯协调博弈；如果说**追击赛**是零和博弈的缩影，那么，**约会**则是协调博弈的缩影。

摩尔（O.K. Moore）和伯科威茨（M.I. Berkowitz）做的一个实验提供了很好的混合性效果，在此实验中，两种极端的情形都清晰可见。[①] 它包含了两个团队之间进行的零和博弈，每个团队由3人组成。同一团队的3个人有着同样的利益，但是由于博弈的某种特性，他们又不能像一个单独的实体那样行动。该特性在于，每个团队的3个成员是分开的，他们的沟通只能通过电话，但这6部电话经由同一条线路连在一起，这样一来，每个人既能听到自己同伴的讲话，也能听到对方成员的讲话。事先不被允许约定代码。这样，在两个团队之间，我们有了一个纯冲突的博弈；在每个团队的成员之中，我们则有了一个纯协调的博弈。

如果在这个博弈中我们要压制"对方团队"，并且如果，鉴于面对沟通困难的局面，3个博弈参与人仅仅试图在某种技巧性或运气性博弈中协调出一个获胜的战略，那么，我们也就有了一个3人纯协调博弈。这种类型的"博弈"获得了试验的和规范的研究，事实上，正是在这

---

① 参看摩尔和伯科威茨，《博弈论与社会互动》，海军研究部，技术报告，简码编号：SAR/NONR-609 (16)，纽黑文，1956年11月。

一点上，非零和博弈与组织或沟通理论存在实质性的重叠。①

第3章的实验报告表明，即使在完全缺乏沟通的情况下，协调选择仍然是可能的。更进一步地，它们还表明，存在默识谈判（在此，行为选择的**冲突**利益可以因协同**某种**行为的主导性需求而被压制）的局势；在这些局势中，纯协调博弈的极限情况从相应的非零和博弈中抽离出了其核心特征。

这样一来，在这种**协调性问题解决**之中，伴随着其对意图或计划的传达与感知的依赖性，我们的确能获致一种"呈现了非零和博弈的重要侧面的"现象，而且其关联形式几乎与它之于"零和博弈"（也就是作为另一种"极端情况"的情形）的关联形式一致。它的一端乃是混合性的冲突——合作博弈之中消除了所有的合作范畴，而另一端乃是混合性的冲突——合作博弈之中消除了所有的冲突范畴。其一端利益攸关的是保守秘密，而其另一端则事关暴露秘密。

需要强调的是，在严格的技术意义上，纯协调博弈是一种**战略性博弈**。它是这样一种行为局势：在此，每一个参与人的最佳选择都取决于其预期对方可能采取的行动，而他知道对方的行动反过来又取决于对方对自己（"我方"）行为的预期。这种预期的相互依赖性，也恰恰就是战略性博弈区别于机会性博弈和技巧性博弈之所在。在纯协调

---

① 该协调问题的一个扩展性正式分析是由雅各布·马夏科（Jacob Marschak）发展起来的，参看"团队理论的元素"以及"通往有关组织和信息的经济学"，《考尔斯基金研讨会论文集》，第94和95号以及他与罗伊·拉德纳（Roy Radner）合作的"团队中结构性和运作性沟通问题"，《考尔斯基金研讨会论文集·经济学卷》，第2076号。相关的经验研究可见于亚历克斯·贝弗拉斯（Alex Bavelas）的"任务导向群体中的沟通模式"；卡特赖特（D. Cartwright）和赞德（A.F. Zander）主编的《群体动力学》，埃文斯顿，1953年；海斯(Heise)和米勒(Miller)的"小群体运用不同的沟通网络解决问题"，见于黑尔（P.A.·Hare）、博加塔（E.F. Borgatta）和贝尔斯（R.F. Bales）的《小群体》，纽约，1955年；勒维特(Leavitt)和穆勒(Mueller)的"沟通反馈中的影响"，见于《小群体》；卡迈克尔（L. Carmichael）、霍根(Hogan)和沃尔特(Walter)的"关于语言对可视感知形式再生产中影响的实验研究"，《实验心理学杂志》，15·73-86，1932年2月。

博弈中，利益是具有同一性的，而在纯冲突博弈中，利益则是具有分歧性的。但是，如果不考虑结果对参与人彼此预期的依赖性，那么，无论在哪种情况下，都不可能做出明智的行为选择。①

想一想有关福尔摩斯（Holmes）和莫里亚蒂（Moriarty）的著名案例，两人在分开的火车上，谁也无法直接与对方取得联系，两人都需要决定是否在下一站下车。我们可以考虑三种不同的收益情况。第一种情况是，如果他们在不同的车站下车，福尔摩斯将赢得奖金；如果他们所下的车站相同，莫里亚蒂将赢得奖金。这是一种零和博弈，这里，两个参与人的偏好完全相反。第二种情况是，前提是他们成功地在同一个车站下车，无论所下的车站具体是哪一个车站福尔摩斯和莫里亚蒂都将赢得奖金。这是纯协调博弈，在此两个参与人的偏好完全正相关。第三种收益情况是，福尔摩斯和莫里亚蒂只要成功地在同一个车站下车就都能获得奖金。但是，如果两人下的是某个特定的车站，那么，福尔摩斯得到的奖金相对要更多一些；如果两人所下的是另一个特定的车站，那么，莫里亚蒂得到的奖金要更多一些；除非他们在相同的车站下车，否则两人都将一无所获。这就是常见的非零和博弈或者说"不完美相关偏好"博弈。这种冲突与相互依赖的混杂充分体现了谈判的局势。通过给博弈参与人指定特定的沟通和情报系统，我

---

① 关于这一点，卡尔·凯森（Carl Kaysen）在对冯·诺依曼（Von Neumann）和摩根斯坦（Morgenstern）的《博弈论与经济行为》的评论中说道："这类战略性博弈的理论精确地处理了几个行动者的行为，在其所在的局势中所有的行为都是互相依赖的，而且在这里总体而言，根本不可能存在我们所谓的参数化指标，能够让每个行动者（参与人）在恰如其他行动者的行为已经给定的情况下那样行事。事实上，恰恰是这种参数化指标的缺乏才是博弈的核心。"同样的语言也被运用在邓肯·卢斯（R. Duncan Luce）和霍华德·雷法（Howard Raiffa）的著作《博弈与决策》（纽约，1957年）中："直观地，利益冲突问题，对每一方而言，是在风险与不确定性混杂的条件下的个体决策问题，该不稳定性来自其对另一方将如何行动的无知"（第14页）。然而，他们关注的是冲突，偏好协同一致的情况被他们认为是微不足道的（第59和88页），并且他们把这样的数个参加者看做是统一的个体（第13页）。

们可以将博弈变得更丰富，或让其变得更平淡，或在其第一和第三个变体中让其变得对其中的一方更有利。

战略性博弈的核心要素体现在所有这三种情形之中：每一方的最佳选择都取决于其对对方将做些什么的预期，同时知道对方也具有相同的导向。这样一来，每个人都意识到必须试图去猜测第二人如何猜测第一人将猜测第二人怎么猜测，等等，形成一种熟悉的螺旋式的相互预期。

博弈的重新分类

在作进一步推进之前，我们很有必要对博弈局势进行重新分类。零和博弈和非零和博弈的两分法，缺乏我们需要的对称性，并且无法明确与零和博弈相对的极端情形。一个两人博弈的分类框架的核心可以表达为一个二维示意图。博弈的任何特定结果对两个参与人而言的价值，可以由图中一个点的两个坐标值表示。纯冲突博弈的所有可能结果表现为图中部分或全部点在一条斜率为负的斜线上，那些纯共同利益博弈的所有可能结果则表现为图中部分或全部点在一条斜率为正的斜线上。在混合博弈或谈判局势中，至少有一对点表现为落在斜率为负的斜线上，且至少有一对点能标示正的斜率。①

---

① 如果博弈的性质使得参与人有动力使用随机策略来做出战略抉择，或者（类似于抓阄那样依赖于某种随机机制）使博弈参与人通过谈判达成可执行的协议变得具有可行性，那么，即便甚至在**结果**的排序上参与人之间存在着完全的不一致，在**战略**选择中达成合作仍然会有一定的空间。如果这样的话，表现纯冲突博弈的点势必严格受限于需要落在一条直线上，其中两个坐标轴测度参与人的、博弈论中现在为人们所熟悉的"效用"。这一限制同样适用于纯共同利益博弈，因为**结果**排序完全一致的两个参与人，可能不会就诸如这样的一个点——该点有超出一半的可能性介于紧挨着的上下两点之间——的可欲性达成一致。这样一来，"严格的纯"冲突博弈和共同利益博弈，一个未给合作提供任何空间，一个未给不一致提供任何空间，不得不将所有相关的混合（随机）战略的**期望值**分别沿着一条向右下方倾斜和右上方倾斜的直线罗列，而坐标轴则以前面提到的方式在"效用单位"的意义上被划出来。这反过来意味着，表示结果

对于严格的纯博弈（纯冲突或纯共同利益博弈），我们可以通过这样的方式来靠向传统的术语，可称之为**固定总和**或**固定比例**博弈；对于极限情况之外的博弈，可以笨拙地称之为**总量变动 – 比例变动**博弈。参照参与人就不同结果形成的偏好之间的相关关系，我们也可以称它们为完全负相关性博弈和完全正相关性博弈，对剩下的更为丰富的混合博弈，则可稍感呆板地称为"不完全相关博弈"。

困难在于，要为同时包含利益冲突与利益相依的混合博弈寻找到足够多丰富的名字。有趣的是，我们找不到很好的词来指称博弈参与人之间的**关系**：在共同利益博弈中，我们可称他们为"伙伴"；在纯冲突博弈中，可称为"对手"或"敌手"；但是对于战争、罢工、磋商等博弈中包含的混合关系，则要求一个更为游移不定的术语。① 在本书之后的章节中，我将称混合博弈为**谈判博弈**（bargaining game）或**混合动机博弈**（mixed-motive game），因为这两个词似乎描画了混合博弈的精髓。当然，"混合动机"所指的并不是个体对其自身的偏好缺乏清晰的认识，而毋宁说，是纠结于其与另一个参与人之间的关系——

的点必须在一条**直线**上。

　　同样，纯博弈还不承认"侧收益"。如果纯共同利益博弈中的一个伙伴以捣乱相威胁来获得个人的收益（假定该博弈的沟通和执行结构使得这一点成为可能），这样就 jiangyizhong 冲突的利益引进了局势之中作为结果，表示贿赂性支付的点会呈现在另一点（或向右上倾斜的线上所有点）的左上方或右下方，产生出某个混合博弈的结构。而如果纯冲突博弈的一方以破坏相威胁或以补偿相引诱，以使对方在博弈中放弃对立，就有了谈判的余地；博弈也就不再是纯冲突的了，表示损害威胁或赔偿承诺的点将脱离向右下方倾斜的直线。换句话说，所有恰当的潜在结果都必须在博弈框架中被允许。（两个同时进行的纯冲突博弈，即使均受到向右下倾斜的直线的限制，也为谈判留下了空间，除非两条斜线的倾斜度是相同的。）

① 需要强调的是，非零和博弈既可以恰当地被归类于伙伴关系理论，也可以恰当地被归类于冲突理论；而其在关照诸如有限战争等问题时，使用能将敌对双方的共同利益或军事谋划中的"谈判进程"凸显出来的相关词语本身就是有利的。正如在第9章将要看到的那样，即便是突袭问题，在逻辑上也等价于于伙伴关系的惩罚。如果说博弈论已被赋予了过多冲突导向的内涵，那么可能诸如**相依决策理论**这样的词将成为一个中立性的术语，将两种极端情况以及混合的情况都同等地涵盖住。

相互依赖与冲突关系，或伙伴关系与竞争关系的混合体。"非零和"博弈指的是，混合动机博弈以及纯共同利益博弈的相加。而，**协调博弈**（coordination game），由于其刻画了涉入的相关问题和行为，看来可以很好地用来指称这种完全分配（分享）利益的博弈。

协调博弈

虽然本书大部分内容探讨的都是混合博弈，但在第三章的基础之上，在此对纯协调博弈做简短的讨论，将不仅有助于表明它本身就是一种重要的博弈，而且还有助于明确混合博弈的某种特征——该特征在纯协调的极端情况下有最为清楚的表现。

回想一下第三章中的多种纯协调问题。它们中的每一个都提供了某种聚点以协同选择，某种线索以进行协调，某种理由以汇聚参与人的彼此预期。该章还指出，同种类型的协调性线索可能不仅在纯协调的局势中是有效的，而且在包含冲突的混合局势中也是有效的；而事实上相关实验证明，在完全没有沟通时，这是肯定正确的。在不少的例子中，纯协调本身（明确博弈伙伴并与之统一计划的**默识**过程）就是一个引人注目的现象。聚众闹事的形成便是很好的例子。

聚众闹事的形成通常的核心是，潜在的成员不仅一定要知道集合的地点和时间，而且还要知道何时行动以便他们的行为能够一致。公开的领袖能够解决该问题；但是当局试图抑制聚众闹事的举措通常能够识别出这种领袖并消除之。在这种情况下，聚众闹事的困难在于，在没有公开领袖的情况下，协同一致，寻找某种共同的信号，从而使每个人都自信：如果他据此行动，他将不是一个人在战斗。"偶然事件"的作用因此可以被看作是一种协调性角色；它是公开的领袖和沟通的替代品。如果没有诸如偶然事件这样的事，要想有所行动可能就会是困难的，因为免于被追责的条件是所有人都知道何时一起行动。同样的道理，在一个缺乏"明显"中心地点或引人注目的场所的城市，聚众闹事要想自发地产生是困难的；因为在这里没有一个地方是如此"明显"以至于它能向每个人表明，对于任何其他人而言，它也是明显的。领袖选举或投票活动中的随大流行为，可能也有赖于对信号的"共同感知"，如果每个人部分的偏好是希望跟主流在一起，或至少想与某种主流合并的话。①

过度极端的行为，可能是依赖于默识协调和谋划而产生的不幸结果。当白人和黑人意识到某个区域将"不可避免"地日渐为黑人排他性地占据时，这种"不可避免性"就是协同预期的一个特点。② 最直接被感知为不可避免的东西不是最终结果，而是对最终结果的**预期**；这反过来，导致了这种结果的不可避免。每个人都预期其他所有人预期其他所有人预期该结果，而且所有人都无力否决这一点。没有一个稳定的聚点，除了极端点之外。没有人能预期默识进程将止步于10%，30%或60%；没有一个**特定**的百分值应能获得一致的赞同或者提供一个聚点。如果传统指向的是100%，那么，传统只有靠明确的协议才能被打破；而如果协调必须在默识中进行，那么，妥协折中就会是不可能的。人们在不完美的沟通系统下毫无办法，更易于（默识性地）"同意"搬家，而不可能坚持留下来。居住区开发或学校规划等方面的配额体系可以被看做是这样一种努力：以具有沟通性和可执行性的明示博弈来取代默识博弈——后者（默识博弈）导向的是不可欲的极端"解"。

---

① 一个很接近的相关现象要感谢这么一个人，他力图融入人群之中，以避免被点名背课文，却被某个霸道的人选中，或被挑出去"参选"一个大家都试图逃离的职位。（谢林这里似乎是暗指当时的美国总统德怀特·戴维·艾森豪威尔年轻时的情形——译者。）

② 这个现象叫做"倾斜"，被格罗津斯（M. Grodzins）分析过，见"大都市隔离"，（《科学美国》，197:33–41，1957年10月）。一个良性的引起爆炸式效应的协同预期的例子是：基于默识交流（它似乎有着导电一般的性质）在紧张的人群中，一个窃笑会引发一场不受控制的大笑。古巴巴蒂斯塔政权，或法国第四共和国的垮台就是重要的例子。

协调博弈是制度、传统稳定性乃至领袖现象本身的原因。在可能治理冲突的一系列规则中，传统指向的是一套特定的规则，在此，每个人预期所有其他人都对此有所意识，并将其作为要接受的明显的候选者；它的胜出在于，缺省状态时其他规则无法被默识性赞同而被明确下来。许多礼仪规范和社会习俗的力量，包括一些被剥夺了其相关性和权威性的规则（例如反对以介词作为句子结尾的规则），看来似乎也有赖于它们在协调博弈中成为"解"的能力：每个人都预期每个人预期每个人预期会遵循它们，从而违背者将遭人白眼，付出"众人皆醉我独醒"的代价。时装潮流和摩托车时尚可能也反映了某种博弈，在其中任何人都不甘于脱出形成中的主流之外，且无法组织起来以抑制主流的形成。社会学中的"**角色**"概念——清楚地涉及了其他人对一个人行为的预期，以及一个人就其他人如何对待自己所形成的预期——可以部分地被解释为"协同预期"的稳定性，该"协同预期"与协调博弈中的相关情形类似。一个人总是受制于某种特定的角色或者别人的角色，这是因为在那些环境下，它是唯一能够被默识性同意过程所明确的角色。

一个好的例子可能是一个陆军单元或海军舰队的**团队精神**（或者它的缺乏），或者特定大学或大学生联谊会的价值系统。它们是这样一种社会有机体：它们面对较大频率的更迭，却仍一定程度维持着其特有的身份，以至于选择性的、有所偏重的人员招募所带来的影响似乎可以忽略不计。这些单位的独特性之一似乎很大程度上是协同预期的问题——每个人对每个人的预期也就是每个人的预期——这样，新来者的预期也就能够及时模式化，并有助于塑造后继成员的预期。这有"社会契约"的味道，其特定的条款为每一代新进成员所感知并接受。我想说的是，社会实体中这种传统的维持，乃是为何军队某个师、团的合法身份——它的名字、番号和历史——通常被慎重保留的原因之一，尽管该部队的力量已经下降到了意味着需要被废除的地步：与团体的合法身份相伴的传统，是一份为了未来的集结而值得保留的财富。同样的现象使得在一些国家征收个人所得税成为可能，而在另外一些国家却不行：如果有恰当的共同预期存在，人们将预期逃税的规模是如此之小，以至于无法对征税当局形成抵制，并随之可能出于交换诚信或恐惧不安而去缴税；这样，这些又汇聚在一起再次验证了他们自己的预期。

协调的智力过程的性质。 需要强调的是，协调问题不是去猜测"平均人"（average man）将怎么做。在默识协调中，行为者不是力图猜测另一个人在客观局势下将如何行动；行为者试图猜测的是，对方将如何猜测自己（"我方"）猜测他怎么猜测，如此以至无穷。（报纸的私人栏目中与某人"相会"的广告就是一个很好的例子。①）推理会变得

---

① 同样地还有，与某种来自外太空的生物在相同的无线电频率中相会。"我们应该考虑什么频率呢？大范围搜寻一个未知频率的微弱信号是非常困难的。但是，就是在最受欢迎的无线电波段中存在着唯一的、客观的频率标准，该频率标准应该为宇宙中的每一个观察者所知：即显著的无线电发射线里面中性氢原子的1420兆赫光子"[吉斯普·科科尼（Giuseppe Cocconi）和菲利普·莫里森（Philip Morrison），《自然》（*Nature*），1959年9月19日，pp.844-846] 约翰·李尔（John Lear）运用了这一推理："地球上任何天文学家都会说：'为什么1420兆赫是理所当然的？因为它是中性氢无线电发射线的特性。氢是地球之外空间中最丰富的元素，我们的邻居预期它能够被甚至是天文学中的新手所找到。'"["在其他星球中寻找智能生命"，《星期六评论》（*Saturday Review*），1960年1月2日，pp.39-43]。（要与外太空智能生命相会）该寻找什么信号？科科尼和莫里森的建议，是一个由少量素数脉冲构成的序列，或简单的算术求和。
而这表明了那些实验的另一个取向，在此，主体被引导去进行猜测：基于红灯或者绿灯较长的随机次序，下次出现的将是红灯还是绿灯。行为主体显然会坚持基于某种他们认为他们所感知到的模式来进行猜测；这是一种"非理性"的行为模式——给定他们知道该序列是由某种随机设置所生成的话。但是，正如赫伯特·西蒙（Herbert Simon）所指出的："人不仅仅是一种学习型动物；他还是模式寻找和概念形成型动物"（"经济和行为科学的决策制定理论（Theories of Decision-Making in Economics and Behavioral Science），"《美国经济评论》（*American Economic Review*），44:272）。那么，为什么不在实验中增加一个合作型模式制造者呢？——他根据不同的限制和随机的干扰来生成信号，让执着的模式寻找型主体，使用其技巧，来寻找合作性伙伴内化了的模式，而不是将精力徒劳地浪费在随机序列之上。如果，为了让沟通者的机巧承

与客观局势无关，除非是客观局势能够为一致选择提供某种线索。可以作为类比的，不仅是试图追随既定的主流投票，而且是试图在大家都希望身处于某个主流且每个人都知道这一点时，追随形成中的主流投票——不仅对瑞恩高德啤酒（Miss Rheingold）的预测是如此，而且买股票和房地产投资也是如此，即买"每个人都预期每个人预期每个人买的那种"。投资钻石可能是一个完美的例子；最好的例子可能是黄金的货币角色，该现象只能被视作协调博弈的"解"来解释。（一个常见的家庭版协调博弈发生在两人的电话交流突然断掉时，如果双方随后同时打给对方，他们只能得到忙音。）

考虑"写下某个正数"的博弈。第 3 章中类似的实验证明，在被要求挑选某个数字时，大多数人都会选择类似于 3、7、13、100 和 1 这样的数字。但是，当要求他们，挑选的数字与其他人的挑选相同，其他人也同样感兴趣于挑选相同数字，且每个人都知道每个人都试图如此时，动机就变得不同了。占优势的选择是数字 1。看来这有着合理的逻辑：并不存在唯一的"受支持的数字"；3、7 以及其他数作为备选者造成的变动性大得令人尴尬，没有好办法选择一个最中意或最醒目的数字。这时，如果行为者问，在所有的正数中，哪个最显然唯一或者**什么样的选择规则能够导向不含糊的结果**，他也许会猛然醒悟，

担起更重的消耗，我们可增加一个"其回报与进行协作的两个伙伴的回报负相关"的第三方，且他可以拦截信息并在一定限度内改变之，这样我们就得到了与前述摩尔和伯科威茨的博弈相似的模型。在红绿的二元选择之上丰富其可用的材料，可以提供真正创造性模式的构造空间；而在有趣的类型之上丰富可用的材料，也可以给格式塔（Gestalt）心理学、美学，甚至是更高层次问题的解决提供见识。西蒙在同一篇文章（第 426 页）中指出，甚至是一个计算机也能被编程以"在计划其对"几何原理"进行检验时，它能运用类似影像或象征之物"。这是真正有趣和有意义的模式探索。（它提醒我们零和博弈论者的"人性恶"假设并不适于用在，比如说，数学创造之上。自然给了一些暗示；她以模式的方式呈现她的秘密，这使得这些模式——比起通过详尽的搜寻去找到它们而言——更容易被猜测到。）

所有正数构成的集合中,有着某个"第一个"或"最小的"数。①

协调问题的博弈论构造。 一个纯协调问题的收益矩阵可能看来如图 4-1 所示。一个参与人选择某行,另一个参与人选择某列;他们所得的收益由他们所作选择相交处单元(方)格中的数字给出。如果一方的每个选择只能唯一地与另一方的某个选择对应以让他们两人都"获胜",我们可以将所有行列进行排列,以便所有"胜出"的单元格位于一条对角线上。在这些单元格中,对双方来说都有着正的收益,其余单元格的收益我们定为零。(从我们便于展示的目的来看,在每个单元方格中只放置一个数字代表两个参与人共同的收益,并不会造成任何信息的遗漏。)

1	0	0	0	0
0	1	0	0	0
0	0	1	0	0
0	0	0	1	0
0	0	0	0	1

图 4-1

---

① 凯恩斯有一段广为引述的话值得在此重复,以便指出,在切实地处置本书所处置的问题时,"解"的概念**并不**总是同样的:"专业投资可能恰如报纸上的这样一些竞争:在此,竞争者们必须从一百张照片中选择六张最漂亮的脸蛋。谁选择的照片能够与竞争者作为整体的平均偏好最为接近,谁就获得奖金;这样一来,每个竞争者选择的,就不是他本人认为是最漂亮的那些脸蛋,而是那些最契合其他竞争者猜想的脸蛋,而所有这些其他的竞争者也都是从同样的角度来看待这个问题的。这种情形所选择的,并不真的是基于行为者最佳的判断得出的最漂亮的脸蛋,甚至也不是真实的平均观念认为是最漂亮的脸蛋。我们现在到达的是第三个层次,在此,我们将我们的脑力用于预测平均观念预期的平均观念是什么。我相信,有人会操作到第四、第五甚至是更高的层次"(凯恩斯,《就业、利息与货币通论》,纽约,1936 年,第 156 页)。顺带说一下,这类博弈证明,参数化行为与大批参与人的一般关系,在有着多重均衡的默识博弈中难以维持。为了"参数性地"适应其他人的行为,要求这样一种条件:其他人的行为是可观察的,而非猜测性的;否则,无论参与人的数量是多大,默识协调的非参数性特征将留存下来。

有必要排除一种可能是由其他博弈理论类比而提出的教条，也就是说，行、列以及博弈参与人（按卢斯与雷法的术语来说）的"标识"，不应给结果带来什么影响。① 准确地说，排除该教条的道理在于：战略在某种意义上就是"被标识"的——换句话说，它们拥有可能改变博弈数学结构的象征性或暗示性特征——导致博弈参与人能提升微不足道的机会，并"赢得"这些博弈；而且正是由于同样的原因，这些博弈才有趣并有着重要意义。

甚至于图4-1所描画的博弈——看来其行与列所负载的象征重要性已是最小化的了——也并不是一个难于"获胜"的博弈，换句话说，参与人能获得的结果将大大地好于随机概率所暗示的水平。（如果令同样的博弈拥有无限多的行和列的话，博弈的取胜看来就变得更加容易而非更为困难。在这种情况下，该博弈也就在形式上等同于前面提到的"挑选正数"博弈，但是，由于"标识"是不同的，本博弈中可能只有较少的人有较少的趋势会汇聚于数字3、7、13，等。）哪怕仅仅是构造矩阵本身也会对选择带来有偏向性的影响，因为它会使注意力投向"第一个"、"中间"、"最后一个"选项，等等。② 如果战略不以连

---

① 参与人的标识，在卢斯和雷法讨论合作博弈的时候（第123-127页）明确地被排除了，而这种标识的影响，在纳什的对称性假设中也被排除了（J.F.·纳什，"谈判问题"，《经济学家》杂志，18:155-162，1950年以及"两人合作博弈（Two Person Cooperative Games）"，*Econometrica*, 21:128-140 [1953]）。通过仅仅处理有着标准形式的博弈，默识或明示的非零和博弈中隐含地排除了战略的标识的影响，换句话说，博弈被抽象为只用一种收益矩阵来表示。（但收益矩阵就其本身而言，仅仅是一种分析性设置，并不是博弈的一部分，也因此提供不了实际战略的左右、上下、或数字性顺序的排列特征。）关于参与人标识作为控制性因素会带来影响的很好的例子是，前面提到的电话中断后的打电话问题——谁该打回电话，而谁该等候电话。

② 这一观点是笔者前面汇报的实验所得出的诸多论断中的一个典型，在默识博弈中，有关"备选项独立性和非相关性"效应的假设，是无法令人置信的；根据同样的逻辑，这一效应在明示谈判博弈中也无法看到。潜在的结果取决于协调性的选项——尽管这些选项自身并不一定能被选上。该假设的陈述和探讨参见卢斯和雷法的著作第127页。

贯的标识给出，也就是说，标识不能用类似数字或字母的顺序排列，而是被给了独特的名字，那么，这些名字一定能够对协调选择产生影响。

这里，一个趋势变得断然明晰起来：纯冲突博弈中的战略选择，其智力过程是全然不同于纯协调局势之中的战略选择的。至少在零和博弈中，如果行为者接纳（包括随机化的，如果必要的话）"最小最大化"解决方案时，其与纯协调局势之智力过程的不同就会彰显出来。在纯协调博弈中，参与人的目标是与其他参与人取得联系——通过寻找共享线索的、内省性的、某种富有想像力的智力过程；而在零和博弈的最小最大化策略（其特点最为醒目地表现为随机化的选择）中，行为者的全部目标是避免任何思想上的接触，甚至是不经意的接触。①举例来说，假设我从一副扑克牌的52张普通牌中确定一张，而你将猜

---

① 尽管如此，随机化战略对于达成协调性的选票（比如说其在某个候选人团体中的）**分布**而言，可能是有用的。如果在一个有着100人的投票者中存在一个55人的多数派并为大家所知；如果6个候选人中有2个人是多数派中意的；并且如果得票最多的3个候选人将入选董事会成员，那么就可能出现这样的危险：未经协调的选票可能太过集中于多数派所中意的第一个（或第二个）候选人，留下了机会给少数派中意的2个候选人通过分别获得至少22张选票而成功当选。但是，如果多数派中的每个成员都以掷硬币的方式决定将选票投向自己所中意的两个候选人中的一个，每名候选人得票不超过22张的可能性只有六分之一。如果少数派也没有公开的方式来实现协作，而是依靠一个随机设置，那么多数派取胜（其所中意的两人皆能当选）的概率将为非常之大。

一个部分随机化战略也可以被用来减少冲突的范围。假设分别坐在一张牌桌的北侧和东侧的两个人准备移坐到邻近的另一张同一朝向的牌桌上去，而且必须在缺乏沟通的条件下选择他们要坐的座位，如果他们选择的座位互相靠近，二人将分别获得1美元的奖励。这是一个简单的协调问题；但是，让我们对动机作些扰动：额外增加2美元的奖赏，给当双方成功地靠近而坐时坐在某个选手右侧的那个人。该博弈是没有均衡点的；两人的利益无法汇聚于一点；任何座位安排都会导致其中的某位参与人产生换位的动机。（每个人可能都希望他能够承诺坐在对方的左侧，但却无法做到。）随机战略给每个参与人带来的最小最大化的值是1美元。但是，如果每个参与人都决定在纯共同利益博弈中选择自己坐于何处，然后通过掷硬币的方式决定自己是坐于该处还是它的对面，参与人也就确保了他们既不会选择同样的座位，也不会坐到对方的对面去，这样也就可以以同等的机会获得额外的奖励。这是一对（混合）战略构成的均衡，其参与人收益的期望值均为2美元。

测我确定的是哪一张。传统博弈论给出的指导是，在假设我不希望被猜出的基础之上，我如何做出我的决定。我可以任意选取一张，使得你猜中的概率不会好于随机水平。但如果是这样一种博弈：在此我**确实**希望你能猜中，而你知道我将选取一张有助于你猜测的牌，那么，随机化设置只会导致默识协调不可能实现。福尔摩斯也许会通过抛硬币来决定在哪个车站下，以**破坏**车站标识对其决定所起的作用；而莫里亚蒂只有 50-50 的机会猜中由抛硬币所得出的结果。但是存在共同利益的博弈版本中，他们必须某种程度上**使用**车站的标识，以便让结果好于纯粹随机的选择；而如何使用车站标识则可能更多地依赖于想像力而非逻辑推理，依靠诗意或幽默而非数学。值得注意的是，传统博弈论并没有给该博弈贴附上一个"价值"：无论人们用这种方式协同得多好——尽管其有望成功通过系统性分析的检验——却无法经由先验推理来发现。博弈理论的这个角落**内在固有地**依赖于经验证据。①

需要特别注意的是，断言"标识"（也就是，博弈中具有象征性和

---

① 在类似这样的案例中，我们只需要考虑参与人将为一点协调性信息支付什么**价钱**的问题，以及何种不同的信息模式会产生什么样的协调性机会的问题，以便在马夏科（Marschak）**团队理论**（theory of teams）的中心地带找到我们自己。

值得一提的是，这类博弈有个"囚徒困境"的版本：两个罪犯在准备好串供的托词之前被逮捕，并被分开审讯；他们必须建立托词的攻守同盟，否则会被揭示为有罪。比较折磨人的一个博弈变体是：对罪行的衡量讲究坦白从宽，抗拒从严；这样每个歹徒都有了一个"最小最大化"的坦白战略，和其他托词战略：他们不仅必须考虑哪个特定托词能够成为最佳的托词策略，而且要知道**它**（在其与同伙的策略相一致的程度的意义上）**有多好**，以及他们能否协调其决策进行这种尝试。可能的收益矩阵如下：

.5 .5	0 .5	0 .5	0 .5
.5 0	1	0	0
.5 0	0	1	0
.5 0	0	0	1

（在每个单元格中，左下方数值提供的是选择行的参与人的收益，右上方是选择列的参与人的收益。）

暗示性的细节）带来的影响和该理论对经验证据的依赖，并未涉及博弈论是预测性的问题，还是规范性的问题——关注的是一般化实际决策，还是正确抉择的战略。这里所做的断言，**不仅**是说人们**切实地**受到象征性细节的影响，而且是说：他们**应该**受其影响，以便更正确地博弈。规范性理论生产的策略，必须至少跟人们在没有它们时所能做到的一样好。此外，它一定不能否认或消除对两个或多个参与人肯定有利的博弈细节，进而不能消除或忽略他们的共同利益。争夺舞池空间的两对夫妇，或争夺停火线的两支军队，可能会共同地受到"受制于局势抽象特征"的决策过程的折磨。

该一般观点的特定意涵是：一旦我们承认这种理性参与人用以协同他们彼此预期的逻辑，处在"标准式"（数学抽象性）中的博弈，在逻辑性上就并不等价于处在"扩展式"（特定具体性）中的博弈。正如第 3 章所指出的那样，同样的考虑在明示谈判中也是强有力的。这些考虑在术语上意味着，对默识协调博弈而言"非合作（noncooperative）博弈"是一个糟糕的名字；默识协调意味着，其以自身独特的方式拼命地合作，即使在我们增加了冲突，形成了默识混合动机博弈时，仍然如此。（附录 C 主张，博弈论为人所熟知的某种解的概念，能够在协调概念的术语基础上进行解释。）

混合动机博弈的暗示与共同认知

协调博弈理论，尽管其自身就是有趣的，但其令人感兴趣则主要在于它有助于人们理解混合动机博弈的本质。协调元素在纯默识博弈之中以最为炫目的方式呈现，在此，既无沟通亦无后续的行为举动，两个参与人也不能借此彼此接纳、适应。下面的这个例子，与第 62 页（原书）的问题 6 相似。

一个参与人"位于"辛辛那提市,另外一个参与人位于旧金山市;他们都有一张相同的美国地图,并准备在他们之间划分这个国家。每个人都划一根线,将美国分成两半;该线可以笔直,也可以弯曲,可以与自然的或政治的地界标志相关,也可以不相关。如果两人的地图划分是不相同的,两人都将一无所获;如果两人画出了同样的分界线,他们都将得到回报。其回报取决于参与人在划分后各自范围内的物产,即其所在城市所属的那个部分所拥有的东西。让我们模糊化处理这些回报;它们可能部分地依赖于领土,部分地依赖于人口,部分地依赖于工业财富与农业资源等等,而对两个参与人来说回报方式也可能存在一定程度的不同。换句话说,即使整个领域范围都是有价值的,也并不意味着这个国家的所有部分都有着同样的价值,而且,并不存在价值衡量公式的清晰界定。(因此,两个参与人之间不存在完美的、对称性的价值分割方式。)

在该博弈中,存在着引人入胜的协调问题;每个参与人只有按照对方的期望去做,并同时知道对方也同样试图按照其被期望的方式去切实地行动,才能取胜。他们必须一起找到某条"其自身要以某种方式向他们两人发送暗示,或者对他们俩都有吸引力"的线。任何一方都无法"骗过"对方,而不同时对他自己形成欺骗。

第3章中的实验表明,参与人在面临这种博弈时并不是无助的。博弈也并不像"可能分割线的无限性"所暗示的那样具有哪怕是接近于"无限"的困难;该博弈的一些变体甚至根本毫无困难可言。但是,成功的结果的确有赖于在纯协调博弈中发挥控制性作用的因素;事实上,某些这种类型的博弈之所以"获胜",的确依赖于:参与人实际选择的结果,恰与他们在回报系统带给其一致(而非冲突)利益时会做的选择相同。问题在于:找到某种让双方都认为是"正确"的信号、或线索、或合理化解释,并且每一方都准备接受这些"哪怕对他相对有所不利"的信号或线索的规制。他们必须在能找到线索的地方找到他们的线索。(比如说,如果他们所使用的地图恰巧令人为难地包含了许多线索,使得难以挑出任何特定的一条,由裁判员所建议画出的相当任意的一条、在两张图中相同的线,可能被接纳为"调解者"——即使它大大地偏向了其中的一个参与人。)

但是,该协调要素,特别是在没有冲突利益的情况下,总呈现出**与沟通困难**的密切相关性。如果参与人能够肯定地协同一致、毫无困难、没有成本的话,纯协调博弈不仅变得不再有趣,而且将在实质上不再成其为"博弈"。这样,问题就出来了:总体而言,在混合动机博弈中,既然它们中的大多数都采取了公开谈判、话语交流不受限制的形式,协调要素有多么重要呢?

协调原则的普遍性来自于两个相互独立的考虑。第一个考虑是,在第3章中已经讨论过的,默识谈判提供了一种分析性模型——可能仅仅是一种类比,但也可能是切实的心灵和智力现象的明确呈现——即,有关在纯谈判局势中寻求达成协议的"理性"过程的模型,在此之中双方都认识到,有一个达成结果的较宽的范围,它比达不成任何结果要更可取。在默识谈判案例中被证明是真实而重要的"共同认知"的心理现象,在明示谈判的分析中也扮演了一定的角色。这个角色就是**预期协调**(Coordination of expectations)。

第二个考虑是,我们想分析的大多数谈判过程或博弈局势,都至少部分地是默识性的。在某些情形中,恰如在交通堵塞情况下对车子的操控,言语交流在物理上是被阻止的;而在其他情形中,恰如与邻居摩擦后的暂时妥协那样,出于个人的利益,言语交流也是被禁止的。非法秘密谈判,或外交谈判,如果被其他国家偶尔听到的话,对双方而言可能都是尴尬的,在表达上也就无法完全清楚明了。如果博弈中参与人很多,恰如决定住宅区和工作区种族边界线的谈判过程,也许就会缺乏制度性规定以供明示磋商。在这些情况下，言语交流诚然可能是谈判进程的组成部分，实际行动却也同样是它的一部分，这样该博弈不仅是一场对话，还是一场"谋划"。

而且，如果对参与人而言**举动**是可行的（如此一来，即便在磋商之时，进行谋划运作、做出举动——特别是，如果某些谋划在仅是一定的时滞之后，变得能为对方所见的话——也会是有利的），也就没有理由假定从一开始谋划的瞬时暂停将统摄整个过程；如果是这样（**举动**可行），在对话进行的同时，博弈也在持续发展之中。如果这些举动仅仅具有象征性意义，我们就可以将其连同话语交流一起划入沟通过程之中；但是，典型地，举动有着策略上的重要性，将使得博弈不可撤销地不同于它曾经所是的模样，而且同样典型地，举动在策略上的重要性甚至将其水平提升到了，哪怕是在传达内容时，也要比纯话语更有效的地步。行为者反复说枪已上膛，倒不如切实地放一枪来得简单明了；行为者反复念叨他认为某区域具有战略重要性，倒不如斥巨资或冒风险对之加以保护来得直白有效。这样，举动能够显露有关参与人价值体系的信息，或对他具有可用性的行为选项的信息；举动能使他任责于一定的行动，而话语通常做不到这一点；此外，举动通常能被快速地根据单方面的决定来推进，而无须依赖于会议协议的正式形式。

换句话说，谈判博弈十分典型地包含了一个动态的相互调整适应的过程，而不是单纯沟通到极限最后凝结成一个具体化的协议。在有限战争中，使出浑身解数谋求限制条件便是一个完美的例子，我们还可以通过调整上文描述过的室内博弈来说明该问题。

一个说明性的默识博弈。 假设我们的两个参与人每人发放 100 个筹码，将各自相同的美国地图摆放在其面前，并以如下方式进行博弈。① 每"举动"一步，每个参与人都将在自己地图的州中放置5个筹码。这些举动是相互对抗性的，如果两个参与人各自放置了一个筹码于同一个州，两个筹码都将被拿走作废；如一个参与人放置了一个筹码，而另一个参与人放置了三个筹码于同一个州，那么各自都将被拿走一个筹码，只留下两个筹码来表示该州归属于筹码所属的那个参与人；依此类推。下一步，他们所做的事相同，还是动用5个筹码；这一次，他们可以选择将筹码放在还未被筹码占据的州，也可以选择将它们放在已经有了筹码的州。如果A放置两个筹码于B之前曾放置了一个筹码的州，B的筹码与A的一个筹码相抵而一并取走作废，留下A的一个筹码表明其对该州的"索取权"。这样博弈一直进行，直到双方用光他们持有的所有筹码为止；接下来，在每一步举动中，一个参与人可以将5个筹码从之前所在的州挪往其他州，如果再有筹码被两人放在同一个州，两人同等数量的筹码将被抵消拿走作废。该过程持续进行，直到两个参与人通知裁判他们愿意结束博弈。

现在分配奖金。参与人每在地图上成功地留下一个筹码，将获奖一美元，所谓留下筹码，也就是指，在其"占据"或"丢掉"某州时，那些没有被拿走作废的筹码。他还将因其所"拥有"的州而获得奖金，所谓"拥有"的州指的是，放有筹码的州，加上其居住地所在的、被他用筹码占据的州所包围的上面没有筹码的州。

对所拥有的州的"回报"是特定的美元价值，它们被张贴在48个

---

① 由于第6章将指出，这些博弈除了示例说明的价值之外，事实上还具有研究的价值，所以，在最开始时就应注意到：实验性的非零和博弈中存在一个参与人激励的特殊困难。在零和博弈中，获胜可用行为者相对于他的直接对手的优势来度量，而智力挑战和双边竞争刺激着参与人迈向正确（也是唯一）的胜利类型。但是对混合动机博弈而言，"获胜"必须涉及行为者的绝对得分，而不是相对于其博弈对手的分值；如果游戏由严格的双边竞争来决定的话，动机将会被扭曲。这样，除非提供的是真实的奖励，否则博弈必须被组织成循环赛或者这样一种进度赛：在一系列的两人游戏中，涉入多于两个参与人，而最终的结果由行为者绝对得分的相对位置来决定（这也是为什么没有两人的非零和室内游戏的原因之所在）。

州①的相应位置；它们模糊地遵循着某种——暗示了所谓"经济价值"或其他类似事物的——模式。没有推论表明这些州的美元价值对两个参与人而言是相同的，甚至两者都不存在密切的相关性；对于某个参与人来说，人口也许是州"价值"的相当重要的元素；而对另一个参与人来说，则可能是相对不重要的元素。每个参与人都不知道对方的价值系统——或者可能只是略知一点，比如说知道哪些元素重要，却不知道它们有多重要。关于对方的价值系统，每个参与人都只能通过观察对方的举动来尽可能地加以琢磨。

这里我们就有了一个混合动机博弈，它的推进依赖于一个互相调整适应——也就是一系列的举动——的过程，在其推进过程中，如果参与人彼此调整适应得比较差，那么双方将遭受共同的损失。他们将因为无法预测对方最近这步举动会把筹码放在哪个州而损失美金，在这种情况下，他们也就倾向于不会为了鏖战某个州而损失美元。如果一方想从对方手中夺取某个州，每人都将损失至少一美元；而且，如果曾经失掉某州的行为者试图（通过放置更多的筹码于其上）重新夺回该州的话，他们将各自损失超过一美元。此外，他们不仅因为每美元的罚金而损失一美元，而且从"索要"州数来看，每个参与人剩下的"筹码"也变少了；这样他们可能不得不留下某些位于他们之间的州，令其处于完全未被"索要"的状态——如果当游戏结束时，他们无法在地图上留下足够多的筹码的话。

现在，参与人如何在这样的博弈中"谈判"呢？不管怎样，事实上，他们是通过提议和反提议的方式来进行的；他们或接受，或拒绝，或反击，甚至发现一些方式来传递威胁和承诺。②但是如果禁止他们

---

① 美国目前（2014年）共有50个州，这里应该是不含阿拉斯加州和夏威夷州的缘故。——译注

② 这一点在以该博弈展开实验的初期是显而易见的。

进行任何形式的言语沟通，他们就必须通过他们的行为模式来传递其意图和提议。每个参与人都必须警惕对方的运作表达了什么意图，且每个参与人都必须在希望其意图传达出去时，善于创造性地传达之。如果某个参与人迫切地希望得到某个特定的州——因为它对他而言价值特别高，他可能就会愿意胶着于此，缠斗甚久，损失不少美金来押注直到对方放弃为止，显然如果事前知道哪些州是各方最想要的，对双方而言情形都要好一些。而，如果一个参与人的确准备让出一大块"国土"，以"换取"他迫切需要的某个其他部分，那么，他不仅必须让该部分国土显而易见地对"对方"具有可占性，而且必须一定程度上通过他自身的游戏模式来确定出它的界限。

但是，这种游戏模式从何而来呢？它们并不是十分完全地由该博弈的数学结构所提供的，这部分地是因为，我们有意识地使每个参与人的价值系统太不确定，以至于对方无法基于对称性、等同性等等的考虑，来提供任何大的帮助。推测起来，他们是在这样一些东西中找到他们的游戏模式的：自然性质的边界，熟悉的政治群体，可能进入其价值系统的各州的经济特征，格式塔心理学，以及在游戏过程中他们能够为自己找到的任何传统和老规矩。①

明示沟通。现在让我们改变一下规则，允许参与人畅所欲言地对话。那么这将对博弈产生什么影响呢？在某些方面，它应能提高参与人的效率；一些特定的交易——在较为笨拙的体系中它们曾因太过复杂而无法被提议——现在能够被明确下来。或许，参与人还可以避免

---

① 如果邻居的果树伸进了我的院子，而我沿着墙线严格地把伸到我这边的果实全部摘了，那么我的邻居可能就能理解我的"提议"是什么，并且，如果他不回击的话，他也能很好地了解对于未来他这是默许了些什么。但是，取而代之地，如果我从墙线的两侧随意地摘取同等数量的果实，或依据，比如说，家庭规模摘取一定的水果量，那么邻居就较少可能感知到我究竟是怎么想的。（如果我摘的只是在我墙线这边的**部分**水果，而不是这边的全部水果的话，他可能还会更倾向于觉得必须抵制或回击我；因为我没有成功地确定出我意图的边界。）

就同一个州进行筹码缠斗，从而避免浪费他们的美元收益。当然，我们无法确保双方能避免就某些州发生彼此代价高昂的竞争性投注，因为在某个州抢先的话其优势是那么大，以至于会激励参与人在甚至是能够对话的情况下，仍继续就此进行争夺。而且，他们将无法说服彼此相信自己说话算话，除非通过他们的游戏方式来表明这一点。（我们准许他们告诉彼此，每个州对自己的价值是多少；但我们也明确：撒谎不受惩罚，而且，我们不给参与人提供他们能够彼此展示的有关其价值系统的一纸凭证。）

这样，无限制的话语沟通的引入并没有极大地改变该博弈的特征——即便特定的结果可能会有所不同。和之前一样，该博弈仍然需要依靠参与人向彼此传递他们的意图，并感知彼此的意图；此外和之前一样，它还需要依靠行为者按照可预测的模式来行动，并默认某些规则和限制。

与零和博弈和其最小最大化解的特殊的自我抹除性相比较，可以明显地看到这个博弈及其解有着引人瞩目的不同。通过最小最大化解，一个零和博弈被简化成了一个完全的单边性事务。行为者不仅没有必要与对手沟通，他甚至不需要知道对手是谁，他是否存在。随机化策略是极其反沟通性的；它是一种摧毁任何沟通可能性的蓄意的手段，特别是有关（不经意的或其他类型）意图的沟通。该策略抹除了博弈的所有细节——有关收益的数学结构除外，也抹除了参与人所有的社交关系。

在国际象棋中，棋子是否看起来像马、王、象、车，或像汉堡包无关紧要；这个游戏被称为"象棋"、"大陆争霸"，还是"房产风云"也无所谓；或者棋格被扭曲得看上去像行政区或地理版图，也不重要。棋手双方彼此了解多少，是否讲同样的语言并拥有共同的文化，都不重要；谁先前玩过这个游戏，以及它是怎么来的，同样不重要。[即使它真的变得重要，参与人中的一个也将有动力去摧毁这些细节的影响；而采取（随机化的——如果必要的话）最小最大化策略，将能摧毁它。]

但是，改变象棋的收益矩阵，使之成为一个非零和博弈，参与人的回报不仅取决于他们夺取的棋子数，还要参考他们在终局时留下的棋子数，以及他们占领的棋格数，如此形成的新玩法，使得参与人双方最小化"总"棋子夺取量一定程度上是有利的，因为这样能最小化共同的损失。令每个参与人都不能确定对方究竟最看重哪些方格以及哪些特定的棋子。并且对每一步都进行计时，这样双方就都无法凭借对话之便来拦住对方的举动。

现在，我们是称该博弈为"战争"还是"淘金热"，对参与人而言就会有所不同了。此外，棋子看起来是像马、兵、探险者，还是像寻找复活节彩蛋活动中的孩子；棋盘上叠映的是什么地图或图画，以及棋格如何被扭曲成不同形状；又或者，在开局前什么背景故事将被告知博弈双方，等等，对参与人而言，也都会有所影响了。

现在，我们也就人为操纵了该博弈，参与人在此必须就他们迈向结果之路进行谈判——无论是做有声的磋商，还是通过他们所做出的连续的举动来进行，又抑或两者兼而有之。他们必须找到某种方式来约束他们的行为，传达他们的意图，让他们自己被引导进行思想上的——默识的或明示的——交流和碰撞之中，以避免潜在利得的两败俱伤。一些"附带的细节"（incidental details）也许有助于参与人尽快发现表意性行为模式；而且，在这个意义上，博弈的暗示或"标示着妥协、限制和规则的**象征性**内容"，也应被期望会带来影响。它应该如此，因为它将有助于两个参与人在寻求稳定的、彼此无损的、可识别的行动模式时，不再将自己局限于博弈的抽象结构之中。在此，最根本的心理和智力过程是：参与对**传统**的创造；而，以传统为由所创造的各组成部分，或潜在传统能在其中被感知并共同认识到的材料，与博弈的数学性内容是完全不同的。①

结果取决于每个参与人对对方将如何游戏所形成的预期，在此，他们都知道，他们的预期有着大量的相互性。参与人必须一起去发现并共同默认于某个结果，或对结果有决定性作用的某种游戏模式。他们必须一起找到"博弈的规则"，否则就要一起承受其后果。

关于传达意图之困难的一个很好的例子是：针对特定的、行为者打算将之作为"越界"来考虑的行为，他如何有效地让对方理解他所意欲的报复模式？在无法全面沟通的情况下，行为者传达这种意图模式的能力，不仅依赖于形成边界和限制条件的背景材料的可用性，而且依赖于对手识别出报复的完形（formula）（格式塔，Gestalt）的可行能力——当他看到它的一个例子的时候。历史和文学的先例、法律和道德的是非对错、数学和美学，以及来自其他生活轨迹的令人熟悉的类比，可能能形成一个菜单，行为者不得不从中选取他的、可识别的报复模式，以及他对他人意图模式的解释。即使是有着全面的话语沟通，该状况也不会有很大的不同；行为模式比言辞更可信。

这样一来，博弈的暗示性细节对其结果所可能产生的影响、参与人对博弈所提供的线索和信号的依赖，都并不只关系到非零和博弈中

---

① 一个很好的例子是这样一个问题：在原子武器与其他武器之间能否画一条清晰的线？根据现有的研究来看，答案是否定的。如果以爆炸威力作为判断的标准，那么它们的爆炸范围是重叠的。但是，这里仍然是存在某种差异的，如果足够多的人们这么想的话——而他们无疑的确是这么想的。这种差异由预期的纯粹编织所构成：原子武器**是**不同的，这是十年来的**传统**；人们相信是如此，而且相信他人也是这么认为的，甚至是否认这种差异的人，在下一个原子弹在战争中爆炸时，也只能毫无疑问地屏住呼吸，闭口不言——他们无法通过参照爆炸威力来给出合理的解释。它纯粹是一种约定俗成的差异，恰如那种令监禁区别于"残酷而罕见"的惩罚之类的差异；或又如同，人们习惯地认为国会中的大学代表制与英国的民主是相容的，好像它一直就存在似的；而不是失效十年后才不得不恢复的。原子武器的与众不同会随着时间的流逝，而可能被人为地强化，或者人为地模糊化，恰如大多数传统都能如此一样（这一点将在附录A中详述）。

参与人如何切实行为的研究。这里的主张不是：参与人**的确**在对博弈的非数学特征做出反应，而是：他们**理应**考虑这些因素，由此甚至是规范性理论——一种博弈**战略**的理论——也必须认识到，理性的参与人能联合起来利用这些因素。而且，即使是当"我"作为理性的参与人意识到这些细节的构造对"我"而言带有歧视性倾向，"我"仍能理性地认识到"我"别无依靠；就是说，对方将理性地期望"我"会遵循由博弈具体细节散发出的暗示所指向的原则，并将根据——鉴于两败俱伤的痛苦——"我"将合作的预设，来展开行动。①

一个假想实验。 作为说明笔者想法的一个例示，下面这个假想的实验值得深思。（希望某个这样的实验将能够付诸实践。）它在此提供的是一个观念模拟，或者，令人信服地，是一个谈判中心理现象的经

---

① 应该额外强调的是：在谈判局势或纯协调问题中，特定结果的内在吸引力或聚焦性之类观念获得了心理学实验的实质性证据的某种支持和澄清，这些证据是由格式塔心理学家提供的。他们有关物质模式（physical forms）感知的工作是切中要害的。比如说，不完全的形状被展现给因眼睛不好而视觉部分受损的人，这些人通常将该形状看作是完全的，而不是局部的。但是，他们为自己"完成"的特定形状，却遵循一定的简单化原则；而且，在图形十分熟悉却不甚简单，不适用于卡夫卡（Koffka）所指的"自发组织进简单形状中"这一要求时，"完成"的结果就成了不熟悉而"简单"的图形。我们被斜的长方形所包围，但是我们所看到的，"对我们而言却都是长方形，并未偏离完美长方形的范畴，因为精确的长方形是一个经过组织化的图形，比一个稍微不精确的长方形要好。"谈及固定化过程的最小-最大特征时，卡夫卡指出心理过程也将具有这些特征："因为，最低限度地，我们可以选取发生于简单条件下的心理性组织，然后断言它们必然拥有规律性、对称性和简单性。这一结论是基于类质同象（isomorphism）原理，根据该原理，心理过程的特征也是相应的意识过程特征的表象"。并且，"这样，我们也就获得了一个一般性的、尽管公认有些模糊的原理来指导我们考察心理物理性组织。该原理可以简短地用这样一种形式来表述：心理组织将永远如占主导性地位的条件所允许的那样'好'。该定义中术语'好'未被界定。它包括在我们随后讨论过程中将会碰到的规律性、对称性、简单性，以及其他特性。"（可夫卡，《格式塔心理学原理》，伦敦，1955年）
如果个人感知和模式（forms）"组织"都遵循这些约束条件，那么，协同预期时涉及的"共同感知"和"共同的模式组织"也就必须在最低限度的严格性上依赖于同样的约束条件。鉴于非零和博弈要求某种最终的"共同的模式组织"，因此可以说，战略的规范性理论（不仅仅是描述性心理学）必须考虑这些约束条件。

验检验。

实验的第一阶段是发明一种机器，可能是根据测谎仪的原理，它将能记录和测量一个人的"认知"力，或他注意力的集中度，或他的警觉度，或他的兴奋度。我们想要的机器是这样的：当参与人扫视一批按某种顺序排列的可能结果时，该机器能测量特定结果抓住参与人注意力的程度，或实际谈判过程中产生的兴奋度。

给定有了该机器，现在来设置一个谈判博弈。为了简便，设当某种分成的协议达成时，参与人能够共享一定的收益。同时，给博弈以足够多的"话题内容"，以提供争论、是非对错、替代性理由，等等的一定空间；换言之，仅仅是有着明显中间值的数学范畴是不够的，提供的内容要比它丰富。

现在，将两个参与人与他们的机器以这样一种方式连接起来：每个人都能看到自己机器上的测量仪，还能看到对方机器上的测量仪，且每个人都意识到双方能意识到双方都能够看到他们彼此的测量仪。换句话说，他们共同认识到，当他们来到扫描器的视域之中时，他们双方都能够看到彼此对特定结果的反应。我们启用一台机械性的扫描器，它在可能结果的范围内扫描，一个挨一个地指向、点亮，或聚焦于可能的结果。扫描的同时，参与人能看到扫描结果，看到彼此的测量仪，甚至可以看到彼此的表情——如果他们想看的话。

最后，我们来完成该博弈；这里可能有几个变体。一个有趣的可能性是排除明示谈判，而只让扫描前行，来回地，或一圈圈地，在备选结果的序列中转。我们仔细看两个参与人被记录下来的反应，是否倾向于最终集中到某个单独的结果，就是说，在所有扫描仪据以探出其反应的结果之中，对于某一个特定的结果，双方无意识的、身体的、可视为相同的反应达到了某种最大值。（为了控制的目的，我们也可以在此之前，让每个参与人在另一个参与人不在的情况下做一段时间的扫描，以便了解在独立于任何参与人的人际互动的情况下，每个参与人的反应。）如果集中于一个结果的情况的确发生了，我们也就肯定地明确了一个重要的现象——无论我们是否宣称这就是**那个本真性**心灵谈判过程。我们应能借此证明：（a）参与人的确对谈判局势的内容作出了反应；以及（b）他们的反应屈从于一个互动过程，该互动源于这样一个事实：每个人都能看到对方的反应；而且每个人都知道他自己可见的反应表露着有关他自己的预期的信息。[笔者推测，恰如罗特的妻子（Lot's wife）①一样，参与人往往无法将其注意力从某个特定的结果中拔出——甚至是面对于己不利的结果亦是如此，而有意识地努力回避"聚点"通常会强化"聚点"的威力。]②

论期间他们身体的反应，并且让结果为双方所共见。（在这后一种情况下，我们甚至可以允许某参与人举出可视的反应测量仪作为证据——如果他希望以此作为一种谈判策略的话，向他的同伴指出这样一种情况：比方说，后者"明显地"不会坚守如他口头所要求的60美元；从他的血压可以清晰地看到，他脑海中决定的是40美元。）

该实验可能依赖于三个假设。第一，一个个体参与人，通过注视博弈可能结果中不同的备选项，能够产生身体上可辨别的反应；并且根

---

① 罗特的妻子是《圣经》中的人物。相关的故事主要是：上天的两个使者来访，罗特盛情接待。天使希望罗特搬家，因为其所在的城市很快就会有灾难降临。罗特延误了搬家时间，天使抓住他的手，他妻子的手，以及他两个女儿的手，将他们领出了城。天使催促他们逃跑，警告他们不要回头看。罗特的妻子后来回头看了，就变成了盐柱。——译注

② 下面的观察由卡夫卡所引，尽管可能难以置信，却切中要害："当一个专家……聚精会神地追踪一场足球赛时，他将同样能注意到：站在相对较大球门前的守门员，会更经常地碰到球，相对而言，其他球员能够踢到球的机会则则寥寥可数；哪怕是在虑及守门员只要是可能就将去拦截球的事实之后，亦是如此。守门员在球场空间中提供了一个显著点，他会吸引对方踢球者的目光。在肌肉活动发生，而踢球者的目光锁定在守门员身上时，球通常就会落到比较靠近他的位置。但是，当踢球者懂得调整他的领域，在空间中将显著的"重心"从守门员身上转到另一点，新的重心点将有着同样的吸引力——恰如守门员原来拥有的那种吸引力一样。"

据不同的备选项，该反应能够明显地有所不同。第二，这些反应，在参与人知道它们在对方面前暴露无遗时，将以一种对谈判加以提示的方式运转；换句话说，两个参与人的反应，在双方均可见的情况下，将以一种类似于"谈判过程"的方式互动。第三，这种被测出的现象，我们将其比作谈判过程；该过程部分地是，或卷入于，或相关于，**那个通常所定义的谈判过程**。（这里所描述的这种实验在超过两人的情况下可能会被证明特别有趣。）

该实验并没有在现实中付诸实施，因而不能引以为据。它被描绘于此，目的是为了给笔者脑海中有关预期"汇聚"的理论体系提供一个具有可操作性的陈述；此外，另一个目的是指出：在谈判过程中最终产生的这种汇聚，可能依赖于过程本身的动态特征，而非仅仅依赖于博弈的先验数据。

聚点解的一些动态特征。"聚点"解依赖于某些特征，它们将其在本质上区别于周遭的备选项，并且有着重要的动态考虑。例如，它通常使得相对于较小的让步而言，"作出较大的让步"更具可能性；这通常意味着聚点作为一个**精确**的预期结果，相对于一个粗略或近似的预期结果而言更具说服力。如果一个谈判者固执地坚持超过50%的分成比例却未成功，妥协于47%是不可能的；这种较小的让步可能是一个崩溃的信号。质性原则是难于妥协的，而"聚点"一般依赖于质性原则。行为者不能指望通过让入侵者在边疆地带占领几平方英里的土地来满足其欲望；他知道，我们双方都知道，我们双方都预期将会是我们作出更多让步，直到找到某条"合理化"的、具有说服力的新边界。

事实上，达成协议之聚点之所以有聚焦性特征，通常归因于这样一个事实：一个小的让步将是不可能的，因为一个小小的蚕食将会导致更多、更大的蚕食。行为者也许会在某个明显的边界画一条线，或将自己的情况建立在某种显著的原则之上，用"如果不是这儿，会是哪儿？"这样的反问来加以支持。"让步意味着崩溃"的意思越清晰，聚点的说服力也就越强。同样的点可以在我们力图戒烟或戒酒时我们与自己斗争的博弈来加以说明。"只喝一点点"众所周知地是一个不稳定的妥协；而且，相对而言更多人是因为彻底不碰烟而戒掉了烟瘾，而不是靠尝试在每天抽很少的几根上达成稳定的妥协。一旦"处女"原则被突破，也就无法自信于任意立足之点，而预期将拥向彻底瓦解的那一点。对这一点的真切认识，会维持注意力聚焦于彻底节欲的这一点上。

有时，聚点本身也内在地并不稳定。这种情况下，它所起的作用就不是汇聚出一个结果，而是标识出可以去哪儿寻找结果。这个道理通常真实地存在于立法机关的"试投票"中，或者存在于某种连续博弈情况下参与人双方就其关系提出的"考验性议题"中。通常它是一个挑战，或冒险的尝试，或无视规矩的行为，鉴于其性质，它必须要么能探出对手顺从的反应，要么能乖乖地撤回。正是博弈的这么一小段，象征化了博弈本身，设置了某种预期模式，某种放大了所涉相关点的实质意义的预期模式。有时，它是被有意为之的，构成了一个人为的策略；而在其他情况下，该行为或议题则能发展出一种无意识的象征性意义，使得妥协不再可能。

拥有这种象征性意义的例子有很多，比如：对中国共产主义政权的外交承认[①]，大学里的忠诚誓言，重要行业中罢工的解决，将鸡尾酒酒会的场面让给打断者，或是，政治性会议中就某个特别动议投票等等。有时，的确，这个特定议题的结果可以直接地作为其他议题将如何决定的证据，恰如"试投票"切实地表明了对于某个举措其反对面会有多大一样；但是，通常一个特定的议题对博弈的其他部分并不具有代表性，它只是作为后续所有议题的一个导引获得了默识性认同，

[①] 谢林写作本书的时候，中国大陆与美国尚未建立起正式的外交关系。——译注

如此一来，每一方都成了其创造的共同预期的囚徒或受益人。

在协调博弈中，该现象通常能被明确为是一个切实的信号。未经组织的联合体的成员，即使在无法确定存在一致行动"协议"的情况下，也往往能辨别出一致行动的可能性。每个人都希望知道其他所有人将如何行动，以及其他所有人是否将做他知道他应该去做的事情。立法机关的试投票或群体中某个特定的同步行动，如大规模抗议，通常是"批准"（ratifying）联合体存在的一种方式，同时也是证明每个人都期望其他所有人一致行动的方式。而，即使是在二人博弈中，如作为典型的"两军相逢勇者胜"博弈，这种心理支配或服从现象可能在心理机制上也等同于一个谈判博弈的求解过程。

在这个过程中，博弈的特定举动或出价及让步在其中获致了（指示着在博弈的剩余部分中预期将在何处汇聚的）象征性地位；这个过程，看来是实验心理学能对博弈论产生贡献的领域。

数学特征点的经验相关性。 我们必须避免预设：博弈分析者所感知到的一切能被博弈参与人所感知到；或者说，对分析者施以提示性威力的任何东西，亦可对参与人产生同样的作用力。特别地，与精深的数学解（除非同样的解也能通过一种替代性的、不那么精深的路径来获得）相关的博弈特征不一定就具有汇聚预期的威力并影响博弈结果。只有在参与人认识到彼此都是数学家的情况下，这些特征才可能拥有这种威力。这可能便是布雷思韦特（Braithwaite）、纳什（Nash）、海萨尼（Harsanyi）等博弈论者的"解"在经验意义上的一种解释。正是在这个意义上，博弈的数学特征，才恰如其美学特征、历史特征、法律和道德特征、文化特征，以及其他提示性和暗示性细节一样，有助于将特定参与人的预期汇聚于特定的"解"上。如果两个参与人本身就是数学博弈论者，他们可能能共同感知到具有强烈数学特征的潜在解，并很大程度上受其影响。他们每人都会超越，并且知道对方也将超越，不同的偶然性外在细节——而这些细节，对于非数学家类型的博弈参与人而言，可能相对于博弈的数学特征来说，更与汇聚预期相关。

（在许多情况下，这些数学特征可能也拥有"兼具非数学性清晰度和非数学性吸引力"的唯一性或对称性；或者它们可能恰巧等同于可以"等价地沿着明显的非数学路径被理性化"的、有着质性区别度的点。）

这样一来，数学解是有着汇聚预期能力的影响因素中的一类；它们的运转恰如其他类型的因素一样，遵循同样的心理机制——对汇聚预期加以暗示或提示。在百货商场失散的夫妇，能够基于默识或幽默的彼此期许，欣然地漫步到失物招领处，因为认为这是"明显"的相会之所；在同样的局势中两个数学家博弈参与人——每人都意识到双方都意识到彼此都是数学家——可能就会寻找几何学上的唯一点，而不是在拼字游戏中所依赖的那种点。

这里主要的观点并不是说，基于博弈论的规则，一个理性的参与人是否必须被预设为：他要知道比过去之所需更多的数学知识。我们这里正在直面的是，参与人共享的领会、先入之见、痴迷积念，以及对暗示的敏感性；而不是直面"他们在必要时能够调用的资源"。如果"理性赞同"在根本上是心灵现象——预期的汇聚——那么，就没有必要预设：数学博弈论是达成协议（赞同）过程的核心，因此，也就没有基础去预设：在汇聚过程[①]中数学是提供启发的主要源泉。（该主题将在附录B中详述）

对于谈判者的预期（无论是在谈判过程之中或是之前，也无论是基于谈判本身还是基于其他因素）是如何形成的，行为者可能赞同或不赞同任何特定的假设。但是，看来的确异常清楚的是：根据某种稳定化的预期汇聚现象，谈判过程的结果能够获得最及时、最直接、最具经验性的描述。无论是行为者明示赞同，或是默许，或在缺席状态下接纳一个谈判结果，他都必须——如果他还保留着理智的话——预

---

① 也就是所谓求解过程。——译注

期到,他已无法做得更好,并且认识到对方也抱有同样的感觉。这样,一个结果的**事实**,是一个简单的协调性选择,应被分析性地用预期汇聚的概念来描述。

传达主观信息。 在这类彼此调适性博弈中,"表意性举动"被这样一种考虑所推进:这就是,与零和博弈中的参与人知道自己身处"零和"之中的情况不同,在混合动机博弈中,很可能参与人的价值系统是具有不确定性的。在混合动机博弈中,举动有着**信息性**内容。

我们也无法建立这样一种普遍性情况:在谈判博弈中,每一方都能预先知道对方的偏好。假定每一方都知道对方"真实"的收益矩阵,往往意味着就博弈的制度安排做了一个不同寻常的假设。原因在于,除非在特定的条件下,谈判博弈中某些要素是**内在地不为一些参与人所知的**。我们怎能知道苏联人在何种程度上厌恶一场将导致双方毁灭的孤注一掷的战争呢?我们不知道;我们不知道的原因,**不仅仅**是因为苏联人有必要不愿让我们知道。而且是——相反,当他们为情势所逼而急切地希望我们知道真相时——他们怎能让我们知道?他们怎么让我们相信,他们告诉我们的一切都是真的?因为被疑保守机密而遭拷问的囚徒,在真的不知道机密为何时,如何说服俘虏他的人他真的不知道?如果中国人真的决心通过孤注一掷的战争来收复台湾,他们如何才能说服我们相信,任何制裁措施都无法阻止他们,而且,任何我方的威胁都将使我们双方委身于孤注一掷的战争?①

---

① 缺乏真相验证的手段,是一个逗弄人的博弈的真实基础,在这里,对方的福利能够给每个参与人都带来积极的价值;恰如一对夫妇商量是否去看场电影,每一方都希望按对方所愿去行为,并且看起来像是他自己就想这样行为,同时还知道:对方正在同样地表达——表现为对"我方"希望做什么的揣测的——偏好,如此等等。此外,整个博弈论领域还涉及人际关系,在此,公然地对行为者价值系统的揭示或认识本身影响了价值。我意识到邻居不喜欢我,可能导致我感觉不太舒服,恰如他意识到我的这种意识,也会觉得不太舒服;但是,如果我们被迫公开地确认这一事实,不太舒服就会变成尖锐的痛苦。欧文·戈夫曼指出:"社交礼仪告诫男士不要过早地与女孩定新年前夕之约,以免女孩发现其难以提供一个温和礼貌的借口来拒绝。""论脸面工作(On Face-Work)",《精神疗法:人际过程研究学刊》(*Psychiatry: Journal for the Study of Interpersonal Processes*),18·224(1955)。

在某些特殊情况下，这种信息是能够被传达的。在一个人为的博弈中，每个参与人的"价值系统"包含在纸牌或筹码之中，（如果规则准许的话，或如果他和他的对手能够联合起来骗过裁判的话）他所要做的，只是将其翻转过来而已。在一个绝对相信无上权威——该权威必要时能对谎言进行惩罚——的社会，每个人都知道每个其他人都相信该权威，那么，"我对上帝发誓，并愿为此而死"可能就足以成为自愿传达真相的公式。然而，这都是一些特例。如果我们面对的是一个"一般性案例"，那么该案例中至少存在对彼此价值系统或策略选项的某种无知，哪怕只是因为这些事实内在地是不可知，或无法传达的。

冯·诺依曼和摩根斯坦通过这样一个案例来说明他们有关非零和博弈的**解**概念：一个卖者 A，希望以任何高于 10 美元的价格出售自己的房子，有两个购买者 B 和 C，分别愿意出高到 15 和 25 美元的价格。① （我进行了编号和计算）。其解的新奇之处在于：如果，通过 B 不进入该市场交易，C 能够以低于 15 美元的价格买到该房子的话；C 可能愿意就其节余部分与 B 分成。冯·诺依曼他们提出——而该限制条件是他们的**解**概念所内在固有的——B 能从 C 处获得的最大收益为 15–10=5 美元。该解的信息要求之中有趣之处不在于：B 有可能尝试篡改、上浮其 15 美元的保留价格，而在于：在一个普通的世界里，B 无法令人信服地将真相传达给 C，哪怕他希望这么做。该"解"概念不仅基于其完全信息的假设排除了投机者（除非他们真诚地特别想要该房子，方可令他们获致能在该解中分一杯羹的基础）的干扰；而且还假设 C 能够辨别，或 B 能够显露，一个主观性真相，且这种真相是 D 和 E（他们是被这样一种观察——该观察发现 B 对于一个他从未拥有、将来也不会拥有的目标客体，提取出了某种纯谈判性红利——所吸引的

---

① J.·冯·诺依曼和 O.·摩根斯坦，《博弈论与经济行为》（*Theory of Games and Economic Behavior*）（普林斯顿，1953），第 564 页及其后（pp.564ff）.

投机者）所无法仿造的。

毫无疑问，会存在一些特例，一些"行为者能假定对方在最基本的价值取向上与自己类似，因此也就可以通过简单地运用对称性地推己及人的方法，估计对方的价值评价"的特例。但是在绝大多数令人激动的案例中，行为者都是在跟一个与自己完全不同的对手博弈。被绑架的男孩的父亲如果反过来是绑架者的话，也将难以猜测出：他愿提供的赎金底线是多少；英国或法国的官员也很难反身性地去猜测，如果他自己是矛矛党人（Mau Mau）①或阿尔及利亚恐怖分子，何种严峻程度的惩罚能够威慑住他。一个男孩也很难猜出：如果他是他愿意与之约会的女孩，将会有多喜欢他；或者，饭店的顾客也很难去猜测，如果他是服务员的话，他会有多厌恶某种气味。

这也是为什么言语无法代替"举动"的原因之一。"举动"可以通过一定的方式改变博弈，它们包括：引发显示成本、风险，或约束后续选择的范围。"举动"有着言语所没有的信息内容或**证据性**内容的特性。言谈可能是廉价的，"举动"却要支付一定的成本（除非"言谈"是以**可实施的**威胁、承诺、任责，等等形式出现；而毕竟，即便这种"言谈"也需要放在**举动**而非沟通的名目下进行分析）。相互的调适最终要求：结果要想有效率，收益的划分应根据"比较优势"来进行；也就是说，一个参与人让渡的东西，应该是其——相对对方而言——不太稀罕的，而这又是相对于他希望通过交换获得的东西来说的。因此，每一方都需要一定程度真实地传达其价值系统，即便每个人都能通过欺骗而有所收益。一个人的谋划运作也许未能清晰地揭示其价值体系，甚至有蓄意欺诈之可能，它们却也毕竟还是比仅用言语要更具证据性价值。

通常可以被假定存在的"有关彼此价值系统"的不确定性，还降

---

① 肯尼亚1951年出现的反对英国殖民统治的武装组织。——译注

低了数学**对称性**观念作为规范性或预测性原理的有用程度。如果行为者只能使用相关知识量级的一半,那么数学对称性就无法被感知到。就对称性有助于博弈参与人彼此调适其举动来说,它倾向于会是一种更具定性意味的对称性,这类对称性依赖于可见的背景,而非潜在的价值。

第 5 章 实施、沟通与战略举动

每逢我们谈到威慑、核讹诈、恐怖的平衡，或一项旨在降低突袭恐惧的开放领空的安排的时候；当我们将美国驻欧洲的部队喻为地雷拉发线或厚玻璃板窗，或是可令受威胁的敌人体面退出的借口之时；当我们注意到威胁的无力（该威胁是如此之凶残，以致威胁发出方都极力避免将其付诸实施）时；或是，当我们观察到出租车司机往往会被给出一个较宽的安全距离，因为他们对车子的凹痕和刮擦的漠不关心众所周知时；我们已显而易见地深入到了博弈理论之中。但是，形式性的博弈论对于这些观念的澄清成效甚微。笔者认为，非零和博弈可能通过将其定位于过分抽象的分析水平，而错过了它的最有前景的领域。通过将自己抽离于沟通和实施系统之外，通过将参与人之间的完美对称性视为一般情况而非特例，博弈论可能错失了一个最有可能取得丰硕成果的分析层面，并且，未能界定出典型非零和博弈的一些核心要素。受**该类**非零和博弈解概念之成见的影响，博弈论未能公正地对待某些典型的博弈局势或博弈模型，也没能重视对非零和博弈战略而言具有独特性的那些"举动"。

例如，什么"模型"集中体现了以大规模报复为基础的争议？一个有效的威胁所必需的条件有哪些？什么样的博弈理论契合于"骑虎难下"（to have a bear by the tail）这样一种众所周知的局势；我们如何明确其包含的收益矩阵、沟通体制和实施系统？行人恐吓汽车司机，或小国胁迫大国的策略是什么；我们该如何用博弈论术语来表述这些策略？导致狗、傻瓜、小孩、狂热者和殉教者无惧于威胁的信息或沟通结构，或复杂的动机是什么？

冷战和核对峙中岌岌可危的策略通常被表述在如下博弈式的隐喻之中：分处峡谷对侧的两个敌人在彼此毒箭的射程之内，而毒箭的毒性之慢足以令每方在死前对对方进行射杀；① 一个羊倌将一只狼追赶到一个死角，狼无路可逃，只有回头一战，羊倌却也不敢掉头而走，让自己的背部暴露于狼口；追捕者可用的武器只有一颗手榴弹，但由于他的疏忽令其距离被抓捕者太近，以至于追捕者不敢使用他的武器；两个邻居——每人都控制着对方地下室中的炸药，试图通过有关电开关或引爆装置的制度安排来找到共同的安全。② 如果我们能够分析这些博弈的结构，并基于一些标准模型发展有效的知识，我们就可以通过运用我们的理论，来洞察现实中的问题。

举例来说，一个富有教益的模型是：20 个人遭到一个拥有一支枪和 6 发子弹的人抢劫或绑架。他们可以制服他，如果他们愿意牺牲他们中的 6 个人，且他们有办法决定是哪 6 个人的话。他们可以在不牺牲任何人的情况下挫败他——如果能够明显地任责他们自身于一个"宁可牺牲 6 人也要将其制服"的威胁之中，且如果他们能同时任责他们自身于一个"一旦他们抓住他，他能免遭死刑"的**承诺**的话。持枪者能阻止他们的威胁——如果他能无视任何他们所能作出的后继的威胁，而明显地任责自身于射杀人的话；或者如果他能显示他不能相信他们的承诺的话③。如果他们不能传达出他们的威胁（假设，比如说，

---

① 参阅：C.W.·舍温（Sherwin），"通过军事技术确保和平"，《原子科学家公告》，12:159-164（1956 年 5 月）。

② 参阅：赫尔曼·卡恩（Herman Kahn）和欧文·曼恩（Erwin Mann），"博弈论"，兰德公司，论文 P-1166（圣莫尼卡，1957），pp.55ff。两位作者解决了大量涉及炸药、引爆装置和威慑等方面的问题。

③ 比如说，他可向他们显示，他之前已经犯下过死罪了。——译注

持枪者只能听懂某种他们所不知道的外国语言）他们也就无法仅凭三寸不烂之舌让他缴械。而且他们也无法作出一个威胁，除非他们自己能就该威胁达成一致；这样，如果持枪者能够威胁射杀任何两个交头接耳的人，他也就能够阻止协议的达成。如果这20个人无法找到分解风险的方法，也就不会有第一个出来实施威胁的人，由此也就无法令威胁变得具有说服力；而如果持枪者却能够宣称某种射杀的准则，比如说，谁先动就先打死谁，他也就能镇住他们，除非他们能找到某种方式大家一起行动，以至于无所谓谁"先"谁后。如果20个人中有14人能够压制剩下的6个人，并迫使这6人勇往直前，这20个人也就能够证明他们能够制服那个持枪者；这样的话，威胁就能取得成功，持枪者只能缴械投降，甚至那6个"可供消耗的人"也通过他们自己在规避危险境地方面的无能为力，而获得了一定收益。如果这20人能够压制那个持枪者，却又无法让他逃走，对其加以豁免的承诺可能就是必需的了；但是，如果他们不能否决他们之后认出持枪者以及举证指认他的能力，可能也就有必要让他挟持一个人质。这，相应地，依赖于剩下的19人执行他们所达成协议的能力——即，以保持沉默的方式去保护当前被充作人质的人……如此等等。当我们明确了几个该类博弈的关键要素，我们也就有了一个更好的立场，来理解一个不得人心的暴君或一个很好地组织起来的少数人统治的权力基础，或者成功暴动的条件。

　　本章尝试指出博弈论框架中几类值得考察的典型举动和结构要素。它们包括："威胁"、"承诺"、"沟通破坏"、"委托决策"，等等类型的举动；以及沟通和实施设备之类的结构要素。

一个"举动"示例

一个标准的"举动"[①]的例子便是任责,对此第 3 章已经有所讨论。如果制度环境使得潜在的买者能够作出一个唯一的"最终"出价,假设他修改该出价的话将会招致极度的惩罚——也就是任责他自身,这样,也就给卖方留下了唯一的、很受限制的抉择:以买方的出价卖出,或放弃这单生意。任责的可能性将一个不确定的谈判局势转换成了一个两步博弈;一个参与人设置一个任责,而另一个参与人做出一个最终的决定。这样,博弈就被确定了。[②]

这一在第 3 章中详细分析过的特殊"举动",在此只是被当作典型举动的特别简单的例示来加以提及。正如第 3 章指出的,该举动的可用性和有效性取决于博弈的沟通结构,以及参与人找到方法来任责自身、并"实施"任责以不利于他自己的能力。此外,我们允许博弈的举动结构具有非对称性,"胜者"是能够设置任责的一方,或如果双方均能任责,则为率先任责的一方(我们能考察平局这样一种特殊的情

[①] 英文为"move",一般翻译成"行动",为了与传统(形式化了的)博弈论中的"行动"区别开来,本文凡是涉及谢林所指传统博弈框架之外的"move",一般翻译成"举动"。——译注

[②] 在前面提到的冯·诺依曼和摩根斯坦的房屋买卖案例(原书116页)中,购买者 B(他的价格上限是 15 美元)可能会提升他的上限,以便据此从购买者 C(他的价格上限是 25 美元)中提取更多的好处,如果 B 能找到某种方式做如下事项的话,即,如果 B 能"将他自己束缚于以 20 美元购买房子,并认定'要么成交要么一拍两散(也就是说不成交意味着无法自由地将其再转卖给C),除非他能够获得 20-P(这里 P 为 C 最终支付的价格)中指定的大头'"的话。实际上,在此,B 改变了他自己"真实的"价格上限,由此扩大了他能够从 C 处提取好处的最大值。当然,D 和 E 可能也会试着做同样的事情;而且,率先进行恰当任责的人,或,如果只有一人能够任责的话,那个能找到任责方法的人,将会是获胜者。如果 D——他对于房子没有任何个人的价值衡量——任责表示愿为之支付 22 美元,那么,他就成了该博弈中**真诚**的、其真实的保留价格为 22 美元的成员;如果任责(D 之所为)是可证实的,而主观的价值衡量(B 原来之所为)却不能获得证实的话,他的**真诚**程度甚至超过 B 原来的水平。

形，但是我们并没有——通过对称性假设——将平局当作是一种先验性结论）。

但是，虽然一旦我们明确了两个参与人中谁能第一个任责自身的话，我们也就（在不难明确"解"的意义上）将博弈"确定"了，这场博弈却仍保持为一个**战略性**博弈。尽管胜者是抢先获致任责的一方，但是这并不意味该博弈就是竞走，谁快谁就赢。不同之处在于：在博弈规则之下，任责方并不自动地能在物理意义或法定意义上胜出。结果还要看——第一方对之并无直接控制的——第二个参与人的表现。任责是一种**战略**举动，该举动引导着另一方按对"我"（也就是"任责方"）有利的方式进行行为选择。它是通过影响对方的预期来约束对方之选择行为的。

在这类博弈中，任责自身的威力相当于"抢先行动"。如果制度安排无法提供某种手段来生发出一个法律或契约意义上不可撤销的任责的话，行为者也可通过某种限制自身选择自由的不可撤销的谋划运作（maneuver）来完成同样的任责。行为者能够通过安排一个"在先"的约会（任责），以回避一个不愿去的邀请；如果他失败了，也就可以故意地受些风寒以感冒（运作）来推脱。卢斯（Luce）和雷法（Raiffa）曾指出，同样的策略可以由一个行为者用在自己身上——当比如说他希望节食，却又不信任自己能够坚持下去时。"他可以向外宣布他的意图，或者押下赌注表示自己不会破坏节食规则；这样一来，他随后将**无法**自由地改变其心意，且在**那段**时间里也不能根据其胃口来最大程度优化他的进餐行为"。[①] 同样，下面的事情也是靠切实运作而非靠口头任责来达致成功的——当一个人故意深入没有香烟的荒野度假，以戒除烟瘾时。

---

① 参阅：《博弈与选择》，第 75 页。

威胁

威胁最显著的特征是威胁方宣称，基于某种权变条件，他将做某种"如果该权变条件的实际呈现契合了其意图，则他将明显倾向于不去做的"事情，该权变条件是处在第二方行为的控制之下的。恰如普通的任责，威胁意味着选择的放弃，对其他备选项的摈除；如果该策略失败，会使行为者的境况差到（相对之前并无威胁的情况而言）完全没必要的地步；威胁和任责都是受这样一种可能性激励的结果：理性的第二方将受到约束，因为他知道第一方已经藉此改变了他自己（即第一方）的动机结构。恰如普通任责一样，仅当威胁在对方面前至少呈现出某种责任义务性时，它才能够约束对方；如果我威胁将我们两人都打成肉泥，除非你把窗户关上，然而你知道我不会这么做，除非我通过一番运作让自己在这个事情上别无选择（也就是呈现出责任义务性，所谓"义不容辞"——译者）。①

但是，威胁不同于一般的任责之处在于，威胁使行动者的行为进

---

① 在日常的语言中，"威胁"通常也在这样一种情况下使用，在此，行为者仅仅向对方指出，或者提醒他，如果他不服从的话，行为者将采取某种给对方带来痛苦的行为，且，威胁方显然有动机去据此实施。对于一个入侵者，"威胁"以报警属于这一情况，而威胁说要射杀他则不属此列。对于这类情况，换一个词来指称可能更好，我建议用"警告"（warning）而不是用"威胁"；因为该类"威胁"要么未能构成为一个举动，显得多余；要么是在传递真实的信息，且与"信息结构及沟通结构值得保持真切"的局势相关联。在后一种情况（传递真实的信息）下，它是一个共赢的举动，通过提升第二方的理解水平，排除了彼此不可欲的结果。"警告"情形和"威胁"情形之分析相似性的要点在于：以可信的方式传递真实信息的可能困难，以及为行动者为这样一种声称（声称根据既往的情况，他将按其警告所表述的内容行事）传达**证据**的困难。事实上，如果一个威胁具有这种（如其通常所是的）性质，即任责的行为（act of commitment）并未被包含在传递它（这一任责）的行为之中，即，如果任责能先于威胁传达（以有证据表明其可信的形式传达给被威胁方）的话，则，威胁过程中的第一个行为（也就是任责）改变了"真实"的动机结构；而其第二个行为，则事实上是个"警告"。

程**权变于**对方的某种行为。任责是固定化行为者（"我方"）的行为进程；而威胁则是固定化行为者（"我方"）对对方行为的反应进程。任责是在先发具有某种优势的博弈中，赢得**先发**（first move，或译先行举动）的一种手段；而威胁则是任责某种策略以获致**后发**（second move，或译后发举动）的可能好处。

因此，一个威胁只有在这样的博弈情况下才是有效的：在此，先行举动已寓于对方手中，或行为者能够迫使对方做出先行举动。但是如果在机械的意义上，行为者必须先行或者同时做出举动，他仍然能——通过附加一个威胁来要求对方事先承诺他（"对方"）将如何行为——将法律意义上的"先行举动"等价物施于对方之身，如果博弈有着使承诺可信的沟通和执行结构，且被威胁方不能事先对之加以摧毁的话。如果拦路抢劫的人所拦的富人恰巧当时身上没有带钱，那么他也就没法得到富人财产的哪怕一分一毫，除非他能从富人那提取某种质押品或终极人质然后坐等赎金；但是即便如此可能也未必会有效，除非他能够找到方法设置一个可信的任责，以让其自身不被认出和抓捕的方式，归还质押品或终极人质。

这一事实——**某种**任责或至少是任责的呈现必须作为威胁之后盾，且应被成功传达给被威胁方——与另外一个通常出现在博弈理论中的观点是矛盾的。该观点就是，威胁只有是在这样的条件下才是可欲的、可接受的和貌似可信的：威胁所针对（或试图抑制）的反应给被威胁方带来的损害，要超过威胁作出方。卢斯和雷法也持有同样的观点，他们通过"这事伤你伤得比我深"这样一句短语来表示威胁的特性，明确表示了威胁依赖于人际效用的比较。他们指出，在双方都试图作出可信的威胁时，结果会变得不确定，有赖于参与人的"谈判个性"；"而且，在事先没有对双方的心理和经济状况进行全面分析的情况下，就妄断什么将切实地发生，看来真的很愚蠢。"①

但是，问题其实比上面所述要更简单且更明了。考虑图5-1中左

---

① 见：第110–111页、119–120页、143–144页。将博弈论应用到国际关系研究领域的莫顿·卡普兰（Morton A. Kaplan）也持这一立场："任何对博弈双方的威胁地位加以权衡的标准，都涉及人际间的效用比较。"（参见他的《国际政治中的体系与进程》[System and Process in International Politics][纽约，1957年]）。卢斯和雷法可能某种程度上被带向了他们的这样一种观点：即，通过将他们的简要探讨局限于2×2的博弈矩阵图中，两个博弈参与人中只有一人能做出"可信的"威胁。实际上，在一个博弈中两个参与人都有兴趣做出威胁的情形，通过一个2×2的矩阵图，是不可能表现出来。一个威胁的核心是给作为后发行动（第二步）的**权变性选择**一个可信的名头。它只有是在这样的条件下才是合算的：它能够产生一个比单单是要么先发行动（第一步）要么后发行动（第二步）要更好的收益，而且，在此，一方能够让另一方在事实上或在承诺上先发行动。（如果后发行动独自地就是同等可取的，威胁也就没有必要；而如果先发行动独自地即是同等可取的，行为者只需要自己对其战略选择做一个无条件的任责即可，而没有必要去任责一个条件性或权变性选择。）但是，如果这样的偏好顺序在一个2×2的矩阵图，能够为其中的一个参与人保留和展现出来，它也就难以为另一个参与人保留和展现出来。卢斯和雷法在讨论这一点时使用的实际的2×2矩阵图没有为参与人2展现"可信的"威胁策略，不是因为他的所得或所失的绝对规模要大于参与人1，而更简单地是因为参与人根本没有必要进行威胁。就这样的博弈展示来看，他先发则能赢；他后发亦能赢；他与对方同时行动，也能赢。他做威胁式宣称的唯一利益之所在，可能是事先阻止博弈对手的威胁；而对于这个目的，他只需要对其偏好的策略作一个**无条件**的任责即可，也就是他要在对方威胁之前，做出一个合法意义上的"先发行动"。J.F.·纳什所谓的"威胁"策略，主要运用于有着——或者能够通过在抓阄的概率上达成一致来使之有——有效结果连续范围的谈判博弈之中，其内涵与这里所探讨的威胁之不同在于：基于两败俱伤的可怕，（纳什意义上的）威胁方所要的并不是**特定**结果，而只是有效范围内的**某种**结果；这就是说，他在取消对应着"达不成协议"的零点。纳什式威胁的动机是对一个特定的数学上明确的产出的预期，其基点伴随着对应于"达不成协议"之收益的取消，而被取消了。这便是由卢斯和雷法（p.139）所假定的"非对称性"（asymmetrical）博弈中的那类威胁。该博弈所隐含预设的法律结构，明显无法推崇一个不可撤销的任责（否则，对于任意一方而言，抢先任责者就能够轻易地赢得博弈）。在此，任何一个参与人都面临着法律上的"无能为力"：他总是能够通过与其对手就任何产出达成明示协议的公开行为，逃避他自己的任责。正是因此，一个可撤销的任责只能取消零点——所谓零点就是（除非某种产出的明示协议已经达成，否则）将起支配作用的"现状"。这样，卢斯和雷法展示的特定博弈所呈现的"非对称性"，也就是其隐含假设居于主流的特定法律体系的特征。在现实中，它可能对应着，比如说：针对协议失败而人为引发的社会非难，该社会非难包含的成本或惩罚（或许在两个参与人身上是非对称性的），是额外加诸于达不成协议的成本之上的，却伴随着公众只求协议达成而对究竟达成的是何种协议的漠不关心。

手边的矩阵，设在此，列参与人（选择列的一方，以下简称列）"先行动"。无须威胁，列很容易"获胜"。他选择战略 I，强迫行参与人（选择行的一方，以下简称行）在收益 1 和 0 之间进行选择；行会选择战略 i，给列提供的收益为 2。但是，如果我们允许行作出一个威胁，他宣称他将选择战略 ii，除非列选择战略 II；这也就是说，他圈定列在 (ii, I) 和 (i, II) 两种结果之间做选择——通过任责自身于这样一个条件性（或权变性）选择之中。**如果**列先行而径直选择了 I，行自然就倾向于选择 i；且他们双方都知道这一点。行的威胁策略只有是在列相信——如果列的选择为 I 时——行**必须**选择 ii，才能成功。

	I	II			I	II
i	2 / 1	2 / 1		i	9 / 10	10 / 9
ii	0 / 0	0 / 0		ii	0 / 8	8 / 0

图 5-1

对此，列可能相信，也可能不信。如果他不信，该"威胁"对他而言什么也不是；他径直地先行做出他的"最佳"行动，选择 I。而如果他的确相信行一定会遵循要么 (ii, I) 要么 (i, II) 的战略，那么列更倾向的 I 选择只能得到 0，于是选择 II。而且如果将矩阵中的值换成其他数字，只要反映的是同样的偏好顺序，上述说法就是成立的。在图 5-1 中的右手边的矩阵中，该说法也是成立的。相对于左边的矩阵而言，右边的矩阵更戏剧化地呈现了威胁的核心特征，因为这种情况下由列的一个非理性选择带来的对行的惩罚更为严重；但，因为是理性游戏且信息完全，行也就无需担心。列的偏好很清楚；而且，一旦行给定列选择的范围为（ii，I）或（i，II），列将会怎么选就是毋庸置疑的。假设我威胁你说，如果你不把最后一块烤面包给我，我就打破我的脑袋，将血和脑浆洒到你的新衣服上，你是否会给我烤面包，依赖于你是否知道我已经安排必须这么去做，就如同哪怕我只不过是威胁要将炒鸡蛋扔到你身上一样。①

这里的问题之所在是：我们承不承认博弈包含了"举动"，也就是说承不承认这样一种可能性，一个或两个参与人在博弈的进程中采取行为，不可逆转地改变博弈本身；即，以某种方式改变了博弈的收益矩阵、选择次序，或信息结构。如果一个博弈据其定义不承认任何类型的举动——除了双方的协议达成和拒绝达成之外，那么，说什么参与人的"个性"决定了结果，可能就在如下意义上是对的；即，他们的预期，在一个"无举动"的博弈中，经由一个完全是心理性的过程汇聚在一起。但是，如果威胁是任何超乎于声称（该声称试图凭借提

---

① 爱德华·班菲尔德（Edward Banfield）向我展示了一个极有吸引力的引证，涉及的是印度西部的 Bhat 人和 Charan 人，他们被尊为吟游诗人（巴德，Bard）。"在胡茶辣（Guzerat），他们运送大量的金块通过一大片土地，在此，即使是一个强大的护卫者也不足以保护这些金块。他们还是他们的酋长之间、甚至是酋长与政府之间所有契约的担保人。"

"他们的力量来自其性格的圣洁和孤注一掷的决心。如果他们中的一个人携带金银财宝被缠住了，他会宣布他将任责于 traga——它就是这么被称呼的；或者，如果一个约定没有得到遵从，他也会提出同样的威胁，直至约定得到执行。如果他的意见未被听取，他会按程序进而在自己的四肢划下深且长的口子——用一把匕首，该匕首，在所有其他手段都失败之后，将会被他刺入自己的心脏；或者他将首先砍掉自己孩子的脑袋；或者该协议的多个不同担保人将抓阄来决定谁是第一个被其同伴们砍头的人。这些程序带来的羞辱和对于一个吟游诗人（巴德）的血落在其头上的恐惧，通常能让极度固执的人转而变得理性。他们的尽职履责是一种典范，而且他们从来不会犹豫用他们的生命来保持这种权势，这种'其角色的重要性所依赖的'权势。"（蒙特斯托特·埃尔芬斯通，《印度历史》，第 7 版；伦敦，1889 年，第 211 页）

议的威力向对方发出呼吁）的东西，那么我们就必须问，这些"超乎于声称"的东西是什么。且，它肯定涉及某种——或真或假的——任责概念，如果它要成为这样的"东西"的话。

"任责"在此要作非常宽泛的解释。它包括这样一些谋划与运作（maneuvers）：（1）将行为者置于特定的位置，以至于对任责不做践行的选项已经不复存在（比如，以无法及时停止的快速度驾驶自己的车往前冲，胁迫对方的车子退缩）；（2）以不可召回的方式将最终决定权交给第三方，该第三方的动机结构将能提供某种"循旧例"的动机去履责（比如，将惩罚的权威故意提交给了虐待狂；或行为者将他的诉求和责任都转交给保险公司代理）；（3）将"无践行（不履责）"状态下行为者自身的收益干脆地"恶化"，这样一来，甚至是可怕的共损式履责行为也变得更具吸引力了（比如，行为者安排自己成为众所周知的懦夫——如果他未能履责的话；或在自己的器皿商品前装置厚玻璃板窗；或将妇女和儿童安置在一块特定的领地上，一块行为者"以几乎是难以置信的方式威胁将不惜一切代价对之予以捍卫"的领地上）。日常生活中一个很好的例子是由欧文·戈夫曼（Erving Goffman）所给出的，戈夫曼提醒我们："推销员，特别是街头摊贩，都非常清楚，如果他们采取某种不名誉的方式招揽顾客，直至不情愿的顾客购买其商品，那么，这些顾客之所以购买，可能因其受困于体谅之心，为了照顾推销者的颜面，这样也就避免了通常可能会导致的某种不愉快的事件。"①

然而，通过某些方式，这种任责于一个威胁的观念可以被富有意义地解脱出来。其一为：认识到"坚定地"任责意味着调用某种完整

---

① 戈夫曼的论文是将博弈论与"小花招"联系起来进行研究的杰作，此外，他开创性地例证了正式化的行为结构如礼仪、骑士精神、外交惯例和（含蓄提到的）法律的异常丰富的博弈 – 理论性内容。

而强大的惩罚，以至于行为者在所有的环境下都倾向于践行他曾"任"的"责"。这里，无限（或至少是过多）规模的惩罚，被行为者自愿地、不可挽回地、以可见的方式贴附在了——除其任责要去做的那个行为之外的——所有其他行为模式之上。该任责观念能够通过如下方式来解脱：假定惩罚是有限规模的，以及并不必然在所有案例之中惩罚都被控制在一样大小的水平上。在图5-2中，如果列首先行动，那么他将获得胜利，除非行任责自身于选择 i（任责使行获得了"先发"优势）。但是，如果任责意味着对行的 ii 选择贴附上一个有限的惩罚，且我们通过从矩阵图中 ii 选择所带来的行的各收益里减去某个代表惩罚的有限数量来表示之，那么只有当惩罚超过2时，任责才将会是有效的。否则，列将能清楚地看到，即便是存在任责的情况下，行对列 II 的反应将是选择 ii。在这种情况下（即惩罚小于2时），任责仅仅意味着行加诸自身一个亏损，于是他会避免它。

	I	II
i	2　　　4	1　　　1
ii	2　　　4	3　　　3

图 5-2

威胁所面临的情形与此类似。在图5-3中，如果没有威胁，不管博弈规则要求行先选，列先选，还是同时选，解都是（iii, II）。任何一个参与人如果能"后发"行动，并让对方面临一个威胁的话，他都能"获胜"①。② 针对 iii，列能够以 I 相威胁；针对 II，行能够以 i 相威胁。但是如果这些威胁由一个惩罚来确保，列能调用的任何可置信惩罚的下限是 4；任何小于 4 的惩罚量，将会使列——在行选择 iii 时——更倾向于 II 而不是 I。对于行不履责行为的可置信的惩罚下限则是 3。③ 这样一来，如果该局势中惩罚以一种单一的"规模"出现，即以小于 3 的惩罚规模出现，则惩罚将不可用，此时，结果仍是（iii，II）组合；超过 4 的惩罚对于任一参与人而言都是足够使用的，"获胜者"是那个抢先利用威胁让自己受益的人；惩罚的规模如果是在 3 到 4 之间，则其只能为行所用，且行将获胜 [此时结果会是（iii，III）——译者]。在后一种情形中，（因其不成功的威胁而）受伤较重那个人，就是不能进行威胁的那个人——其不过悖论性地依赖于他无法召唤一个足够严厉可怕的自我惩罚。

---

① 所谓"获胜"，谢林在此指的应该是：对列参与人而言，获得（ii，II）这个组合结果；对行而言，获得（iii，III）这个组合结果。——译注

② 如果参与人，比如说列，不能在机械的意义上迫使参与人行先作选择，他仍能在"法定"的意义上这么做——通过威胁否则选择 I，来要求行**承诺**选择 ii。该情况的全面分析，要求除了注意威胁中包含的惩罚，还要注意承诺背后的惩罚。这是因为对承诺（也就是，也就是任责于第二方）的物质和制度安排，在性质上通常十分不同于单方任责（这就是说，第二方不能单凭他个人予以消除的第一方的任责）时的安排，可用性惩罚在威胁和承诺之间可能存在巨大的不同——恰如，总体而言，其在第一参与人与第二参与人之间可能存在的巨大差异那样。图 5-3（原文中为 Fig.4 即图 4，指向的是图 2-4，疑为有误。恰当地，译者以为应该是指图 5-3——译者）中显示的特定收益就要求对于列或行的承诺至少有一个不低于 1 的惩罚。（这就是说，当行被要求承诺选择 ii，而不是 iii，否则列将威胁选择 I 时，行的这种承诺要获得确保，需要自己或者列对其选择 iii 的行为施以"一个不低于 1 的惩罚"。如此一来，行选择 ii 也就变得相对于 iii 更为可取了。同样，在行的威胁下，列要承诺选择 III 而不是 II，该承诺也同样需要对其选择 II 的行为施以"一个不低于 1 的惩罚"才能有效。——译注）。注意，对于一个从威胁中提取出来的承诺，如果威胁方能够调用一个惩罚，则对他而言将是有利的；而对于受害人而言，如果他能针对其违约（所谓"违约"也就是不按威胁方所说的那样去做）行为调用一个惩罚，则是不利的。

③ 这里，"行不履责"的"责"也就是其威胁要作出的选择，即行威胁选择 i，而不是 iii；除非列选择 III，而不是 II。行要使其威胁可信，就需要给自己选择 iii 的行为一个惩罚，该惩罚的最小量是 3。达到这一要求的惩罚这导致当列选择 II 时，行选择 i 比 iii 更可取——译注

i	-5 -5	-1 -2	-1 -2
ii	-3 -4 0	3 2	2
iii	-5 -5 1	1 3	0

图 5-3

注意，这个情形中"受伤较重"的比较，并不是指行的威胁所指向的结果①造成行和列两者谁的损失更大，而是指：行在不得不践行其威胁时，行所受的伤是否会比"如果换由列在之前作出**他的（列的）**威胁并践行时，列所可能会受的伤"要重。实际上，如本特定的收益矩阵所示，行**成功的**威胁是这样一种威胁，它在其践行时对行自己的伤害，要**超过**它可能带给列的伤害；而列潜在**不成功**的威胁在其践行时，对列自身的伤害，则要**小于**它可能带给行的伤害。②

---

① 即（i，II）。——译注

② 在图5-3中，当行和列做威胁所能调用的惩罚规模在3-4之间时，行的威胁能成功；而如果行的威胁失败，列选择II，行践行其威胁选择i，他们将获得（i，II）的结果。行的收益为-2，列的收益为-1；此时行相对原初没有威胁的结果（iii，II）损失3（-2-1=-3）单位收益。而在能调用的惩罚规模在3-4之间时，列的潜在的威胁（如果行选择iii，则列选择I）是不可用的；若其可用，被作出，且列不得不践行其威胁时，即"行选择了iii，列不得不选择I"时，行的收益为-4，列的收益为-3；此时列相对原初没有威胁的结果（iii，II）损失4（-3-1=-4）单位收益。谢林所谓"受伤较重"，在此例中是将前一个"损失3单位收益"和后一个"损失4单位收益"进行比较，而不是对（i，II）中的-2和-1，或（iii，I）中的-4和-3进行比较。正是因为将"损失3单位收益"和"损失4单位收益"进行比较，所以，惩罚规模受限在3-4之间时，列作为"受伤较重"的人，也就是那个不能成功地进行威胁的人。

举个例子，中国人大多知道"软的怕硬的，硬的怕穷的，穷的怕横的，横的怕愣的，愣的怕不要命的，不要命的怕不要脸的"这个俗语。如果组织良好的社会能够严禁社会成员对"不要命"和"不要脸"之类"受伤较重"的惩罚的调用，那么这些"不要命"和"不要脸"的、因其"不成功的"威胁而"受伤较重"的人，也就是不能"成功地进行威胁的人"。那些相对更懂得"有利、有礼、有节"的人，在这样的社会中也就更容易受益；而不会出现"会哭的孩子有奶吃"的状况。——译注另一种放宽威胁概念的方法是改变我们有关理性的假设。假设对于参与人 R（也就是行，即 Row）而言，其将做出错误或者非理性举动，或"因为对方参与人会误解'我'方参与人的收益，而以预料之外的方式行为"的可能性为 Pr；对 C（也就是列，即 Column）而言相关的可能性是 Pc。① 这也就给我们带来了这样一个博弈，在此，任责自身于某一威胁的可能得失，必须考虑到一个已全面任责的威胁不被人注意的可能性。这样，如果，由于考虑到这种"出错"的可能性，随后不得不践行威胁而产生的潜在损失，对于某个参与人而言要大于另一个参与人，可能就会出现这样一种情况，即，在某种对称性的环境之中（就是说概率 P 和威胁之惩罚对两个参与人而言是相等的），某参与人发现作出威胁是有利的，而另一个参与人则不这么认为的情况。（一个一定程度上类似的考量可能在如下情形中存在：如果两个参与人都有机会进行威胁，如此形成同时任责的危险的情形；在此，他们没有观察到对方的任责行为，于是无法及时地停止以便彼此拯救。）

这一针对"建立在理性公设的基础之上的威胁概念"的修正，一定程度是朝着"受伤更重"的标准问题而推进的。尽管如此，总体而言，博弈论有助于我们更好地理解谈判策略：不是通过夸大直觉性的第一印象中所包含的可能真相；而是通过强调一个异常醒目的真相，即，威胁**并不是**依赖于，在威胁不得不付诸实施时，威胁方遭受的损失要小于被威胁方。除非排除（威胁方与被威胁方的）这种效用比较标准，否则我们根本无法理解战争威胁、价格战威胁、以"聚众闹事"相威胁、组织良好的社会对犯罪和劣行予以控告的威胁，以及勒索和威慑等概念。的确，正是威胁局势中的（比如两个参与人之间的）不对称性，使威胁成了一个可供研究的丰富话题；但是相关的不对称性还包括如下领域：沟通系统、威胁和承诺的可执行性、任责速度、预

---

① 这种局势将在第 7 章和第 9 章进行深入探讨。

期反应的合理性，以及，最后才是（某些情形中的）相对损失标准。

承诺

承诺的可执行性并不是理所当然的。协议必须表述为可执行的条款，并且涉及可执行的行为类型。协议的执行有赖于至少两个方面的事项：在某处进行惩罚或强迫的某种权威；以及辨别"惩罚或强迫是否正被召唤"的能力。战后对裁军提议和核查计划的讨论表明，达成协议是多么的困难——即使双方都不顾一切地希望达成一个可执行的协议，并努力找到有说服力的执行手段。当双方均不信任对方，且每方都认识到双方均不信任对方，而且因此双方也就都无法预测对方的服从行为时，该问题也就更为严重。如果存在某种世俗的手段来做出可执行的承诺，或世界各国都无异议地忠诚于某种超世俗的权威，那么许多武器核查的技术性问题都将不复存在。但是由于不履责的行为可能是无法觉察的，有关履责的承诺也就无法执行；即使是相关的惩罚能确保有效时，亦复如此。除了能够由另一方单方面提出的、"通告废除原始协议"的这样一种惩罚之外，其他惩罚在事实上无法确保，使得该问题加倍困难。此外，一些看似可欲的协议必然因为其在操作上的无法明确界定而被忽略；对彼此公平无偏的协议只有是被界定于客观条款之中且能被客观监督时，才将会有效。

承诺一般被认为是具有双边性（契约性）的任责，针对一定的补足行为，给出的是相对应的承诺的回报。当然，在其能够诱导对方作出共赢的选择时，行为者是有作出单边承诺的动力的。在图5-4左边的矩阵中，如果双方同时做出选择，那么只有**成对**的承诺是有效的[①]；在右边的矩阵中，行的承诺能给他带来固有的回报：列能够安全地选

[①] 也就是导向获得（ii, II）的结果。——译注

择 II，让双方都获得一个较好的结果 [也就是（ii，II）这个结果——译注]。（在左边的矩阵中，如果行动依次做出，那么，好的结果要求**第二**个作出选择的人要有做出承诺的能力。如果双方自己有权决定行动次序，且其中只有一人能做出承诺，那么，他们可以一致决定由另一人首先选择。这些承诺——与右边矩阵的情况不同——势必取决于第二行为人的践诺表现。一个单边的无条件承诺可以在图中右侧矩阵中获得成功，在左边矩阵中依次行动时，则不行。）一个犯罪行为的见证人有动力做单边承诺，如果罪犯试图杀人灭口的话。① 一个即将拥有绝对强大的突袭武器的国家，可能有理由单边地断然拒绝它——如果有任何可能的途径这么做的话——以便预先阻止敌国在尚存其他机会的时候，就做孤注一掷式的最后尝试去抢先袭击。

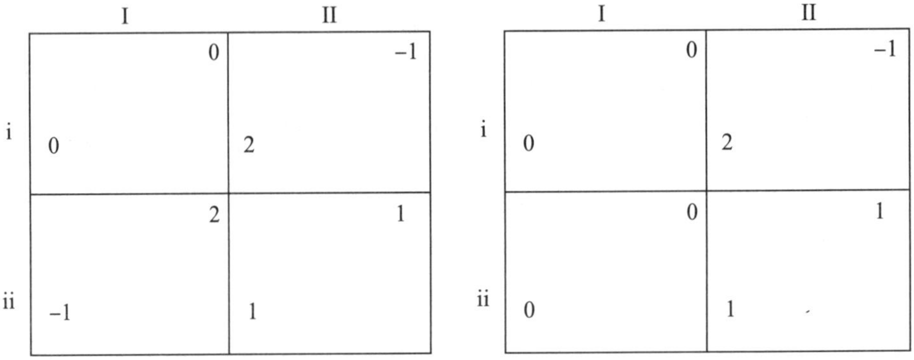

图 5-4

承诺的确切界定——例如要与威胁相区别——并不是显而易见的。看来承诺是为第二方所欢迎的（有条件的或无条件的）任责，它对双

---

① 该观点显著地体现在约翰·科利尔（John Collier）的《湿漉漉的周六》之中，最近还被艾尔弗雷德·希区柯克翻拍成了电视片。一个人无意间听到了一场谋杀案，他在枪口之下，被逼封口——在尸体上留下他的手印和其他罪证；这样一旦事情败露，他将被指控为凶手。但是，他原本应该坚持编造证据，以能与真正的凶手一起承担罪责；但如电视片所演，单独的罪证使他受到严重的欺诈（《来自"纽约客"的短篇小说》，伦敦，1951 年，第 171-178 页）。

方都有好处，恰如图5-4左右两个矩阵所示的那样。但是在图5-5的局势中，行必须既做威胁又做承诺；对于列的I，他威胁以选择ii，而对于列选择II时，则承诺选择i。这里行的承诺确保列在选择II时能够获得4的收益，而不是0，在这个意义上对他（列）是有所助益的；当然，这样做给行带来了1单位的成本。但是，如果行无法做出这种承诺，那么列能够赢得的收益为5；他能够得到5是因为：如果没有承诺，威胁将是无效的，这个威胁也就不会产生。用ii来威胁I，这样的威胁本身一点好处都没有；它无法迫使列选择II，因为选项II带来的结果是（ii，II），列的收益为0而不是1。只有是当有承诺与之相伴时，行的威胁才能有效；而承诺的净效应就是让威胁生效，给列带来的收益为4而不是5，同时让自己（行）得到收益4[①]，而非2。行为者无法仅仅通过以不计代价的恶狠狠的追捕相**威胁**，来迫使间谍、反叛者或性病携带者自报身份；他还必须**承诺**豁免这些自报身份者才行。[②]

	I	II
i	2　　　　5	4　　　　4
ii	1　　　　1	5　　　　0

图 5-5

---

① 原文为"5"，疑为有误，译文改成了"4"。——译注

② 一定程度相关的是，豁免权的准予剥除了一个沉默不语的证人自证其罪的后顾之忧，并由此，将这样"沉默不语"的证人曝露在了藐视诉讼程序的常规处罚之中。

一个更好的界定，或许是，把承诺当作是由第二方所控制的任责；也就是，第二方可以根据其选择来实施或解除的任责。但是在此，恰当的时机是很重要的。刚才所谈的承诺，只有是在威胁被彻底地任责**之后**，才能生效；但是，如果承诺的承受方（也就是图 5-5 中的列）能事先做出拒绝该承诺的声明，那么行就知道，列如选择 II，其（列的）预期的收益就是 0，威胁本身也就被抑制住了。而，如果威胁和承诺以一种"法定地"不可分的方式被设计，或它们以不可撤回的运作方式被达成，该界定也就变得模糊了。（事实上，一旦一个承诺的等价物由某种不可撤回的行为——而不是"法定"任责——所达成，承诺的这种界定也就被破除了。）

实际上，每当存在两个以上的备选选项，威胁和承诺就倾向于混杂在一起，在某种"反应模式"中，一者介绍和展示另一者。有鉴于此，可能最好是将威胁和承诺看做同一个"选择性和条件性自我任责"的战略的两个不同方面的名字，该自我任责在某些简单的情况下，能够从第二方的利益的角度来加以明确。

实施方案。如果不存在外部权威来实施它们，或如果"不履责"在本质上具有不可觉察性，那么协议就不具有可执行性。这样，问题就出现了：寻找何种形式的协议，赞同什么样的条款，才能够使得没有动机去欺骗？或令"不履责之行为"自动可见？或能引发"实施所赖以维持的"、必要的惩罚？一方面，不应排除双方之间存在"信任"的可能性，另一方面，也不应将其视作理所当然；而且，甚至是信任本身也能沿着博弈论的角度来获得有用的研究。"信任"的获得通常简单地依赖于双方之间关系的可持续性，以及每个人的这样一种认识：在一个给定情况下的欺骗之所得，不如信任之传统继续维持（它使得一长串的未来协议成为可能）所带来的价值。依此类推，在一个不具连续性的事项中"信任"可能也是能够获得的，如果该事项能够被划分成一系列连续的递增性环节的话。

但是，存在一些特定的博弈局势，其本身就能够带来可执行的协议。其一为：协议的达成有赖于某种类型的协调或互补性。如果两个人就晚餐的地点发生分歧；如果两个共犯就攻守联盟的托词达不成一致；或者如果公司员工就何种定价或同一个足球队的队员就应遵循何种战术的问题发生争吵，当此之时，他们毕竟有着一个高于一切的共同利益，寓于他们行动的最终协调一致之中。一旦协议正式达成，它也就构成了唯一可能的、为后续的默识协调所需要的聚点；现在，参与人除了按其被预期的方式去行为，无法单方面偏向于去做其他任何事。这样，在缺乏任何其他执行手段的情况下，双方可能会很好地被建议去尝试找到"享有这种预期相依性特征的协议"，甚至于到达这样一种地步：在他们的协议中引入某种要素，其唯一目的便是：为非协调行为创设严重的危险境地。如将藏宝图撕作两半，或由一个伙伴持枪而让另一个伙伴持有子弹，都是让人耳熟能详的例子。

人质制度是一种值得博弈论好好研究的古代技巧，恰如同饮一杯酒的惯例，或将帮派的会面处设在如此公开之地，以至于如果一方屠杀另一方的话，双方都无法逃脱。据有关报道所说的，在毒品圈中只用瘾君子作为代理人或雇员的做法[①]，也是单边人质安排的十分明确的例子。

如果两个互相仇恨的国家都足够急迫地希望避免两败俱伤的话，他们可能可以求助于这样的操作方式：将两国的人口充分交换，或者安排两个国家的政府部门搬到一个孤岛之上，并且相互交替地占据其城市的不同街区。交换人质的一个主要缺陷，在理性行为预设看来，是前面已经提及的双方价值体系的内在不可知性。一个国王将自己的

[①]《水浒传》中入伙梁山时有所谓"投名状"的说法也是与此类似的制度安排。——译注

女儿送入敌国的宫中作为人质，可能并不足以缓解其敌人的忧虑：他可能认为该国王并不真的喜欢这个女儿。我们或许可以通过在学前班开展类似"幼儿留学"的活动，来消除苏联对美国突袭的担心：如果每个 5 岁的美国儿童都送到苏联的幼儿园（在美国，为此而建的这类机构，单单是为"人质"之目的而设计，并非是为了文化交流），而且，每一届的新生群体都在毕业班离开之前到达，那么，美国就几乎没有对苏联发起核打击的可能。当然，我们不能十分确信苏联人能对此十分确信。我们也不能十分确信，这样的一个相互性计划对苏联政府能发挥同样的遏制作用；不幸的是，即使是苏联政府的确受缚于对伤害苏联儿童的恐惧，这一点要想让我们相信也几乎是不可能的。尽管如此，在许多突袭局势中，一个单边承诺会好过没有承诺；而即使是当对称性的人质交换看来不可用时，交换人质的想法可能也是值得考虑的。①

实际上，交换人质的思想与下面这种观点在逻辑上是一样的：如果其内容涉及**防御性**的武器及建筑物的话，那么主要军事大国之间的裁军协议可能会更有效率（以及可能会受到更多的技术性控制）。本质上讲，弃置防御，也就是将你的全部人口作为人质，且无须劳烦于将他们置身于对方领土之中。这样，我们也就能将我们的孩子置于苏联人的怜悯之手，且我们也能对苏联的儿童获得同样的权力：不仅仅是通过身体性地互换他们（这种互换会带来大量的心灵不适且有违宪法权利）；而且也可通过简单地赞同于"让他们被置于如此无保护的状态之下"，以至于"在当前位置，对方对他们进行侵害的可能方式，丝

---

① 对人质交换下一个精准的定义会有点困难。其与威胁的关系恰如其与承诺的关系一样：驻欧的美国军队（其目的主要是为了证明美国不会回避对欧洲冲突的干预）可能可以被看做是人质；如果他们不能被这么看待，那么可能他们的孩子和妻子能被这么看待，而且可能他们的妻子和孩子，相对这些军队成员自身而言，成了一个更具说服力的任责，或"地雷拉发线"。一般而言，侵略者在入侵其所觊觎的国家时，会不得不避开这些国家的旅游旺季，以免因引发不经意的人质问题，而激怒相关的国家。

毫不少于如果他们被抓起来的情形"。这样，这种我们前面时常提及的"恐怖平衡"，如果它事实上存在且稳定的话，也就等价于完全地交换所有可以想像到的人质。（该类比要求平衡是稳定的，亦即，每一方都只能通过突袭，强加给民众以巨大的痛苦，而不能摧毁对方反击的能力。）①

否决可执行性。承诺的实施还与"希望让有效率的产出，对双方而言更为困难的"第三方的影响密切相关。禁止非法行为的强有力的措施，通常也就是将这些行为置于法律的保护之外，如此，其契约也就变得不再具有可执行性。赌约、管制性贸易的契约，或在禁酒期间走私酒品的契约，在可执行性上的不足，都是构成抑制这类行为本身的流程的一部分。当然，有些时候，这类禁律传送了大量权力于某些人的手中，某些能够执行契约或者能作出可执行的承诺的人的手中。②在禁酒令期间，对酒类商标权的否决，意味着只有较大的帮派组织才能保证其酒品的质量，并从而有助于他们垄断市场。同样的道理，保护品牌和商标的法律可能能被看做是一种促进"以口头协议为基础的商业"的设置。

放弃主动权

使威胁和普通任责成为难以运用的策略，却又是有趣的研究对象之一的，乃是这样一个困难：找到任责的方法，借助可用的"惩罚"来约束自己的"不履责行为"。由此，也就存在一套相关的策略，它可

---

① 这一概念将在第 10 章中进行深入探讨。
② 一种观点认为，敲诈勒索的人的一个重要功能是，有些时候有助于推进一些法律之外的协议的执行。根据达弗斯（Duffus）的观点，芝加哥服装贸易中的削价行为可能遭到暴乱的惩罚，暴乱的费用由限价组织来提供。参见 达弗斯，"敲诈勒索者的功能"，《新共和国》，1929 年 3 月 27 日，第 166–168 页。

以使某人自身运作到某个位置,在此,他将不再拥有任何"就其将应如何行为或反应而言的"有效选择能力。这些策略的目的是,摆脱令人尴尬的主动权,使结果仅取决于对方的选择。

这就是国务卿约翰·福斯特·杜勒斯在下面的段落中所寻找的那种策略:

> 这样,在将来,我们可能较少地依赖于大规模报复性能力的威慑作用……如此,与1950年代不同的是,在1960年代,那些环绕在中苏周边的国家能够具备有效的国防,阻止全面的常规性进攻;这样也就能使任何入侵者面临在失败和"由自己针对防御性国家发动一场核战争"之间做出抉择。这样,可以说格局在这种意义上在发生变化:不同于以往被侵略国对自己的保护依赖于其孤注一掷的核报复能力,现在的问题是,可能的侵略者不能指望依靠常规性进攻就能获胜,于是他们自身就必须权衡发动一场核战争的后果。①

被杜勒斯归结为1950年代的威慑类型与被其归结为1960年代的威慑类型的不同之处在于,是谁不得不做出最终决策的问题;这一不同之处非常重要,因为美国无法找到,或令自己确信,一种有说服力的、任责于"威胁以大规模报复行动来对付某种入侵行为"的手段。

在第一颗原子弹爆炸后的一段时间里,很快就有新闻工作者思考地球的大气层对核裂变的承受能力是不是有限的;该观念被盛传为:在某种临界点数量的炸弹被爆炸之后,强大的反应链可能摧毁地球的

---

① 参见杜勒斯,"美国政策的挑战与回应",《外国事务》,1957年10月。在探讨在欧洲的大规模防御性力量的角色时,迪安·艾奇逊(Dean Acheson)在其著作《权力与外交》(马萨诸塞,剑桥,1958年第87—88页)中使用了十分相似的语言:由于敌人需要发动一个比较大的进攻,而不是一个小的进攻,这一点让他相信,报复将随之而生,因为"他可能为我们作出了决策……在欧洲的我们的较多数量的军队将通过决定,排除万难,从防御转向进攻"。

大气层。有人提出，如果这一点是真的，而且如果我们可以准确地测定地球大气层的承受极限水平，那么，我们就应，通过一个慎重的项目，公开地、引人注目地引爆 n–1 颗原子弹，来永远压制核武器的使用。

将责任转到对方身上的策略，很好地被美国空军中校（后为上校）史蒂文·坎农①所完美演绎。其电视剧情是：坎农驾驶自己的飞机保护一艘即将被中国人民解放军地面部队捕获的国民党的水面舰艇。在无意也没有被授权去激发敌意以及知道没有什么威胁比行动是更可置信的情况下，坎农驾驶着飞机以对入侵部队形成燃烧圈的方式抛洒汽油，这样也就留给了他们最后明显机会来翻转他们的引擎，远离水面舰艇，以避免被烧。他既不能向敌船抛洒汽油，也不能威胁这么去做；于是他代之以放弃主动权，来达到目的。

同样的策略还涉及一些引人注目的"消极抵抗"形式，可能更恰当地应称之为"积极不抵抗"的形式。根据《纽约时报》的报道："今天，日本罢工的铁路工人在 300 多个火车站的铁轨上静坐罢工，造成 48 辆客运列车以及 144 辆货运列车停运。"②

一个更为戏剧性的例子，同样出自日本，同样由《纽约时报》报道，是："本周这里举办了一次公开辩论，主题是，是否发出'自杀式静坐抗议船队'前往圣诞岛（Christmas Island）周围的禁区水域，英国即将在该岛进行氢弹实验……这次远航的首要目的就是阻止英国的爆炸实验"。③

---

① 一部 1958-1959 年上映的、名为史蒂文·坎农的美国电视剧的主角。——译注
② 参见"铁路工人坐在铁轨上"，《纽约时报》，1957 年 5 月 13 日第 14 页。恰当的应对策略看来应是如下这样的：火车司机设定节流阀，让火车以缓慢的速度前进，以引人注目的方式从司机室爬下来，跳离行动中的火车，步行穿过车站后，又返回到驶过来的火车的司机室中。如果他驾驶着火车，其位置的弱点是，他能够以比其对手（工人们）离开轨道更快的速度让火车停止，特别是，工人们是故意以"不能很快地将火车轨道腾出来的方式"聚集在一起的。他们可以通过将自己锁在铁轨上，并将其钥匙丢掉，来预先阻止司机的应对策略——如果他们能在司机放弃火车的引擎控制权之前令人信服地通知他的话。
③ 参见，"日本辩论核'自杀'"，《纽约时报》，1957 年 3 月 5 日，第 16 页。

辨识

任何博弈的一个重要特征是：双方对彼此的价值系统究竟了解多少；而一个类似的信息问题也就显现出来，它涉及辨识的操控。一个只要能找到外部同谋，即会抢劫其银行的银行职员，和一个"只要能找到一个银行内部人员作为共犯即会抢劫银行"的银行劫匪，可能会发现合作是困难的，因为他们无法辨识彼此。如果行为者将他的意图告诉一个可能没有一致利益的人，就会招致严厉的惩罚。处于类似地位的还有：一个因为害怕被断然拒绝而不敢要求与某女孩约会的男孩。同样地，如果一个绑架者不能事先将穷人和富人辨识开来，他可能也就不能恰当地操作；在美国南部反对种族隔离的少数派，可能永远不知道其规模究竟是大还是小，因为声明自己反对种族隔离会遭到惩罚。

和沟通一样，辨识也并不必然是相互性的；而且自我辨识或标识的行为，可能有时是像外套那样可向外反转的，而有时则不能。行为者一旦宣称其对某个客体的兴趣，他可能能获得超乎于其谈判诉求之外的标识。莎士比亚的《量罪记》提供了一个很好的例子。安吉洛代替维也纳公爵执政，抓住了一名罪犯，并准备将其处死。他可以折磨该罪犯，但他没有动机这样做。罪犯的姐姐前来为弟弟求情，希望安吉洛饶其弟弟一命。安吉洛看到罪犯的姐姐颇有姿色，就提出了很不名誉的谈判条件，但是被后者拒绝；安吉洛就威胁折磨其弟弟，除非姐姐顺从。在这一点上，博弈简单地通过身份辨识和沟通渠道的确立而得到了拓展。安吉洛折磨罪犯的利益之所在乃在于通过作出这种威胁，他能得到些什么；一旦有人出来应承这个威胁，折磨的可能性对安吉洛而言也就有了价值——有价值的东西不是折磨本身，而是以折磨相威胁。罪犯姐姐的此番出动，所得的价值为负；她不仅被辨识了其利益之所在，而且使得自己能够接收到威胁性信息，她现在不得不承受她原本不应承受的痛苦——如果她从未暴露自己的身份；或如果她能在威胁作出之前，让自己消失在人群之中的话，她就不会承受这种痛苦。

几年前，在纽约郊区发现了一个辨识博弈的很好的案例。某些汽车驾驶员携带着身份证件，这些证件向警察表明了他们是某俱乐部的成员；如果有着会员证的成员被警方逮住，他只需要向警方出示该证，支付一定的贿赂即可获释。这些会员证的角色就是让警察辨识出自己是这样一个人——如果其贿赂被警察接受的话，他将保持沉默。它也明确了该汽车驾驶员的承诺是具有可执行性的。但是该证只能在他被逮住了**之后**，才能据此辨识出驾驶员的这一身份；如果警察仅仅通过外表的观看，就能够辨识一个司机是否是相关会员证的携带者，他们可能就会专注于抓捕这些携带会员证的司机，并以开罚单来威胁他们，直至收取到一定的贿赂。该证对汽车司机的辨识作用具有权宜性和条件性，依赖于司机的选择。类似的局势（不仅契合于辨识的探讨，也契合于承诺的探讨）由萨瑟兰（Sutherland）所描述："大多数警察都能或多或少地公平处理小偷问题，简单地是因为他们得了钱来让他们这样行事。他们将扩大其关照，哪怕是一点点，这种关照一般不会扩展到他们抓住的、非职业的小偷身上。他们认识到，这么做是安全的，而且高级别的官员将不会被告知，但是如果是将其关照的对象扩展到新手身上，情况就难说了。"①

辨识还与一个重要的经济事实相关，它倾向于被传统的有关生产与交换的经济学所忽视，也就是：经济和社会中可能存在大量的破坏性势能，它们事关重大，因为可能某种敲诈式威胁需要以此为依托。笔者粗略估计，一个智力略低于一般水平的、健康的高中毕业生，每

---

① 萨瑟兰，《职业小偷》，芝加哥，1954年，第126页。

年辛辛苦苦创造的价值也许只有 3000 美元或 4000 美元；但是如果他愿意的话，可以破坏掉比这一数字大百倍的价值。如果存在一种制度安排，使得他能够因"慷慨地"避免进行破坏，而获得其可能破坏之价值的一小部分作为回报，那么，这个男孩很有可能就不愿做技工或职员，而愿成为敲诈勒索者。幸运的是，敲诈很大程度依赖于敲诈勒索者的自我辨识或标识，以及公然的信息传达。

自我辨识或标识的重要性，可以通过这样一条法律原则的重要性而得到证明，该原则为：一个被指控的人应该被允许知道并面对他的指控者。它也同样反映在面对一个大陪审团的秘密证言之中，在这种情况下，可辨识的证人可能会遭到来自潜在被告人的恐吓。此外，它还反映在保守犯罪目击证人身份秘密的努力之中，直到罪犯遭到拘押为止（对于博弈论的运用而言，法律、法律的实施以及犯罪威慑的战略是一块肥沃的土地）。

授权

有时可用的另外一个"举动"是将行为者部分或者全部的利益，或部分或全部的自己的决策主动权，授予给某个代理人——他正在成为（或可能已经是）博弈的又一个参与人。保险计划便允许利益分享；保险公司有着不同于被保险方的动机结构，由于这个缘故，也就能够更好地作出威胁或抵制威胁。要求在一张支票上签署数个名字方才有效，也是为了达致同样的目的。商业公司使用专业的代收款机构来催讨债务，也是获致一种与其债务人进行单边沟通（基于此也就无法听到来自债务人的恳求或威胁），而不是双边沟通的手段。向南韩军队提供军火或允许他们使用战俘营以便他们能单边地释放战俘，是一个放弃尴尬的决策权的策略性手段；该决策权之所以尴尬是因为它使行为者（比如美国——译者）自己不得不面对强制性或遏制性威胁，或是因为它给行为者预留了违背自己所作出的威胁的能力，由此也就使得行为者无能力让威胁变得更为可信。

美国与国民党的《共同防御条约》可能能部分地被看做是向决心更明确的一方转移反应决策权的一种形式；而最近以来有关将核武器置于欧洲国家政府之手的建议，也在如下基础之上进行了明确的说明，即通过将一种显而易见的反击能力提交给在某种情况下被认为会比美国更富有决断力的国家，将有助于提升核威慑力。

雇用暴徒和虐待狂收取保护费或充当囚犯看守，或是将权柄以引人注目的方式授予一个有着众所周知的动机的军事指挥官，都可以被看做是使某反应模式可信的一般性手段的典型例子，在此，一旦已作出的威胁失败的话，原初的决策源可能会被认为将犯憷或觉得践行威胁无利可图。[正如一个理性的参与人在特定的博弈局势中会理性地摧毁他自己的理性一样——这样他就可以要么制止一个可能是针对他且以他的理性为前提的威胁，要么使得一个（否则他不会委身于其中的）威胁更加可信；同样地，一个参与人选择一个非理性的伙伴或代理人也是理性的。]

	I	II
i	3 (2) 2	2 (1) 0
ii	4 (1)	5 (0)

图 5-6

在图5-6中，先忽略括号内的数字，如果行是做第二个选择的人，那么他将失败于获得右下角的结果，而列得到其所倾向的结果。如果一个没有决策权的第三方被安排获得"作为博弈的副产品的"括号内的结果，则只要行有办法将其选择权不可逆地交付给第三方，那么行就能取胜。第三方的收益是：经由他的第二个选择，他能获胜，赢得左上角的收益（2），同时也给行带来了这个结果。由于第三方的收益要由行来支付，行的收益也就相应地降低了，不过，行从其变动的收益中分一部分给第三方是值得的；如图所示，他仍将得到左上角结果中净值为3的收益，而非右下角的收益1。

调解

调解人的角色是博弈论分析中的另一个要素。调解人，无论是经由博弈原初规则强加的结果，还是参与人为了促成有效结果而采用的安排，他最好能被看做是沟通机制安排的某种因素，或"有着自身收益结构"的第三方——他通过自己对沟通机制的控制扮演了富有影响力的角色。但是，调解人的作用不限于简单地限制沟通，为出价、反出价等等次序提供限制条件，这是因为他可以创造他自己的语境性材料，并提出强有力的建议。也就是说，他可以根据自己的主动性，以一种双方参与人"禁不住要共同承认"的方式，来影响其他参与人的预期。当不存在达成一致的明显聚点时，他可以基于他的、作出醒目建议的力量，创造一个聚点。一个过路人，一个积极投身于十字路口的中央，在一个临时性的交通拥堵中开始指挥交通的过路人，被承认了歧视不同车辆的权力，因为他能够带来足够多的效率提升，让哪怕是最受歧视的车子也能从中获益；他的指挥只拥有提供建议的力量，但是协调却正要求对某种建议之源的共同接纳。同样地，广场舞的参与人可能都完全不满意于播放的特定的舞曲，但是只要主持人掌控着麦克风，也就没有人会去跳别的曲子。道路中的白线也是一个调解者，而且它可能会相当多地偏向道路的这一边或那一边，在"遭遇不利对待的一方发现否认其权威的好处"之前，却还能继续维持。有关夏令时制度的争议也很好地说明了这一原则；除非是立法性地控制住时钟，即便是大部分人都希望早一个小时去做任何事，他们也不能组织起来去做它。而一旦时钟被这样控制了，那些反对这种控制的、组织良好的小部分人，通常很难抵制住这种时钟的改变——哪怕是通过任何有组织的努力，去改变名义上的起床、吃饭、谈生意的时间点。

调解人还是一种"能令博弈参与人暂时搁置他们的某些理性才能"的手段。在关闭某种记忆装置之时，调解人可以圆满完成特定的沟通。（从这点上讲，调解人承担了某种能被计算机器再现的功能。）例如，他可以比较双方给彼此的出价，然后宣布两个出价是否兼容，而不用揭露实际的出价是多少。他是一部过滤性扫描设备，可以排除一部分置于其中的信息。他让某种受限制的、使参与人心理不受影响的比较变得可能，因为没有参与人能够令人信服地任责自身于忘记了某些事。

一个问题是令人信服地否认一个——当自己右手在积极寻求时——得自于自己左手的知识，该问题可以很好地用政府的这样一种努力来说明：一方面，一些部门力图获取准确的收入资料用于统计项目，而同时另一些部门也在寻求同样的数据以用于征税或控告逃税。政府已经意识到，找到办法来做出这样一种确保，是非常重要的；统计机构将否认其获得的信息会被提供给税务部门，以便获得本真性的信息。有赖于一个明确的调解人的类似案例是，公司将交易秘密提交给了统计局，这些秘密被承诺将会在加总或平均之后，将个体性资料掩盖掉，公众将会因为公司的这种资料贡献而获益；或者一些公共舆论服务部门会排除掉一些潜在可能会引发尴尬的、有关政治或性实践的个体性信息，而只发布集合性数据。当大型资源买家认为一幅油画或一块公路用地——在其主人不知道那个对此感兴趣的人是谁的情况下——能够买得相对便宜时，运用调解人来预先阻止辨识或标识的发生，看来就是一个常见的策略。

如果参与人将权力不可取消地转交给调解人，那么调解人将转而变为仲裁者。但是仲裁协议要具有可执行性，需要参与人人为地将双方置于危险境地，从而也就同时能给仲裁者以惩罚的权力，或交出某种互补于他们（参与人）自身的价值体系的东西给仲裁者。相应地，他们必须能够信任他，或从他那获得一个可执行性承诺。不过，无论怎样，他增加了执行承诺之手段的总数：互不信任的两个人，可以找到一个双方都信任的第三者，让其掌控他们的利害攸关之物。①

沟通及其破坏

许多有趣的博弈策略和博弈局势都依赖于沟通结构，特别是依赖于沟通的非对称性，以及沟通发起或破坏的单边选择。如果威胁无法被传达给其所属意的人们，它们也就不会带来什么好处；敲诈勒索者需要有信息渠道向属意的受害人传递备择选项。即使是威胁说："不准哭，否则就不给你你想要的东西"，也将会是无效的，如果孩子已经哭得非常凶，以至于声音过大，而没有听到的话。（有时孩子似乎对此心知肚明）。一个证人不可能被恐吓去做假证，如果他处于被监管之中，无法获得该说些什么的指示的话——哪怕他可能能推断威胁制裁本身的存在。

当结果有赖于协调，那么适时地破坏沟通渠道可能是一个致胜良

---

① 我听说，在没有强烈商业道德传统存在的国家，一些商业伙伴或监督者会被人为地从另一个文化中选取出来——在该文化中，朴素的诚信与公平被认为是他们的共性，或者好的名声被认为具有崇高的价值。

策。假设一对夫妇在电话里争论碰头并共进晚餐的地方，这场争论将以妻子的获胜而告结束——如果她简单地宣告自己要去的地方，然后把电话挂断的话。现状通常能被这样一个人，一个"规避就其他可能性进行探讨以至于干脆地将其助听设备摘掉"的人，所保持。

正如本章前面所讨论的，聚众闹事通常依赖于一定形式的沟通，这使当权者能通过禁止三个或更多的群体聚集，来阻止聚众闹事的出现。不过，暴怒的民众自身也能威胁当权者，如果他们能够明确辨识这些当权者，并与之沟通的话。甚至是后续排斥性或暴力性威胁的策略，也能从民众那里传递给当地警察——假设警察为民众所熟悉，且警察在聚众闹事结束后还得居住在民众之中的话。这种情况下，外部人的使用可能能够预先阻止暴民对当权者的恐吓性威胁，部分地是因为这削减了可以做出威胁的这类后续场合，但部分地也是因为增加暴民与警察之间默识性沟通的困难。在小石城的联邦部队，通过将自己置于当地平民的默识沟通结构之外，通过令自己相对于当地警方明显地不熟悉于当地的价值系统，可能能够享有对恐吓的免疫力。1943年，底特律的种族暴动被州部队极其成功地镇压，而当地警察却没有有效地发挥这种作用。使用摩尔人、锡克人以及操其他外语的部队来镇压地方上的起义，其成果可能一定程度上要归因于，他们接纳"否则敌人或受害人即会寻求传递的威胁和承诺"的能力是很差的。甚至是军事部门中，军官与士兵们的隔离，也倾向于能够让军官较少接收到或感知到威胁，从而也就较少可能被有效地威胁，这样也就遏制了恐吓性威胁本身。

当然，威胁方是否知道自己发出的威胁不能被接收到也是重要的；因为如果他主观认为威胁能被接收到，而实际上却不能，那么他可能做出了威胁，却无法达到目标；于是，他不得不践行他的威胁，导致对他自身和被威胁方均不利的后果。这样，镇压暴乱的士兵不仅应是陌生人，不仅必须充分流转以避免与部分暴民"熟识"；而且他们还应泰然自若、无动于衷地行事，以证明他们油盐不进。他们必须不引起任何人的注意；他们必须不因对方的嘲笑而面红耳赤；他们必须像无法将一个暴民与另一个暴民辨识开来那么行事，哪怕某个暴民显得那么引人注目。在形象上——如果不是在内心中的话——他们应该带上面罩头盔；甚至是制服也有助于压制身份的辨识，这样，制服本身使得相互沟通变得困难起来。

证据传送。沟通不仅仅意味着讯息的播送。为了传递一个威胁，行为者必须传递与之相伴的任责，同样地，对于承诺也是如此；而任责的传递不仅仅意味着言词的传递。行为者必须传递任责存在的**证据**；这可能意味着，行为者若要传递威胁，他就必须让对方亲眼看到某些东西，或者找到某种设置来证实某种主张。行为者可以邮寄一张签了名的支票，但他却无法通过电话证明一张支票获得了真实的签署；行为者可以说自己的枪已上膛，但单单这么说是无法对之予以证实的。从博弈论的观点来看，法国巴黎式的气压传送信件与普通的电报系统是不同的；而电视与收音机也是不同的。（调解人的角色之一就是验证参与人之间所作陈述的真实性，比如说，身份辨识或标识的密码系统使人们通过电话口头传送资金成为可能，接收者则由银行的密码反应来验证，这事实上意味着，银行在电话线的另一端向接收者保证了：付款方已经由密码所明确辨识，这样，钱的传输也就完成了。）艾森豪威尔总统的"开放领空"提案例示了证据传送的重要和困难；类似的案例还有，其他一些应对不稳定性（它源于彼此对突袭的担心）的建议安排。利奥·西拉德甚至还指出了这样一个悖论：行为者可能希望授予敌国来的间谍以豁免权，而非使他们遭受控告，因为他们可能是使敌人能够获得重要真相（即我们并未准备发动突袭）的可信证据的唯一方式。①

一个有趣的观察是，政治民主本身有赖于"在其中证据传送不可能"这样一种博弈结构。所谓匿名投票机制，却也是掠夺投票人出卖选票之能力的一种设置。不仅是简单的保密，而且是**强制性的**保密，掠夺了他的能力。他不仅**能**秘密地投票，而且**必须**是秘密投票——如果系统要有效运转的话。他必须被拒绝承认拥有任何能证明他"投的是谁"的手段。此外，投票人被夺走的不仅是其可能能出售的财产；而且是有可能致使其遭受恐吓的能力。他被安排得无能力去应承敲诈的要求。如果他真的可以自由地就出售自己的投票权讨价还价，他面对的威胁就可能会是无限的暴力；因为威胁所指向的暴力，如果可怕到足以"说服"他的话，毕竟不会被付诸实施。但是，当投票人无力证明"自己服从了威胁"时，他和可能会威胁他的人都知道任何惩罚都与他的实际投票无关。这样，威胁将因无用而被闲置。

有关默识性和非对称性沟通问题的一个有趣案例是：一个汽车司机在繁忙的十字路口碰到一个正在指挥交通的警察的故事。假设汽车司机看到，且是明显看到了该交警的指示却忽视了它们，他就是不服从指挥的；那么，交警就既有动机也有责任给他开一张罚单。如果汽车司机回避看向交警，没能看到其指示，也就漏掉了他并未看到的这些指示，走了他不应走的道路，他可能仅被交警看作是愚蠢的，这时，交警只有很小的动机、也没有什么责任给这个人开张罚单。作为一种选择，如果有明确的证据表明司机知道交警的指示是什么而不予遵循，交警最好就是不要看到司机，否则他就有责任，为了交警团体的声誉，终止其紧急的事务，而将司机拉下来并给他一张罚单。小孩总是精于规避接纳来自父母的警告性一瞥的，他们深知如果他们觉察到这种目光，其父母就有责任处罚不服从行为；大人也同等程度地精于不去要

---

① 利奥·西拉德，"裁军与和平问题，"《原子科学家通讯》，第 2 期，第 297-307 页，1955 年 10 月。

求批准某种他们怀疑会被否决的事项或权利——他们知道明确的否决是一个更加严厉的约束，令作出否决的当权者感觉有责任去关注相关的违规行为。①

沟通结构的有效性有赖于参与人被归属的理性类型。"骑虎难下"的博弈局势可以作为一个例子来对此加以说明。这里，达成有效结果的最低要求是，虎必须能引发出一个可执行的承诺，并能传送可信的证据表明它已经任责其中：要么就是通过招致某种惩罚，要么就是通过某个运作来摧毁其不服从的能力（比如，拔掉它自己的牙齿和爪子）。但是，如果虎是有限理性的：就是说，它有能力在其感知到的备选项中做出理性的、一致性的选择；但却缺乏对博弈求解的可行能力——也就是说，缺乏内省性地判定其伙伴（骑虎者）将作何种选择的可行能力——那么，沟通体系就势必需要让虎能够接收到来自其伙伴（骑虎者）的讯息。然后，该伙伴必须规划他对虎的建议（选项），并将其传送给它，以便虎能够在随后做出这样的反应：接纳承诺（此时它已了解到"解"是什么了）并且将权威性的证据传回给它自己的伙伴。

博弈矩阵中的举动组合

行为者已被导向了这样一种假定，即，如果博弈中存在诸如威胁、

---

① 什么能被称为沟通中的"法定地位"在戈夫曼那里有很好的阐述："有关脸面工作的得体、圆通，通常有赖于将其具体操作建立在"通过暗示性语言来经营的"默识性协议之上，这些语言包括：旁敲侧击、模棱两可、恰到好处的停顿、谨慎措辞的笑话，等等。与这种非正式沟通相关的规则是：信号发送者应像他在并非正式传递（他所暗示的）讯息那样行为；而接收者也有权利和责任，像他们并非正式地接收到暗示中的讯息那样去行动。这样，暗示性沟通可以说是一种可否认的沟通。"他也谈到了可能在话语互动过程中发生的"未经批准"的参与问题。"一个人可能在他人未知的情况下，无意中听到他们的谈话；他也可能在他们知道的情况下偶然听到他们的谈话，这时，他们要么像他并未偷听到他们的谈话那样行为，要么非正式地暗示他，他们已经知道他在偷听他们的谈话。"他还指出，回应（比如，对一个无意间听到的羞辱性评论的回应）的责任，可能取决于他的偷听行为是否获得了"批准"（第 224、226 页）。

任责和承诺等可以接受正式分析的潜在举动，那么，必定能在传统形式的战略选择中，通过将初始博弈的收益矩阵扩展以便能对这些不同的举动进行选择，来表示这些举动。

首先要注意的是，一项任责、承诺或威胁能通常以某种等价形式描述如下：在做出这些举动中的一个时，参与人选择性地以"可见且不可撤销"的方式，削减了**他自己**在矩阵中的收益。这便是这些举动的真谛之所在。① 我们也可以说，行为者事先公开挑选一个"作为对对方选择之回应"的战略；但这里所要求的远不止是挑选问题。参与人必须针对他的失败——也就是，针对他没能随后去继续坚持其事先挑选的特定战略反应——提请一个惩罚；而对失于遵循某策略提请一个惩罚，在算术上等价于从自己所有的非预选相关单元格的收益中减去惩罚的数量。②

---

① 丹尼尔·埃尔斯博格（Daniel Ellsberg）——其一些有关战略学的工作被包括在本书第1章所提及的课程之中——独立地获致了有关威胁或任责的明确表达，也就是，在战略矩阵中选择性地削减某些行为者自己的收益。

② 威胁、承诺和无条件的任责已经做了例示说明；一个更一般性的"反应函数"将在下面张贴的矩阵中加以例示说明。假设行能够在除标有星号的单元格之外的所有自己的选择中贴附上足够的惩罚，他也就留给列一个简单的求最大化解的问题，列的解决方案是选择其第三个策略。行也将"赢得"其几乎是最偏爱的结果；特别是，行在给列留出不低于其"最小最大化"值的同时，为自己确保了最为有利的单元格。这也就是这类战略的一般化表述，简单的二维选项或三维选项能被明确为是"任责"、"威胁"、"承诺"或它们的组合。（进一步的概括还应该包括随机战略；这些将在第7章中予以介绍）。

	i	ii	iii	iv	v
i	6 1	10 11	2 10	9 2	7 10
ii	9 8	4* 12	0 25	1 20	15 3
iii	20 9	15 2	6* 16	1* 18	17 14
iv	2* 6	10 8	7 7	4 5	3* 20

特别地，在图 5-7 的 A 中，行可能任责自身于选择 ii，即通过从自己第一行（i 行）的结果中减去足够大的数量——例中所示为 5——从而使 ii 成为其绝对优势战略，所谓绝对优势战略也就是，不论列如何选择，行都将遵循的战略。结果将被调整为如图 5-7 中 B 矩阵所示（以惩罚 5 为基础，任责自身于选择 i，将得出图 5-7 中矩阵 C 所示的结果）。现在，我们是否能够建立一个更大的矩阵，不仅表达出如图 5-7A 所示初始博弈中行和列的切实选择；同时也能包括**任责、威胁、承诺**等战略呢？毫无疑问，是能够做到的，只要我们详细界定可用的举动，以及这些举动被采用的次序。假定在一个简单的博弈中，行有能力事先明显地任责自身，而列在**初始**博弈中先行选择，意即，在行进行**最终**的行选择（如图 5-7 中的 i 或 ii）之前，列已选择他的列选项（如图 5-7 中的 I 或 II）。

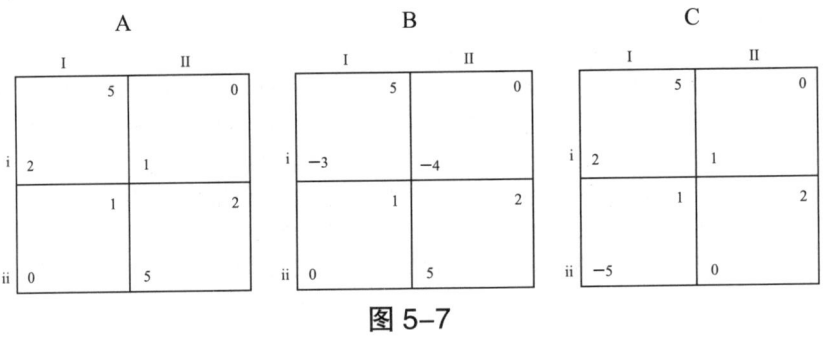

图 5-7

在初始博弈中，行做第二步选择，他有着 4 个策略。（1）无论列选什么，都选择 i；（2）无论列选什么，都选择 ii；（3）如果列选 I，则选 i，如果列选 II，则选 ii；（4）如果列选 I，则选 ii，如果列选 II，则选 i。在包含了任责的可能性时，行现在有了"**抢先任责自身**"这样一个选择；且对于每一个这样的抢先选择的选项，他都能够使其贴附于刚才提到的"作为其最终行动的四个策略"中的任意一个之上。比如说，(1) 他能任责自身于 ii，并无论如何都选择 ii；(2) 他能任责自身于 ii，并无论如何选择 i；(3) 他能任责自身于 ii，且对列的 I，选择 i，对列的 II，选择 ii；(4) 他能任责自身于 ii，且对列的 I，选择 ii，对列的 II，选择 i。总共加起来，他有着 12 个可能的策略结合排列。

列有着 8 个战略结合排列：对于权变性条件中的任意一个，他都有着两种行动，即选择 I 或 II；而三种权变性条件则为：(1) 行任责于 i，(2) 行任责于 ii，以及 (3) 行没有任何任责。

如果我们将这些策略以矩阵的形式列出，就能得到图 5-8。图 5-8 中 12×8 的矩阵代表一个默识("非合作")博弈，该博弈对应着有关初始博弈**该如何进行**的参与人的私人决策。例如，对列而言，8 个可用的可能策略，可以被看做是他给"随后将代其进行初始博弈的代理人"的 **8 套一清二楚的完整指示**；这里代理人的博弈方式是，根据行参与人事先是否以及如何任责自身，来决定选择列的选项中的具体哪一个。在此，两个参与人被假设默识性地来进行这样一个扩大了的博弈，这对任一参与人而言，都没有漏掉些什么，因为，原本可能每个参与人都需要的、对对方先行行为的**顺应**，现在都已经完全地在博弈的扩大版本中被其明确界定的策略所考虑到了，它们都**是**反应性或顺应性战略。

这一点已通过图 5-8 中的策略标记栏呈现出来。与之前一样，列在原初的两步骤博弈中的选择被标识为 I 和 II；行的选择为 i 和 ii。此外，记号 "2" 表示行任责于第 ii 行，"1" 表示行任责于第 i 行，"0" 则表示没有任责的决策。在扩大了的博弈中，列的单一"战略"现在由三对标记来表示，比如说，0-I，1-II，2-I，其意义是："选择列 I，如果行未作任责；选择列 II，如果行任责于行 i；选择列 I，如果行任责于 ii"。对行而言，每个战略由对 0、1 或 2 的选择，外加一对标记来表示他将如何对列的每个可能的选择作出反应。例如，"1；I-i，II-i"表示，"行任责于 i，然后无论列如何选择，都选择行 i"。在知道初始

		i	ii	iii	iv	v	vi	vii	viii
		0–I 1–I 2–I	0–I 1–I 2–II	0–I 1–II 2–I	0–I 1–II 2–II	0–II 1–I 2–I	0–II 1–I 2–II	0–II 1–II 2–I	0–II 1–II 2–II
i	0; I-i, II-i	2 \ 5	2 \ 5	2 \ 5	2 \ 5	1 \ 0	1 \ 0	1 \ 0	1 \ 0
ii	0; I-ii, II-ii	0 \ 1	0 \ 1	0 \ 1	0 \ 1	5 \ 2	5 \ 2	5 \ 2	5 \ 2
iii	0; I-i, II-ii	2 \ 5	2 \ 5	2 \ 5	2 \ 5	5 \ 2	5 \ 2	5 \ 2	5 \ 2
iv	0; I-ii, II-i	0 \ 1	0 \ 1	0 \ 1	0 \ 1	1 \ 0	1 \ 0	1 \ 0	1 \ 0
v	1; I-i, II-i	2 \ 5	2 \ 5	1 \ 0	1 \ 0	2 \ 5	2 \ 5	1 \ 0	1 \ 0
vi	1; I-ii, II-ii	−5 \ 1	−5 \ 1	0 \ 2	0 \ 2	−5 \ 1	−5 \ 1	0 \ 2	0 \ 2
vii	1; I-i, II-ii	2 \ 5	2 \ 5	0 \ 2	0 \ 2	2 \ 5	2 \ 5	0 \ 2	0 \ 2
viii	1; I-ii, II-i	−5 \ 1	−5 \ 1	1 \ 0	1 \ 0	−5 \ 1	−5 \ 1	1 \ 0	1 \ 0
ix	2; I-i, II-i	−3 \ 5	−4 \ 0	−3 \ 5	−4 \ 0	−3 \ 5	−4 \ 0	−3 \ 5	−4 \ 0
x	2; I-ii, II-ii	0 \ 1	5 \ 2	0 \ 1	5 \ 2	0 \ 1	5 \ 2	0 \ 1	5 \ 2
xi	2; I-i, II-ii	−3 \ 5	5 \ 2	−3 \ 5	5 \ 2	−3 \ 5	5 \ 2	−3 \ 5	5 \ 2
xii	2; I-ii, II-i	0 \ 1	−4 \ 0	0 \ 1	−4 \ 0	0 \ 1	−4 \ 0	0 \ 1	−4 \ 0

图 5-8

博弈（图 5-7A）中收益的情况下，参与人也就能够确定在扩大的博弈（图 5-8）中的收益。现在，我们可以想像行和列，不是在初始博弈中相会来进行游戏，而是派出他们的代理人来开展游戏，每个代理人都获得了完全的指示来应对所有的权变性情况（一个权变性情况，也就是给定扩大的博弈中一个特定的战略）。在决定给出何种指示的时候，行和列考虑的是图 5-8 中的矩阵；实际上，他们是在这一矩阵中进行默识博弈，其给他们的代理人提供的角色只不过是信使而已。

在这个扩大了的默识博弈中"解"是什么呢？或者毋宁说，"我们能在初始的博弈中明确一个明显的解吗？而，如果能的话，它怎么在扩大的矩阵中呈现出来？"初始博弈对理性的参与人明显是有解的。（A）如果行任责于 i，且不履责将接受的惩罚为 5，那么列可以看到无论自己怎么选择，行都会选择行 i；列也就会在上行中选择他偏好的左上角的单元格，得到的结果为（i，I）。而行也知道，如果他任责自身于行i，他将在左上角的单元格中获得其收益为2。(B) 如果，相反，行任责于行ii（在其行i的相关收益中减去5），列尽管倾向于I，却仍会选择II；而行知道他将得到的收益为5。最后（C）如果行维持为未作任责的状态，列知道行将会在其选择的列中选取最高的行收益；也就是，如果列选择I，行将选择i，列将得到的收益为5；如果列选择II，行将选择ii，列的收益为2。列倾向于选择I；这给行带来的收益为2；而行能够预测到这一点。于是，行的最佳结果是行任责自身于行ii。这是一个明显的"解"；其得到的收益为$[_5 \ ^2]$，而其对应的战略，对行而言是"2；I-ii，II-ii"，对列而言是所有4个包含"2-II"策略。（一旦行抢先做出他的举动的话，列在0和1的权变性条件下如何选择是没有实质性结果的。）这些就是图5-8中第x行中标有星号的单元格。（事实上，在图5-7所示的三个不同的两步骤博弈A、B、C中，行的第一个举动是选择具体进行A、B、C哪个博弈，在这个博弈中他掌握了第二步行动的权利。）

我们如何描画在图5-8中表示为"解"的4个单元格，或4对战略组合呢？它们在这样的意义上构成为一个解，它被称作"完全弱意义解（solution in the complete weak sense）"[①] 该解可以通过在放大的矩阵框架中剔除"劣"（dominated）行或战略的过程来获得。某行劣于另一行，指的是：占优行的收益相对于行参与人来说都至少与"劣"行的相应收益一样好，且至少有一个收益要更好。根据这一准则，第一行要劣于第三行，于是我们将其剔除。（其论据是，行可以放心地消除第一行所体现的战略，因为第三行在每个情况下都至少与之一样好，在某些情况下还更好。）第二行和第四行也同样要被剔除；剩下的行中，除第十行外都可剔除。第三行和第十行，谁也不能完全优于谁，我们暂时将两者都留下。比较列可知，没有单独的一列完全优于另一

[①] 请参阅卢斯和雷法，第106-109页。

列；但是既然除了第三行和第十行（值得探讨的是，可能行未必会选择这两行）之外，其他行都被剔除了，列可以将其比较限定在第三行和第十行中各单元格的列收益之间进行。现在很显然，第二列优于第一列、第三列、第五列和第七列。将这些第三、十行的"劣"列剔除之后，我们再来看行 iii 和行 x。原来两行谁也不优于谁；现在，随着第一、三、五、七列的剔除，第十行也就优于第三行了。剔除第三行，我们也就只留下了一个单独的行，也就是行 x，其与四个列相交。四个交叉单元格的收益相同，这表明只要行选择第十行，列在这四个战略之中具体选择哪一个无关紧要。（这就是说，一旦正如列参与人所预期的那样行参与人任责自身于初始 2×2 矩阵——也就是图 5-7A——的第二行，那么，考虑到前两种权变性条件没有出现，列据此给他的代理人的指示之不同不会带来结果的任何差异。）①

---

① 值得注意的是，我们剔除那些应该剔除的行和列的顺序，会影响"解"的形式。按正文中罗列的程序，我们首先剔除除第三行和第十行之外的所有行；然后观察列 I、III、V 以及 VII，发现它们是应该剔除的，也就剔除之；在这时，行 iii 被认为是"劣"的，它也就被剔除了；这样，我们就留下了行 x，与四个列相交叉，最后给行带来了相同的收益。但是，我们也许需要注意，当我们在剔除那四列的时候，在该阶段，还有两列也是可被剔除掉的，也就是列 VI 和列 VIII，因为这二者，**在行是 iii 时**，其（列的）收益是劣于列 II 和 IV 的。换句话说，在进程的这个阶段，行 iii 和列 VI 和 VIII 都是值得剔除的；但是如果我们人为地先删除行 iii，**然后**再前去删列，就会发现我们要删的那两列不再是"劣"的了。这样，在这个意义上，我们的"解"内容有赖于我们对进程的人为选择；显然，我们是留下有着相同收益的两个单元格，还是留下有着相同收益的四个单元格，取决于人为选择究竟为何。而，收益在两种情况下都是相同的。其原理可能是，在某阶段，列明白自己没有必要作进一步的推理，即：行有着一个明显"劣"的选择，这使得列是否进一步明确和限制自己的选择变得无关紧要；但是，列感知到这些的确切时点，以及当他感知到这些时，哪些列会留置不删，一定程度上取决于在其推理进程中，他追求的是哪几个备选项。（如果在缩小其选择范围时存在沟通成本，那么列可能仅粗略地选择战略 2-II，而不去明确：针对行的战略 0 或 1，该回应以什么样的选择，也就可以了。而，如果考虑相反的情形，这里行的战略存在被错误记录或传达，或者非明智地选择的风险，那么，列也就会通过明确 0-I 来降低他的风险。在后一种情况下，他事实上威胁了行 iii，就像其全然不是要——尽管其事实上是——劣于行 x 那样。而如果对该问题做进一步考虑，设他怀疑裁判倾向于在行事实上选择了其他行时，将其误听成"行 v"，列也就会进一步将自己的选择缩小为 0-I、1-I、2-II，"解"为 x 行和 II 列的交叉点，因为行 v 和列 IV 的交叉单元格收益要劣于 v 和 II 相交时的收益，这也就给了他基础去更进一步精炼他的选择。一般而言，通过

这样，通过这种方式，初始**依次行动博弈（序贯博弈）**的解，也就表现在了一个静态（"无行动"或同时进行默识性选择的）博弈中。该解的获得，是通过剔除劣战略来实现的，其对应的占优战略的标准是：在每个阶段都没有被剔除的战略。这看来是扩展的默识博弈（它对应着某个序贯博弈，且该博弈有着确定的解）的一般化的求解模式。对于行和列的剔除，事实上可以被明确为是这样一个逆向求解过程：首先对所有可能的先占行动，计算理性的**最后一步行动**，这样，也就知道了什么样的最后一步行动将紧随在倒数第二步行动之后；再针对所有可能的先占行动集，计算最佳的倒数第二步行动；如此类推，直至找到博弈最佳的第一个行动。

尽管懂得诸如威胁、任责和承诺的策略如何能够被吸纳进一个扩大的、抽象的"超级博弈"（有着所谓"正常形式"的博弈）之中，是富有教益且能带来智力上的满足感的，但是，还是需要强调：通过研究已是处在正常形式中的博弈，我们并不能学到有关这些策略的任何东西。一旦博弈被装入到正常形式之中，我们的研究对象，也就是说，这些策略连同它们所依赖的沟通和实施结构，以及举动的时机，也都同时消逝不见了。我们所向往的理论，须能对构成博弈行动结构的一般要素进行系统化研究，而过于抽象的模型将弄丢这些要素。①

贴附不同类型错误的风险——或不同方式的不同成本——于策略明确的过程，某种更为丰富的问题也就出现了，它可能导向不同的结论。第 7 章和第 9 章将要处理的问题，涉及一定形式的随机行为、错误或信息误报，就能产生这种类型的结果。）

① 值得一提的是，将一个特定的博弈铸成超级博弈矩阵的形式，通常并不是一个可行的分析技巧；即使是对于一个非常简单的博弈，一经转换，其行和列的数目（也就是说，序贯行动策略的数量）也可能成为一个天文数字。例如，考虑一个 3×3 的、让列先选的矩阵；给行增加一个先行举动的机会，任责自身于一个部分地或完全地明确界定的反应战略；最后，为了研究对威胁的"防御"之道，准许列拥有一个更早的机会任责其选择某列。也就是说，如果他高兴的话，列能抢先无条件地任责自身；行可随后能根据其愿意的任何方式有条件地任责自身；然后，列选择一个列，而行选择一个行。让我们不要因限制惩罚的规模，或插入任何不确定性或不完全的沟通体系，而使博弈变得更为复杂。这样一个"简单"的博弈，在其扩展形式下分析起来并不是特别困难，但，其超级博弈矩阵却被证明会超过"googol"（1 的后面跟着 100 个零）个列。

然而，一个序贯博弈的矩阵式表达，的确有助于强调一点，即：由策略性举动所决定的博弈的形式"确定性"，并不会削弱它们的核心博弈战略特征。一个威胁"赢得"并决定某个结果，只是因为它引导着对方做出对"我"有利的选择。对方仍保留着他的初始选择自由；而且他的选择仍然依赖于他对威胁方最终选择的预期。而，这样一来，威胁方的第一个选择（威胁还是不威胁）也就依赖于他预期被威胁方预期威胁方将怎么做的预期。博弈的预期相互性特征得以保持；于是，威胁，类似于无条件的任责，或类似于"当许多行为选择均可用时，更广泛的'反应函数'概念"，也就开始发挥作用了——通过控制自己的意图，来限制另一个博弈参与人的预期。

战略优势的悖论

当然，这里有一个推论性原则，即，如果收益矩阵在一开始就已经对参与人中的一方展现出某种削减之后的数值模式，恰如其在取胜"举动"中人为削减的那样，那么，他无须公然做出该举动，也能简简单单地取得胜利。（这一点，以图表的形式，已经在第 2 章的最后一段做了例示说明，并被指涉为是这样一个原则的抽象例子，该原则即，在谈判中，守弱可成图强之道。）可能没有一个单独的博弈论原则，能够像这样一个原则这般集中地体现混合动机博弈的本质，即对于一个特定的参与人而言，部分或甚至是全部"潜在结果"的恶化，以及它们中任何一个结果都没有改善的情况，可能会明显地——甚至是戏剧性地——成为这个处于极端不利条件下的参与人的优势。它解释了为什么对面临敲诈时的**付款行为**进行充分严厉而明确的惩罚，有助于保护潜在的受害人；为什么面对敌人，烧掉身后的桥梁，背水一战，能够震慑敌人，导致敌人的退却；以及为什么一个女子，在其妙龄时代，会通过将搜查方要找的东西昂然地放到自己的胸部去，以示对抗。①

据非官方的报道，朝鲜战争期间，财政部冻结了共产主义中国的金融资产，它还机警地冻结了一些非共产主义的资产，以此作为一种手段，来让这些资产的主人免于使其仍在中国的亲属受到敲诈式威胁的后果。十分类似地，就置身美国的资产主人而言，对于向共产主义中国转移资金的充分的罚款，增强了他们抵制敲诈的可行能力。故意地将行为者自己的财产以一种难于逃避法律监督的形式保存，或游说当权者对自己资金的非法转移施以更加严厉的惩罚，或甚至让自己短期性地获得一个共产主义同情者的名声②以便名下的资金被冻结住，

---

① 它同样能够解释为什么一个"规避可能给对方带来损失的选项"的"承诺"，不一定会是对方所乐意见到的。一个**准许**对方安稳地做出特定选择的承诺，会让我们确信他**能**做到这一点，这样，我们就会期望于它，并做出某种占先的、对其不利的选择。由此类推，选择性地在对方的收益中**增加**——如果我们有手段来做这样一种增加的话——价值，能够绝对地恶化其地位。在下面贴附的矩阵中，假设行先做出某种举动，行能够在牺牲列的利益的基础之上"获胜"，赢得 7 个收益 [即，下面右图新结果（i，II）中的收益 8 减去下面左图原均衡结果（ii，I）中的收益 1，也就是 8-1=7。——译者]——如果行向列单方面承诺，一旦出现结果（i，II），他将从自己所赢得的收益中支付给列一部分的话。本例中，如果他承诺支付给列 2 单位的收益，他能获得的收益为 8；列得到的是 3；否则，如果没有承诺的补偿，行不会选择 i，其结果将会是（ii，I），其收益行、列各为 1 和 10。列当然希望行不能任责自身于授予其"恩惠"。[如果敲诈勒索者无法降低其索求达到"索要的金额加上支付该金额的费用小于其威胁所指向的损失"这样一种水平，他最好就是给受害人（被敲诈者）提供一定的资金回馈。这就保证了被敲诈者对新的威胁做出反应；如此一来，威胁也就能够以不利于受害人的形式被做出了。]

	I	II			I	II
i	2　　1 0　　10		转化为	i	2　　3 0　　8	
ii	10　　0 1　　2			ii	10　　0 1　　2	

② 二战后的冷战时期里，美国对所谓"共产主义同情者"防范得颇为厉害。这一点，可以在电影《夺宝奇兵 4：水晶骷髅头》中得见一斑。——译注

所有这些对潜在受害人而言都是一种标识性策略，它抢先劝阻了敲诈式威胁的发生。

同样的原则在《旧金山和约》①的第 26 条②中也有所体现，该条款给了美国某种索取权——如果日本随后在疆土问题上向其他力量（或某国家）做出更有利的让步的话。在 1956 年，当日本被报道迫于苏联的压力，需要额外地做出领土让步时，美国国务卿约翰·福斯特·杜勒斯在其新闻发布会上明显地叙述了和平条约的该款内容，并说他最近已经"提醒日本该条款的存在"。③ 其明显的意图是强化日本对苏联的抵抗力；它也可能被预设为是：凭借其新闻发布会的媒体向苏联"提醒"同样的条款，这样，杜勒斯颇有助益地向日本提供了那个令人耳熟能详的谈判说辞，"如果我为你这么做了，我将不得不为每个人都这么去做"。这也就是，用前面的术语来说，给了日本一个"任责"，它因为将被美国等责罚以一定的权利损失而获得了确证。（悖谬的是，除非——在该策略失败时——美国有强大的动力去充分利用其索取权，否则，美国无法给日本提供这一谈判妙计的好处。）④

---

① 原文为"Japanese peace treaty"，即 1951 年 9 月 8 日在美国旧金山签署、1952 年 4 月 28 日开始生效的《旧金山对日和平条约》。由不包括苏联的四十八国与日本签署的一项和约。——译注

② 该条款中，谢林所指的部分是："……Should Japan make a peace settlement or war claims settlement with any State granting that State greater advantages than those provided by the present Treaty, those same advantages shall be extended to the parties to the present Treaty."意即："若日本与任一国家签订和平协议或战争诉求条约，并赋予该国优于本条约所定之权利，此优惠权利应自动扩及本条约所有签署国。"——译注

③ 美国国务卿杜勒斯在其新闻发布会上的讲话，《纽约时报》，1956 年 8 月 29 日，第 4 页。

④ 行动者的地位能够惨痛地被新的法定权力所削弱的道理，可以深刻地在反对合法化安乐死（这种合法化也就是准许救治无望者拥有让自己逝去的决断权）的一个主张中揭示出来："这对于这样一些老人……会产生什么影响呢？——他们因年迈而体弱，早就在怀疑周围的人们试图抛弃他们了。"（参见约翰·比万"病人生—死的权利"，《纽约时报杂志》，1959 年，8 月 9 日，第 14、21–22 页。）

"战略举动"

如果战略型博弈的本质是,将每个人的恰当的行为选择建立在其预期对方将做什么的基础之上,那么,将"战略举动"界定如下将会是有用的:一个战略举动是指这样一种行为,通过影响对方对于"我方"将如何行为的预期,它以一种对自己有利的方式,影响了对方的选择。行为者通过限制自己的行为,约束了其博弈伙伴(对手)的选择。其目标是为自己建立起一个行为模式(包括有条件地对对方的行为作出反应),并将其令人信服地传达给对方;这样也就给对方留下了一个简单的最大化问题,其对他而言的"解",对"我方"自身而言也是最优的,同时还要摧毁对方采取"我"上述同样行为的能力。

可能没有比这样一种对照更显著的了:相较于完全冲突(零和)博弈,在混合动机博弈中,行为者使自己的战略让对手找到并领会和赏识的重要性。而对零和博弈之精神的把握,也没有比这一点更为准确的了:使用的决策模式千万"不能被找到"以及要保证其出乎对方的推测与预料之外。① 对于概括混合动机博弈的战略行为而言,没有比"能采纳一种对方视其为当然的行为模式将别具优势"更好的了。

当然,在零和博弈中,如能使对方坚定地相信"我方"游戏的特定模式,也将会是有益的,但只有是在该种"相信"构成一种错误时,方才如此。而,在混合博弈中,行为者如已成功地"沿着一种预期其将获胜的路线"约束了自己的行为,他就乐于将这种关于自身行为的真相传达出去。

混合动机博弈的另外一个悖论是,对于一个参与人而言,其真正

---

① 关于这一点,冯·诺依曼和摩根斯坦说(第147页):"我们将行为者的策略能够被对方所找到的危险性放在绝对中心的位置来加以考虑。"

的无知，如果能够被对手认识到并予以考虑，则能成为一个优势。这样的悖论，既可能存在于协调问题之中，也可能存在于避免威胁的问题之中，在零和博弈中却没有它的对应之物。而同样地，在由有着完全信息的理性参与人进行的零和博弈中，先行行动（去进行冯·诺依曼和摩根斯坦所谓的"弱控制博弈"）从来就不会成为一种优势。但在混合动机博弈中，先行行动是肯定能带来优势的。

第 6 章　博弈论与实验研究

前面的探讨就谈判博弈研究的恰当方法，提出了几个结论。其一为，收益函数的数学结构不应被允许主导这种分析研究。其二为，某种程度上更普遍而言，过度抽象是危险的：因为，当我们（1）大大地改变背景性细节的数量时，或当我们（2）消除诸如参与人对彼此价值系统的不确定性之类的复杂要素时，我们也就改变了博弈的特性。通常正是背景性细节能够引导参与人去发现稳定的，或至少是，对双方无损的结果。用前面的例子来说，福尔摩斯和莫里亚蒂在同一个车站下车，所依赖的可能并非是其正式结构，而是问题中某些事项的呈现。这些事项或者存在于火车上或者存在于火车站，或者存在于双方共同的经验背景，或者是——当火车停车时——他们从高音喇叭播音中共同听到的某种讯息；此外，尽管就"究竟是什么满足了双方合作的需求"得出科学的概括可能是困难的，但是我们必须认识到：这些决定了结果的**各类**事项，可能恰好被一个高度抽象的分析处理成无关紧要的琐碎细节。

结论之三为，在混合动机博弈研究中某些**核心**的部分必须是经验性的；这一结论在沟通设备缺乏完美性时，尤其是在结果依赖于一系列举动或运作时，是特别恰当的；因为在此，对双方而言，彼此价值系统或战略选择存在内在的不确定性。这并不意味着说，人们如何切实地进行混合动机博弈——特别是博弈对智力操控而言太过复杂的话——只是一个经验性问题。一个更稳妥的陈述是：与**成功**游戏相关的原则、**战略性**原则和**规范性**理论的建议，是无法通过纯分析性手段从先验性思考中获致的。

在零和博弈中，分析者真正处理的只是单一的意识中心，单一的决策源。诚然，这里存在着两个博弈参与人，每个人都有他自己的意识；但是最小最大策略将这一局势转变成了涉及两个在本质上是单边性的决策问题。两个参与人之间不需要任何认知火花的跳跃；无须思想的撞击；无须暗示的传达；无须必定要予以比较的印象、想像或理解。他们之间也不涉及感知的社会性。但是，在混合动机博弈中，两个或多个意识中心以一种必要的形式彼此相依。某些事项必须进行沟通；至少某种认知火花必须在参与人之间传递。总体而言，某种社会行为——无论它是多么的初步或隐性——是必要的；而且两个参与人都一定程度上依赖于他们的社会认知和互动的成效。甚至是两个完全隔离的个体，他们以绝对无声的方式进行博弈，同时不知道彼此的身份，也必须默识性地达成某种心灵的相会。

由此，无论是基于内省还是通过公理推导法，分析者都无法再造整个决策过程。对于两个或多个决策单元的互动，分析者也无法通过纯形式的推导，来获致这些决策单元的行为和预期。是的，分析者能够推导出单个理性头脑的决策是什么，如果他知道支配该决策的标准的话；但是，他却无法通过纯形式分析，推断出在两个意识中心之间会传达些什么。这些推断的验证需要至少两个人才行。（两个分析者或许能做到这一点，但是前提是他们需要将自身视作实验的主体。）**领会某个暗示**在本质上不同于解读正式沟通行为或解决某个数学难题；它涉及发现某个讯息，该讯息由某个人，某个自认其与讯息接收者共享着一定印象或联想的人，植入了某个背景之中。在没有经验证据的情况下，一个人无法推断人们会对"一个非零和博弈的谋划与运作"得出什么样的领悟；这就好比一个人不能根据纯形式的推断，来证明一个笑话必定好笑一样。

举例来说，如果两个人看到同一片墨迹，假设他们都力图、并知道对方也力图彼此协同一致，他们能否就此墨迹明确出同样的图案或道出其所包含的一致的暗示呢？问题的答案只能通过试一试才能知道。而，如果他们能做到这一点，他们也就能够做某种任何**纯形式**博弈理论都不能加以考察的事情；而且，他们能做得比纯推论性博弈理论所预测的情况要**更好一些**。此外，如果他们能做得更好的话，即如果他们能超越纯形式博弈论的局限性的话，则，即便是规范性、说明性的战略理论，也无法奠基于纯形式分析之上。无论是规范性理论还是说明性理论，都不能建立在理性的参与人**无**能力进行某种——比如"根据暗示采取行动"之类——智力活动的假设之上；值得在经验上加以追问的是：博弈参与人是否能，共同地或独自地，在实际行为中做得比纯形式博弈论所预测的要好，进而由此忽略该理论所产生的战略原则？①

---

① 有关博弈战略的沟通感知部分的一个很好的实验性例子是弗勒德所汇报的一个实验，在此，他给了他的参与人一个 2×2 的非零和矩阵，并就此展开 100 轮连续的默识游戏。该矩阵的特别之处在于，对于每轮游戏，参与人双方只能协同于某个特定单元格才能获胜；但是，这 100 轮游戏序列的奖金的分配，则要求他们必须基于某种模式协同起来去在两个或多个"对两个参与人而言有利程度不一样的"其他单元格中进行交替性的选择。就对所探求的奖金分配和获致该分配的交替性游戏模式的协同进行磋商的唯一手段，有赖于在游戏推进的过程中，观察他们切实地做出的选择。对参与人双方而言，这个"沟通"阶段，以及任何随后的阶段（只要在该阶段一个参与人偏离了默识赞同的模式去"偷鸡"，将必然遭受到报复性模式的惩罚）代价都是高昂的，因为一个非协调性选择意味着丧失获取奖金的机会。参见弗勒德，"一些实验性博弈"，《管理科学》，第 5 期，第 5-26 页，1958 年 10 月。

如何有效地传达一个建议以及如何解释对方游戏模式中暗含的建议，这个问题明显依赖于对模式共享意义的某种共同感知力——基于展现出来的碎片或迹象来完成某种模式的共同认知能力；该过程与前面脚注中提到的格式塔心理学所涉及的实验过程并无不同。而且，当着沟通的纯形式理论可能导出（理性参与人应该获致的）沟通"效率"的某种最低标准时，参与人能否做得比这更好则是个经验性问题。行为者能够多好地领会暗示以及什么样的暗示最容易被理解，完全是有关社会认知的经验性问题，可能是适于用实验来加以研究的。（同样的问题在两人竞拍中也会出现：如果他们认识到彼此竞拍将导致双方都亏钱，于是他们也就试着以"不留任何明显串谋证据的形式"协同于某种有来有往的模式，轮流地在竞价中弃权，这样他们也就都省了钱，并且分配了节省的资金以及竞拍的机会。）

再一次，应该强调，在零和博弈中这种考虑没有冒出来的原因是：（1）任何这种形式的社会互动，无法同时对两个参与人都有利；以及（2）理性的参与人中至少有一个可能既有动机又有能力去摧毁所有的社会沟通。但在非零和博弈中，只要事实上是有效率的可能结果存在任何初始的不确定性，以及双方认为需要协调一致以获取某个有效率的结果，一个理性的参与人也就不能基于自我防御，自绝于社会进程之外；如果完全的无线电静寂会导致有效率的合作不再可能的话，行为者也就不会为避免自己"受缚于所听到的内容"，而关掉他的助听设备。信件一旦投递，理性的接收者也就不会不去拆封，因为对方可能已经假定他将打开它，并据此采取相应的行为。

此时此刻，问题就来了：博弈-理论是该分支出来不受限制地追踪整个社会心理领域，还是导向一个狭隘的、更受限制的、特别投缘于传统博弈论的范围？在混合动机博弈中是否存在某种有关合作行为的普遍性命题，能够被实验或观察所发现，并对洞察谈判局势的整个经验世界具有广泛的适用性？尽管成功无法确保，可以肯定的是，这其中某些研究领域是颇有前景的；而且，即使我们不能找到一些普遍性命题，我们至少可以经验性地否证某些被广为接受的判断。的确，从实验的角度来看，博弈论还远未发展起来。

设想一个类似于前面提到过的博弈——包括前述在地图上移动筹码的活动，或修正的、非零和的国际象棋游戏。这类博弈能以"有限战争"为代表；通过成功地回避两败俱伤的战略，双方都能够有所收益。在此，总有某个博弈能表明，博弈双方避免两败俱伤的能力恰恰取决于：博弈附带性细节提供了何种成功地协调意图的**手段**；它们包括诸如这样一些事项：地图或游戏盘面的结构，各部分的具有暗示性的名字，与博弈相伴的传统和先例，以及在博弈开始之前输灌于参与人头脑之中的脚本或含蓄的背景。如果我们假设在某个时刻，构成一个这类可玩游戏的技术性困难已经被克服了，此时，也就值得去考虑我们应试图探讨何种问题的方法，以及我们该去验证哪些假设。

这类问题之一可能是这样的：大体而言，当下面的条件出现时，参与人能否更成功地找到一个有效的解，也就是说，彼此无损的解？（1）准许进行完全或接近于完全的沟通，或（2）不准沟通或在实质上未被允许任何形式的沟通（这不同于通过行为本身来传达信息的情形），或（3）沟通是不对称的，一方能更多地发出讯息，而不是更多地接收讯息。对于该问题，诚然不能保证会出现一个放之四海皆准的答案；但，对于沟通的作用，一些颇为普遍有效的命题还是能够很好地被揭示出来的。该问题的重大意义可以在最近的这样一个有限战争的争论中得到证实：在（1）如果双方有着很好的沟通，或（2）如果一方或另一方能事先发表单方面的声明，或（3）如果交战双方之间实质上并无明显沟通时，是否会增加使战争受到约束的可能性？①

另一组也是有关于国际性或其他类型的有限战争的问题是：在什么情况下，博弈更有可能实现明确、有效的结果？是双方对博弈的含义（即明显地贴附于谈判盘面上各举动、棋子和对象的名称与解释）熟悉且可辨时，还是当它们都过于新奇、陌生，而不倾向于令双方引发同样的观念时？如果以一种特别宽泛的形式来谈及这类博弈的话，理性参与人是更可能在东南亚让使用传统武器或核武器的战争受到限制呢？还是更可能在月球表面使一场针对未知敌人的使用奇特细菌武器的战争受到限制？这些都是非常重要的问题；它们处在博弈理论的非常核心的位置；而且，如果没有实验或经验的证据，谁也无法满怀信心地予以解答。的确，毫无疑问，理性的参与人具有足够的智慧超

---

① 为了排除任何可能的误解，需要在此强调：笔者并不认为有限战争能在实验室中模拟出来，或者虑及限制过程和方法的实验结果可以直接被转用于外部现实世界。笔者所描述的这类实验属于"基础研究"的主题范畴。它主要涉及问题的认知和沟通方面，而非动机方面——除非是动机影响到了社会认知。但是，这类研究的结果获得切实运用的可能性，将因如下观察而加强，即，比如说，许多最近有关有限战争中沟通作用的理论推断，或最倾向于会被观察到的限制类型的理论提炼等，看来只能基于某种经验博弈，某种通过内省展开的"隐喻性的经验博弈"。

越并忽略这些博弈细节；不过，这些细节的重要性在于，它们对两个参与人而言都是极其有用的，并且理性参与人知道，他们在相互适应的过程中，需要以这些细节作为支撑。

与在两个很不相同的博弈参与人之间发生的博弈相比，两个具有共同文化背景和相似个性的参与人是否更容易达成稳定、有效的结果呢？假设两个博弈参与人都是经验丰富的老手，或都是新手，或一个老手和一个新手，那么，哪种情况更容易找到一个稳定、有效的解呢？对于一个老手和一个新手的情形，谁会更有优势一些呢？

在这类博弈中，开局时的行动有多重要？如果稳定的行为模式，即"博弈规则"，没有在博弈初期被发现，那么它们最终将会被找到吗？如果存在这么两种情况：（1）每个参与人的信条都是，先进行"严格"的规则或高度"限制性"的武器和谋略使用，然后再根据时机之需要略作放松；或者（2）每个参与人都在博弈一开始就为自己设置宽松的限制条件，以免随后规则松弛之陋习，那么，哪一种情况更容易实现共赢呢？

在这类博弈中"调解人"将产生多大的影响？何种类型的调解角色是最有效的？如果调解人有着自身重大利益寓于博弈结果之中，它是有助于当事的博弈双方，还是会妨碍他们？调解人可以在多大程度上偏向其中的一个参与人、而仍能增加获得稳定、有效结果的可能性？

在这类博弈中，如果参与人能够依次地就诸如下面的这些问题为自己和对方打分，那一定很有趣。诸如，谁在其中表现得更具攻击性，或谁更具合作性，以及各方认为何种"规则"是有效的，并认为对方也认为是有效的？谁在双边的意义上（它又提醒我们，双方对彼此价值系统在本质上的无知，使得这其中总是存在意义诠释问题）"获胜"了？什么时候博弈到达了"关键"转折点，或什么时候策略上的"创新"会被引入，或什么时候对方特定的举动将被诠释为"报复"或新的倡议？

由于"报复法则"在核心本质上具有**是非伦理性**；由于在任何形

式的"有限战争"中，共同认可的约束条件根本性地奠基于双方某种（心理性和社会性地）类似于**传统**的因素；以及由于已经接纳的是非伦理和传统原则通常完全不足以应对迫在眉睫的博弈（比如说，在欧洲已经实现了核战争限制的时候，美苏两国却取得了进行核报复的资格；或在最近并未经历过种族暴力的地区，发生了基础文法学校的爆炸事件；或在特定的行业引入某种新形式的非价格竞争），由于上述原因，看来博弈论的经验部分需要引入类似穆扎菲·谢里夫（Muzafer Sheriff）的实验研究。谢里夫发现，如果实验室的评判者没有提供规范，那么，它们会被实验主体所创造；而当被创造的规范是针对处于同一过程的双方而言时，那么，每方对规范的发展（挥）会影响对方的规范发展（挥）。这里存在一个真正的有关**价值**的学习过程；每一方都在调整、型塑自己的价值系统以适应对方的价值系统。当可用"客观"标准的供应不足以促成一套完整的规范时，也就是说，当博弈处在"不明确"状态时，某种类型的规范必须被发展起来，被共同理解，并被接受；行为和反应的模式必须被"合法化"。① 通过一种差不多是无意识的合作方式，敌对的双方必须就如下问题的定义达成共识：即，是什么构成了一项创新、一个挑衅或独断性举动，或者一种合作性姿态；当破坏规则的行为发生时，他们还必须就这种罪行发展出某种合适的共同规范予以反击。②

---

① 一个在实践中创造规范的绝佳的案例（该案例同时还暗示了某种可行性分析进程）是，在1957年有关裁军讨论中被相当广泛地接纳的一种观念，即：任何各方最终一致同意的检查地区，必须选自以北极为尖顶的一系列扇形区域中的某一个。

② 作为博弈理论者，我们可能会希望，在与博弈论相关的、仍"被设定为是个**战略**理论而非全部冲突行为论域"的实验心理学和其他社会心理学之间，划一条清晰的界限。但是，在事先，该线究竟应该划在何处是不清楚的。例如，"敌意"可能会被视为情绪性或喜怒无常性因素，最好能被排除在博弈理论之外；但是，如果在博弈中一个参与人的敌意，明显地约束了他感知对手行为意图的能力，那么这种敌意也就成了"沟通结构"的一部分。多伊奇（Deutsch）所做的一个实验可以很好地用来说明这一点。他让敌对的参与人连续两轮默识性地进行一个（以矩阵形式表述的）非零和博弈，该博弈给双方都提供了"合作"与"非合作"两种选择。以"不合作"选择应对

例如，某个"情境"可能将参与人中的一方定位为"入侵者"；或者它可能给出由其他参与人在之前玩同样的几轮博弈游戏中所得出的结果；或者它可能会给出某种背景性故事，以趋向于明确某种特定的盘面势力分割线，某种契合于其"起始""现状"的分割线；又或者，它可能会将某个博弈参与人的道德诉求与博弈盘面的某个特定部分连接起来。这些背景性资料不会影响博弈的逻辑或数理结构；它们除了"具有仅供参考的作用"之外，倾向于没有其他的强制力。再一次，行为者可以将博弈盘面按某种方式设置起来，使得在第一轮游戏中，其相当于处在"同样博弈已被此前两个另外的参与人玩过"的进程当中，同时，来看博弈的结果是否会因为告知参与人"此前博弈的开局是什么"而受到影响。如果参与人倾向于根据他们最初所领会到的博弈的静态结构，来发展"规范"，那么，通过以一种完全"非权威"的方式提供一个背景性故事（如果该故事暗示性地预示了某种其他假定的起始点）可能就能扭曲这些"规范"。①

应该同样有趣的是，看每个参与人是否真的能辨别——当对方是在"考验"其意志，"冒险刺激"他，等等时——对方的真实意图；而且，对这样一个过程进行研究也是可能的：通过该过程，特定的遭遇被赋予了象征意义，这使每个参与人认识到，以在博弈的特定时点约束自己的方式，他是在确立其角色和声誉。

看来可允许分析的这类博弈的另一个维度是，涉及双方行为或价值系统的**渐进主义**（incrementalism）的重要性。比如说，假设存在一

对方"合作"选择的人，可以有机会在第二轮中对于一个合作性的暗示作出回应。但是，"如果他们对他人选择的预期没有被证实时，他们倾向于将他人的选择诠释为是其漠不关心和冷淡的结果，或者其就博弈'应该'如何进行缺乏最基本的理解……在这样的小组中，对他人选择的认识，由于其被赋予了意义，便会倾向于强化先前的、有关他人行为意图的负面情绪。"参见莫顿·多伊奇，《条件影响合作》，人类关系研究中心，纽约大学，1957年。（基于该专著的一篇文章——未包含此处所引之观点——为"信任与怀疑"，见于《冲突解决杂志》，第 2 期，第 265–279 页，1958 年 12 月。）

① 第 3 章中描述的所得税问题表明了建议权的力量。

个涉及在盘面上移动棋子或在某种地形上移动军队的博弈。如果参与人轮番行动，每次每人只能移动一子（或一支部队）于一个方格或区域，那么博弈将一步步以缓慢的渐增方式推进；在游戏推进过程中，盘面中的局势可能会风云变幻，但是这种风云变幻是通过连续的、细微的渐变来实现的，而这种渐变能够被观察、被领会并被适应；同时，也有大量时间来观察和适应个体参与人所犯下的错误，或两人犯下的、可能摧毁双方价值的共同错误；并在随后的游戏中避免它们。如果沟通是可能的，那么，参与人也就有机会来进行口头的讨价还价，并避免招致两败俱伤的举动。但是，假设每次可以移动数子或数支部队于任意方向、任意距离，并且规则使得任何敌对性碰撞给一方或双方所带来的结果是灾难性的。现在，博弈也就不再那么具有渐进性了；事情能够突然地发生。甚至会有一种迈向突袭的诱惑与冲动。诚然一个参与人能在特定的时刻看清局势是什么，却也无法提前预估超过一步或两步之后的局势。在此，看来似乎也较少有机会能发展出某种妥协，或信任传统，或一方支配、另一方顺从的角色关系，因为博弈的步调使得事情，远在足够经验获取或足够理解达成前，被操之过急。但是，一个更为渐进的博弈是否会使成功的合作更加容易些，或其只不过是引入了一个更具风险性的游戏模式？或者，这是否取决于参与人是谁，以及我们给博弈本身设置了些什么提示？关键性因素究竟是博弈中**举动**的渐进主义，还是参与人**价值**系统 [也就是说，打（得）分系统] 的渐进主义？这两个维度的因素能否被彼此相应地安排，从而在渐进主义被引入博弈之中时，一个维度能够补偿另一个维度的不足？与这些问题相关的真实事项包括：在有限战争中有关核武器所扮演的角色的争议性，在有赖于彼此威慑的局势中突袭冲动与诱惑的显著性，以及减缓现代战争节奏并将其在地理上区隔开来的建议的多样性，还有在西欧大陆类似有限战争这样的事物能否存在的意见的不一致性。一旦经验的参照基准被实验与观察明确下来，渐进主义可能也就相对宜于被正式分析了。①

除了调解人的可能角色，这些问题所关照的都是两人博弈。同样的博弈可以由三个或更多（有着各自考虑的）参与人来进行；且笔者推断——至少是在"成功"的参与人中——在多人参与时，许多经验结果将更为清晰地呈现出来。更具一般性的是，像暴乱和联盟形成时所涉及的那种协调，可能本身就能够被供作实验性研究之用。与博弈论中研究联盟形成时有时使用的过于简洁的、对称性的框架不同，有意识地引入一定的非对称性、先例、举动次序、不完全沟通结构，以及各种暗示性细节，以研究群体的结构化过程，看来将会被证明是更为有趣、令人关注的。可以肯定，联盟形成过程所遭受的来自"各种非对称性或有时是不完全沟通体系"的影响，通常倾向于将自身置于系统性实验研究的关照之下。②

---

① "不仅限制战争必须找到阻止最极端暴力行为的手段，而且必须力争减缓现代战争的节奏，以免速度过急，这种一个挨一个的过急的运作，阻止了政治和军事实体间关系的建立。而一旦这种关系缺失，任何战争都有可能在不知不觉中演变为一场全面战争。"（参见亨利·基辛格，《核武器与外交政策》，纽约，1957年）。

② 亚历克斯·巴弗拉斯（Alex Bavelas）曾经描述了一个纯协调的实验，在此，五个分隔的参与人必须在他们之间传递着有着一定几何形状的碎片，直至这些碎片的分布达到准许它们型构五个独立的图案的状态为止。碎片所剪切的方式导致它们可以型构出许多"错误"的图案，所谓"错误"图案也就是，其型构所用的碎片组合将导致剩下的碎片不再可能能形成另外四个图案。亚历克斯·巴弗拉斯所感兴趣的是，当这类不可靠的"成功"出现时，将会发生什么。"当一个人完成了一个图案之后，很显然地要他将其拆掉是困难的。他采取一套行动来'置身终极目标之外'的自在程度，一定程度上有赖于他对整体局势的感知。有鉴于此，沟通模式理应具有可准确界定的作用……初步的几轮……表明……反对调整的束缚性力量是非常巨大的，这样，伴随着值得注意的沟通的一定程度的局限，**达成最终解决方案是不容易的**。"（"任务导向群体中的沟通模式"，见卡特赖特和赞德，《群体动力学》，埃文斯顿，1953年，第49页）某种颇具建设性的实验性工作，特别是有关"对什么是均等的有偏感知"的实验，可参看查尔斯·奥斯古德（Charles E. Osgood）的报告，《冲突解决方案杂志》，第3期，第304–305页，1959年12月。

第三部分

有着随机成分的战略

第7章 承诺和威胁的随机化
第8章 留有变数的威胁

第 7 章 承诺和威胁的随机化

在纯冲突博弈（零和博弈）理论中，随机化战略扮演着核心性角色。可以毫不夸张地说，在过去的 10 到 15 年里，随机化行为的潜在可能性一直是博弈论的大部分兴趣之所在。① 在二人零和博弈中，随机化策略的精髓是：阻止对方获致有关"我方"行为模式之智能（力）；也就是阻挠他对"我方如何打定主意"的推断性预测，以及通过避免泄露对手可能看出的"我方"行为的规律性，或避免对手可能预测到的"我方"选择中不经意的偏向性，来保护自己。然而，在冲突和共同利益交织的博弈中，随机化策略未能扮演如此核心的角色，而且在此它真实扮演的角色是完全不同的。②

---

① 约翰·诺依曼所谓"好战略存在性基本定理"即这样一个定理：如果混合战略是被允许的，则所有包含有限个纯战略的零和博弈，都有一个"最小最大化-最大最小化"的均衡对（"解"），他说："据我所知，如果没有该定理作为基础，可能就不会存在博弈理论……在考察的整个期间，我想，直至'最小最大定理'得到证明之前，任何成果的出版都是毫无意义的"（"关于波雷尔注释的交流"，《计量经济学》，第 21 期，第 124–125 页，1953 年 1 月）。

② 然而，对此的一种解释是将零和博弈中的混合战略看做是将战略连续性引入某种博弈的手段，即某种"不存在纯战略稳定点（saddle point，字面意思为鞍点，也可以说是均衡点——译者）的""非连续—战略"博弈的手段，这样也就将其转变成了一个的确拥有战略稳定点（均衡点）的博弈。但，在这样一种解释中，零和博弈中的混合战略与非零和博弈中的混合战略就没有多么大的区别。"我方"可通过抛硬币来阻止对方充满自信地猜测"我方"究竟是出"头"还是出"尾"；或者行为者亦可通过抛硬币来"平均化""头"和"尾"，这样（在期望值的意义上）创造一个介于"头""尾"之间的中间战略。这两种解释都是有用的。如果说第二种解释一定程度上略显深奥微妙，那么第一种解释可能能更好地抓住问题的精髓之所在，恰如这种策略本身呈现给某参与人的

在这些（"非零和"）博弈理论中，随机化战略主要地不是关注于防止"我方"策略被人预测。正如前面所提到的那样，在这些博弈中，行为者通常更为关注的，不是掩饰自己的战略，而是努力使对方能预测——且准确地预测——自己的博弈模式。

当然，也可能存在一些"零和"要素会被镶嵌进更大的博弈之中。在有限战争中，行为者关注的可能不是掩饰自己倡导予以观察的限制条件，而是将该限制有效地传达给对方，但是就是在这些限制条件中，行为者也可能以一种随机化的方式呈现其飞机出动的架次，从而让敌人尽可能少地获取有关"我方"确切的战术信息。① 再一次，信息的样本可能需要有所交换，或者协议需要在某种"双方都不能获致对方全部信息的"样本基础上实施。比如，军控协议必须参照一个样本性技术来监控实施，该样本性技术既带给每一方有关敌方军事力量的足够知识以揭示其履约或违约行为，又不至于让这种知识过多，以至于使得针对这些军事力量进行成功突袭的可能性大大增加。

但是，在传统有关非零和博弈的文献中，随机化战略的主要角色却是不同的。它一直被当作是一种设置，来使不可分的目标客体变得可分，或者让不可比的目标客体变得均匀可比。当目标客体本身不可分时，通过一种类似于彩票抽奖的方式，它们的"期望价值"变得可

那种模样一样。第一种解释提醒我们，该问题尽管被随机化了，仍能阻止对方预测我们切实的战略选择，这样一来，决策的机构、一项选择的记录和传达程序，以及任何"随机过程结果所要求的"前期准备工作，必须确保不被对方智能（力）系统所触及。

① 某些特殊情况下，在某个保密或爆料的选择中可能内在地存在着一个令人煎熬的两难。如果为了证明行为者已经任责于一个威胁，或者行为者事实上有能力践行该威胁，他就必须向对方展示该任责的证据或相关的履责能力。而这些事实也可能势必会向对方传递某种有助于其抵制该威胁的信息。为了向敌人证明自己拥有击溃他的防御的强大武器，我们就必须展示该武器或它的某些方面，或者提供技术知识来证明该武器的可用性；这样做当然会极大地帮助敌人做好防御该武器的准备。如果，为了证明我们将在某种模棱两可的区域打一场局部战争，也就有必要抢先往该处调遣部队，敌人由此也就获知了可能战斗的具体地点，也就无须在所有的方向上布置防御战线了。

分起来。在不能分割时，我们通过抛硬币的方式，来决定谁将拥有目标客体，或进行"要么赢得双份，要么血本无归"的玩法。当我们希望从一批合格者中选拔一部分人长期服兵役，而不是让全部合格者短期服兵役时，我们可以通过抽签选取入伍者的机制来同等地分割公民义务。

而在本文中，随机化战略所扮演的角色，则明显地与承诺相关。如果仅有的可被承诺的"恩惠"大于必要的水平，且不可分割时，抽签也就给了"恩惠"以特定的获准可能性，这能按比例地降低该承诺的期望价值，同时也能降低承诺做出者的成本。或然性地对一个人提供大规模的帮助，一定程度上等价于必然性地提供一个较小的帮助。（而如果或然性条件与受助者的需求相契合的话，则或然性的大帮助可能额外有利。）

但是，在这个意义上，承诺是不同于威胁的。不同之处在于，一个承诺在其成功时代价是高昂的，而一个威胁在其失败时才需要付出高昂代价。一个成功的威胁就是不需要付诸实施的威胁。如果，作为一个诱导，我所承诺的超出了所需的限度，而且承诺成功了，则我将支付超出必要成本的额外部分。但是，说威胁"过大"，却主要不是指其"成本高昂"，而倾向于是指"它本身多余"。在原本以"带来不适"相威胁即已足够的时候，如果我威胁说会将我们彼此打成肉泥，你仍将倾向于顺从；由于我既没有真的令我们不适，也不会杀死我们，这个"错误"的威胁没有带来任何成本性损失。如果我只有一颗能在我们大家中间引爆的手榴弹，而我想用催泪瓦斯来替代之，我可以这样做，即，通过威胁说，"如果你不顺从的话，手榴弹将有百分之几的可能引爆并将我们炸死"，将手榴弹的"规模"同比例缩小到催泪瓦斯弹的水平。但是，在作出承诺时，这样做的必要性就不那么显而易见了，因为承诺的价值超出必要的限度多少，就有可能会带来多少损失。

如果作出一个威胁需要以某种"花费一定成本的装备"为条件，并且作出一个较大规模的威胁所需的装备成本要大于小规模威胁的装备成本，那么，威胁的规模就可能成为一个问题。如果以催泪瓦斯相威胁便已足够，我也就没有必要再威胁使用炸弹；而如果催泪瓦斯弹要比炸弹便宜，而且如果我必须展示某种"弹"以使威胁可信，那么，以相对便宜的催泪瓦斯弹来作出威胁就会更好一些。但是，也有可能手榴弹更便宜些，那么，激励就会转向。对许多有趣的威胁来说，最大的成本是必须将其付诸实施的风险，而更为普通意义上的"成本"则并非支配因素。

失败的风险

然而，**失败**的风险的确会带来某种动机，让行为者选择适度的而非过度的威胁。如果仅有的、可以做出的威胁是某种可怕的行为，那么行为者便可尝试着通过将其贴附于某种随机装置之上来按比例缩小其可怕的程度；即，不是任责自身于某种必然性，某种"令彼此痛苦的惩罚"将被执行的必然性；而是威胁说以**特定的概率**，它将付诸实施，除非顺从随后出现。

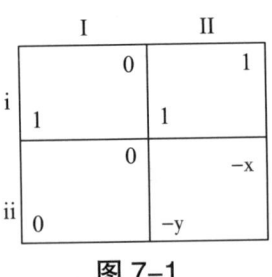

图 7-1

举例来说，考虑图 7-1 中的矩阵，在此列首先选择，行紧随其后，但是行能够对列作出一个抢先的威胁以约束列的选择。（将 X 和 Y 均视为正数)。在一种条件下，如果列选择II，行的策略显然是以ii来威胁。如果行没有作出威胁，那么，列会选择II，同时知道行将随后选择i。给定这一威胁并假设行任责于它且列知道这一点，那么，列选择II将产生对他们双方都没有好处的结果，这样列将被预期选择I。

这里的条件是，行可以十分肯定不会出任何差错！也许他完全错估了列的收益。列这样一个特定的对手可能抽取自这样一个世界，在此几乎所有人——但并非确切地每个人——都有着矩阵中所标示的偏好，但却还有一些异常者有着完全不同的偏好系统，他们更喜欢右下单元格而非左上单元格。还有，行可能任责自身于他的威胁，但却没有将该信息有说服力地传达给列，这样列错误地忽视了这一威胁，使得他们双方都陷于右下角的不利的单元格中。再有，列也可能——围绕他自己对II的选择——已安排下一个占先的任责，却没有及时准确地将之传达给行，以至于行对此不予考虑，或者列可能招致了某种不为行所知的障碍，以至于取消了选择I的可能性；在这种情况下，行自己的任责只能确保产生一个对双方参与人而言最糟糕的结果。总之，无论招致失败的原因是什么，反正"威胁失败"的某种可能性是会存在的。如果我们将这一因素考虑在内，那么我们就有理由站在行的立场去祝愿：右下单元格的"惩罚性"结果不要恰如它们实际所是的那样"没有吸引力"。

如果行将自己局限于"纯"战略，就是说如果他必须精准地界定其威胁或任责，而不涉及任何的误差与偶然性，那么，行除了祝愿右下单元格中的数值不要太过"没有吸引力"之外，什么也干不了。但是，如果他能随机化他的威胁，那么，他就能将他的威胁在事实上"按比例缩小"，以降低某种程度上是过高的失败成本。例如，在II如果被列选择的情况下，行可以不去单纯地任责自身于选项ii，而是以50-50的概率在i与ii之间作出选择，这样，他可能仍然有望恐吓到列，令其选择 I，而同时降低失败风险的严峻性。

我们还能对此作进一步的明确。设 P 代表威胁将（不管出于什么原因）失败的可能性。（为了便于说明，设它是一个"自发的"可能性，独立于行的战略的影响。）设行现在威胁说，如果列选择 II 的话，行将以 π 的概率选择 ii。换而言之，如果列不服从，那么行将以 π 的概率选择 ii，导致他们双方不利的结果，并且以 $(1-\pi)$ 的概率选择 i，带来让他们彼此宽慰的结果。那么，行应该选择一个什么样的 π 值呢？

首先，π 值要大到什么程度，才能根本性地让威胁生效呢？就是说，在设定"有效"为"**不是**因为涉及概率 P 的任何自发性原由，而令威胁失败"这个意义上，如何设置 π 值使得威胁"有效"？这需要考察当列面临一个风险 π 时，他的选择是什么。如果列选择 I，他得到的收益为 0。如果他选择 II，那么他的收益期望值为 1 和 $-X$ 的加权平均，权重分别为 $(1-\pi)$ 和 π。如果这个加权平均值小于 0，他就有动力选择 I（鉴于其遭受着自发性概率 P 的影响，出于这样或者那样的原因，他也可能会选择 II，尽管他有明显的动机倾向于选择 I）。这样，一个有效威胁的条件是：①

---

① 由于分析仅仅依赖于对两个参与人分别而言的"收益绝对估值之差异的比较"，这样，对于每个参与人，接纳这样的测量尺度，即"设其偏好的收益等于 +1，而第二偏好的收益为 0"这样的测量尺度，是并不勉强的。如此，对于表达式 $1/(1+X)$ 的完整解释是：下面两者的比率，即（1）列在右上单元格的收益与左上单元格收益之差异；比上（2）以下两种差异之和，即（a）列的右上单元格与左上单元格收益的差异加上（b）列的右下单元格收益与左上单元格收益的差异。这样，分子式的简化也就反映了该所用之测量尺度便捷性的优势。这里仅用一个指标就概括了三个估值之间的相互关系（在后面的问题中将涉及左下单元格，于是四个收益也就相互联系起来，且诞生了对第二个指标的要求。然而，如果左下单元格中的收益等于其他三个收益中的一个的话，那种情况可被进一步简化，且仍然可以说明要说明的要点。这时，如果用更多 0 或 1 进行这类表达诚然更便捷，却也会导致我们得到的知识较不完全）。对这些数字的解释参看阿尔钦，"效用测量的意义"，《美国经济评论》，43:26–50，1953 年 3 月；或者卢斯和雷法，第 12–38 页。

$$0 > (1-\pi) - \pi X$$

$$\pi > \frac{1}{1+X}$$

其次，假设任何概率为 π 的威胁，在 π 超出上式所确立的最低水平时，将成功或失败，其可能性分别为（1–P）和 P。[1] 如果威胁成功，行的收益是 +1。如果威胁失败，其预期收益为 0 和 –Y 的加权平均值，权重分别为（1–π）和 π。这样，当威胁足够大而有效时，其结果的期望值为：

$$(1-P) + P(0 - \pi Y) = 1 - P - P\pi Y。$$

在 π 值越低时，该值明显越高。因此，在 π 满足第一个条件的前提下，行参与人应该尽其所能安排一个最低的 π 值。为了要使威胁在本质上是值得的——即行作出威胁的理由是其期望收益大于 0（这里 0 是当其不作出威胁时他在本特定矩阵中能够期望得到的收益），π 值就必须被安排满足如下条件：

$$1 - P - P\pi Y > 0$$

或者

$$\frac{1-P}{P} \cdot \frac{1}{Y} > \pi$$

因此，本例中 π 的有效区间被给定为：

$$\frac{1-P}{P} \cdot \frac{1}{Y} > \pi > \frac{1}{1+X}$$

而，根本没有必要作出威胁——如果在上下两个约束条件之间没有空间的话，即如果

$$\frac{1-P}{P} \cdot \frac{1}{Y} < \frac{1}{1+X}$$

---

[1] 这意味着即便 π 值足以令威胁生效，列仍然有概率为 P 的可能性错选 II（在事实上表明威胁无效），（1–P）的可能性"正确地"选择 I（表明威胁有效）。——译注

或者如果

$$\frac{P}{1-P} > \frac{1+X}{Y}$$ 的话

在如下条件满足时，才能说只值得作出"部分"（或然性）威胁，也就是 π 值小于 1 的威胁，即：

$$\frac{1-P}{P} \cdot \frac{1}{Y} < 1$$

或

$$\frac{P}{1-P} > \frac{1}{Y}$$

这样，这就是我们所说的"部分"（或然性）威胁优于"整体"（必然性）威胁的情形了，而且在这里，后者是根本没有必要作出的，如果前者值得作出的话。该主张取决于失败的风险，在上文该风险一直被假设为独立于 π 本身的规模。这一假设一定程度上有些特殊。如果我们将 P 解释为我们曾误判我们的对手——夸大了其规避右下单元格的偏好，那么，我们的假设意味着收益在人口中呈双峰式分布。它意味着，我们要么让一个人的收益在我们的矩阵中通过数字获得了充分的表现，要么让一个人的收益变得如此之不同，以至于没有任何相关的、"在直至 π=1 的范围之内"的威胁能够劝阻他。如果我们反过来假设：右上与右下单元格的列收益率，在人口中呈现出钟形频率分布，并且我们的对手是从中随机抽取出来的，那么，我们的威胁获得成功的可能性将直接伴随着 π 值本身的变化而变化。对于一个从窃贼总体中随机抽取的窃贼，其被某种特定逮捕和定罪之可能性所威慑的可能性，看来应该是会直接因前一种可能性的变动而变动的。上文所分析的简单模型将窃贼者划分成了两类：一类，我们可以说，是为了钱财而偷盗，其铁定会根据矩阵中的数字而收手；另一类，则是因好玩而偷盗，他们不受"被引入于右下单元格的大量级数值所造成之任何威胁"的影响。另一方面，如果我们失败的可能性反映了，比如说，与对手沟通渠道的崩溃，那么，可能就会有更好的理由来假定，失败的可能性独立于要被传达的特定威胁之影响。

值得注意的是，如上文的模型所示，在我们的威胁践行之上贴附上一个概率本质上等价于更直接地同比例缩小威胁的规模。为了明了这一点，可将右下单元格中的 X 解释为是一种在威胁践行时"将对行和列都予以征缴的罚款"，或者双方将遭受的鞭笞数量，或被关监禁的天数。如果 X 是行能够威胁的最大的美元数、鞭笞数或天数，让 π 被解释为是行所明确的、将被要求且可容许的"最大惩罚的几分之几"；则如果 π 被设置为，比如说 0.5，行和列两人都将切实地遭受到他们最大惩罚的一半。如果我们以这种方式来解释矩阵，并追问 π 的值为多大时，从行的角度来看，能够提供一个最优的威胁；那么，我们就能经由同样的分析得出与前面相同的结论，也就是，π 的值是越小越好，其最小值等于 $1/(1+X)$。这样，我们就要么可以将 π 解释为是威胁践行的概率，要么将其解释为是必定将被实施的威胁的规模级别。由于两种表达得出的是同一事物，且我们能以任一种方式来解释 π，所以，**在这种情况下**，如下说法看来是公平的：随机化策略的角色就在于，将一个否则即不可分且过大的威胁变得具有可分性；或使一个相对于"其他情况下可用之威胁""更小"的威胁成为可能（尽管如此，应该注意的是，当着一个威胁规模的直接缩减可能不一定会严格同比例地改变双方的价值或效用之时，通过降低威胁践行的可能性来缩小威胁，无疑能同比例地缩小双方结果的期望值）。①

---

① 随机化策略也同样能够完整地与威胁安排本身相关，或者，无论威胁方愿不愿意，都在决策过程之中会有所涉及。因此，将随机化策略解释为只不过是操纵威胁规模之手段的观点，仅适用于某些情况。

威胁意外地践行的风险

还有另外一个"成本"因素会激发人们缩小威胁规模。这就是，即便是对手的确已经服从 [或者如果不是威胁意外地在对手来得及反应之前被触发，他（对手）可能已经对之予以服从]，行为者仍可能在无意间践行威胁的风险。在窃贼或持械抢劫的受害者有机会表示顺从之前，威胁他的枪可能会意外走火。用来威胁擅自闯入者的看门狗，也可能会误咬一些无辜的人。

如果一个搭便车者用枪指着汽车司机，而汽车司机则威胁说：如果搭便车者不将他的枪扔到车窗外，他就——通过将汽车加速到极限且人为地制造致命的交通事故——将他们两人都撞死，在此，就有可能在搭便车者理解司机的威胁并遵从之前，交通事故便已意外发生。这种情况下，威胁被意外践行的风险是该威胁必要的组成部分。行为者能够做出威胁的唯一方式是开始践行它。除非司机开始加速行驶，否则搭便车者没有理由相信他的威胁。而一旦司机开快车，也就给了搭便车者的屈服以及司机的减速以某种极短的时间。于是，就会出现一个时间段，无论它多么短，风险都已经在其间呈现。在这个时间段的开始，高速行驶产生的风险必须足够的小到司机所能忍受的程度。相反，如果汽车时速在 60 英里以下都是绝对安全的，而只要一到 60 英里及以上就铁定会滑出路面发生事故，且这两者之间不存在一个实施适度事故风险的渐变区，如此，司机就没有动机将速度提到 60 英里及以上，而搭便车者可能也知道这一点，于是就不会对高速行驶的口头威胁作出反应。正是某种"部分威胁"（该威胁携带着风险但并不必然致命）的可能性，给了司机可以操作的空间，但是为了令其生效，他还得在某种有限的时段承受这种风险。

如果在这类局势下，恰如搭便车者案例表明其大致正确的那样，我们假设威胁之意外地践行的风险与其践行可能性 π（即如果对手不服从，行为者将践行威胁的概率）是成比例的（这类似于假定看门狗咬无辜行人的倾向与咬房屋入侵者的习性是成比例的），那么，我们将得到一个与前面公式并无很大不同的新公式。利用之前相同的收益矩阵（这里暂且忽视潜在有效的威胁失败的可能性）并用 $\alpha\pi$ 表示威胁意外践行的可能性，π 的最小值与之前的情形相同。如果行作出威胁，那么他对结果的期望值必须大于 0，其公式表示如下：

$$(1-\alpha\pi)-\alpha\pi Y > 0$$

或者

$$\frac{1}{\alpha(1+Y)} > \pi > \frac{1}{1+X}$$

这里，最优威胁再次刚刚超过下限值的那种威胁，而 π 的上限值可能要小于 1：且，基于 X 和 Y 的相对值以及"成本"指标 α，可能能也可能不能找到一个有利可图的 π 值[①]。

随机化的任责

在找到了"部分威胁"的原理之后，我们也就可以来考察，在某些情况下能够以相对不确定的方式朝有利的方向作出"无条件的任责"策略。正如第 3 章和第 5 章所表明的那样，一项纯任责（也就是，明确地任责于一个纯战略）等价于在一个两人、两步骤博弈中任责者（原本被博弈设定为是将不得不采取第二步行动的人）的"先行举动"，任责相当于一种获致占先行动权的手段。现在，如果我们假定行在原博弈中采取第二步行动，但又能事先任责自身以 50-50 的概率选择行

---

① 这也就是上式中 π 值的有效区间是否切实存在的问题。——译注

i 或行 ii 的话，我们不得不放宽这种解释。要做到这一点，行为者必须保留第二步行动的权利，同时只依赖充分挖掘"事先任责自身"的这个权利。如果行为者必须在事实上先行行动，做出一个明确的选择，随机化任责的可能性也就丧失（随机化任责等价于一个"先行举动"，取决于任责者所设置的某个类似于抽签的随机装置，且他在自身行动之前，需要将该随机装置而不是自己切实的行为让对方获知）。

如果我们对博弈规则稍加修改，允许行在列做出选择之前作出一个**无条件**的任责，但同时不允许行根据列的选择来做出他自己的选择性调整，与图 7-1 相同的支付矩阵能被用来说明这个局势。坚定地任责于选 ii，会诱使列选 I，但是带来的却是白费功夫，因为左下单元格——这恰是行现在所投身其中的单元格——并未包含任何回报。行的问题在于他需要用 ii 来引导列趋向于选择 I，却又需要通过行 i 以便从列 I 中获益。可以通过一个随机化任责来达到折中。在列作出选择之后，如果行任责于抛硬币（以 50-50 的概率）在行 i 和 ii 之间作出选择，那么只要 X 大于 1，列将选择 I[①]。这种情况下，行得到的期望值为 0.5。如果行将 π 值（其选择 ii 的可能性）设定为高于 1/（1+X），他也就能够在令列选择 I 的同时取得最大的期望值（如果列在左下单元格的收益不是 0，而是比如说 0.5 或 -0.5，那么得出 π 的最优值的公式也会有所不同）。如果行在左下单元格的收益为 -1，以任何高于 50% 的概率任责于选择行 ii 就将是不划算的。而如果行在此的收益为 -X 或更糟糕，也就不会存在任何混合选择 i 和 ii 的概率能让行任责于一个随机化策略。此时，任何一种概率混合，在 π 值大到令列选择 I 时，都将会因为其过于巨大，而无法带给行一个正的期望收益。

[①] 也就是说，只要列在右下单元格中的收益小于左上单元格中收益的程度，跟其右上单元格的收益大于左上单元格收益的程度相比，至少一样大，列便会选择 I。参看前面有关收益测量尺度的脚注。

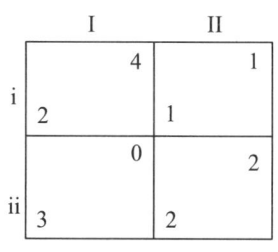

图 7-2

部分任责还有着另外一个理论根据。在刚刚讨论的案例中,正是行自己更倾向于右上格的收益,使得他去最小化 π 值。而在图 7-2 中,则是**列**的动机促成了对行 i 作一定概率任责(也就是 π 作分数取值)的需要。在本案例中,坚定地任责于行 ii,会导致列选择 II;坚定地任责于行 i,将导致列选择 I;行不做任何任责时,列会选择 II;威胁选择 i 来迫使列选择 I 将会失效,除非行承诺放弃对 ii 的选择。在所有这些"纯战略"的情形中,行都是以收益 2 来结束博弈。但是,他能通过一个混合性任责获得稍好一些的收益。他确能做到,因为行和列都被列 I 所吸引,意见之不统一全系于行在该列中的选择倾向。如果他提供给列的选择落入行 i 和行 ii 的机会为 50-50,那么,列选第一列得到的预期收益为 2,选择第二列得到的预期收益为 1.5,于是倾向于选第一列。这么做给行带来的期望收益是 2.5。由于行更倾向于 ii,所以,在保证令列倾向于选择列 I 的同时,他当然希望赋予行 ii 最高的被选可能性。就是说,行希望 π 能达到其最大值,而 π 的上限(在矩阵中所示)为:$4(1-\pi) > (1-\pi) + 2\pi$,或 $3/5 > \pi$。

这一特定的混合性任责可以被称为部分威胁和部分承诺的**联合体**。实际上,在这里,行在列可能选择 II 时"威胁"以相对较高的可能性选择 i,且同时,在如果列 I 被选择时,对选 i 作出"承诺"[①]。

如果行能够令 π 值以列的选择**为条件**,行甚至能够做得更好。如

---

① 即"承诺"以相对较高的可能性选择 i。——译注

果行在列选择 II 时，铁定会以行 i 予以回敬，则行以列选择 I 为条件，选择 ii 的可能性只要不超过 0.75 也是颇具诱导性的。但是，如果他受限于不能令其威胁的糟糕程度甚于其承诺的改善程度（即无论对于威胁还是对于承诺，他都只能贴附以相同的概率），则有效的 π 值的上限是 0.6，其给行带来的期望收益是 2.6（列的期望收益为 1.6）。当以（与威胁相）分离的 π 值来作出承诺①时，其上限为 0.75，期望收益为 2.75（而给列的期望收益仅为 1.0）。

---

① 即，行铁定以选择 i 来威胁列的 II 选择；并承诺：在列选择 I 时，以 $1-\pi$ 的概率选择行 i。——译注

第 8 章　留有变数的威胁

战略性威胁的一个典型特征是，其指涉的惩罚性行为——如果威胁失败了则其必须付诸实施——对双方而言都是痛苦而代价高昂的。其目的是为了**事前**的制止，而非**事后**的报复。作出一个可信的威胁，涉及要去证明行为者（威胁方）将不得不将其付诸实施，或者为自己创造一个动机或引发一个惩罚，以显著地表明行为者想要将其付诸实施。美国在欧洲驻军的众所周知的目的是，建立起一道"地雷拉发线"，以让苏联确信，一旦欧洲发生战争，势必会导致美国的卷入，不管苏联认为美国想不想卷入，美国想逃避这项任责在"身体上"是办不到的。

作为一个规则，行为者必须威胁说，如果威胁失败，他将**必定**采取行动，而不是他**可能**采取行动。说行为者将**可能**采取行动，也就是说他也**可能不**采取行动，而这么说，也意味着行为者仍保留着选择的能力，即行为者并未被任责。只说行为者**可能**实施威胁，而不是说行为者铁定如此，会招致对手去猜测，行为者是将倾向于惩罚自身及其对手，还是倾向于错过这样的时机。此外，如果行为者说他可能，而不是他必定如此，且其对手也没有遵循该威胁行事，而威胁方选择不将其付诸实施，他就只不过是证实了其对手的这样一种确信，即一旦威胁方在实施威胁和避免行动之间有明显的选择权时，他将会选择避免行动（同时他还会自我安慰说他并不曾虚张声势，因为他从来没有说过他将百分之百地采取行动)。

但是，尽管存在这样的漏洞，这类威胁可能仍会是有效的。不过，它们之能发挥作用，却只有通过一个"比起铁定践行的坚固任责在某种程度上要更为复杂的程序"才能实现。此外，它们还能以不经意的方式提出以及可能归咎于意外的行为。因为这个缘故，这类威胁也就较不易于被辨识和理解。

这类威胁的关键是，如果被威胁方没有服从的话，尽管行为者可能会或可能不会践行它们，但是，**最终的决策权并不完全地处于威胁方的控制之下**。该威胁并非全然是这样一种形式，"我可能践行威胁，也可能不，要看我的选择"，而是要有这样性质的因素，"我可能践行威胁，也可能不，而且甚至我自己也不能完全确定"。

这种决策中的不确定性因素来自何处？它必须来自超出威胁方控制之外的某个地方。无论我们称之为"碰巧"、偶然、第三方影响、决策机关的不完美或不过是我们并不完全明白的程序，它都是该局势的一个组成部分，对此，无论是我们还是被我们威胁的一方都不能完全控制。意外战争的威胁便是一例。

意外战争的威胁

有关全面战争可能（通过某种事故、错误的警报或机械性故障；通过某个人的惊恐、疯狂或恶作剧；通过误解敌人的意图或正确领悟了敌人对我方意图的误解）被非故意地引发的想法，并不招人喜爱。一般来说，行为者希望将这样一种可能性降到最低。在特定场合，当局势紧张升级且战略部队被置于极度警惕状态时，当快速反应的意图被"对方可能先发制人"的想法所加强时，这时确保避免冲动的决策、错误的判断和可疑或模糊的行为就显得格外重要。由于人为和机械这两个方面的原因，意外战争的可能性会因为某种危机而增大。

但是，难道这种机制本身不就是一种遏制性威胁吗？假设苏联人注意到，每当他们采取攻击性行为，局势紧张就会升级，而其整个国家就会进入敏感状态，随时准备迅速行动。假设他们相信他们所如此频频声称的内容，即，伴随着我们及他们的报复性军事力量的提升，可能会增加意外事故的危险性，或错误的（我们的或他们的）警报，或触发某种事变，招致战争的爆发。这样一来，难道他们不会感觉到，全面战争的风险取决于他们自己的行为？当他们攻击和恐吓时，该风险就上升；当他们放松针对其他国家的压力时，该风险就会下降。

注意，这里所谓上升的风险——就本文**这一**特定的机制而言——不是指美国**决定**发动全面战争的风险，而是，无论愿意与否，战争都会闪现的风险。即使是苏联人不会预期他们存心的特定越轨行为会招致蓄意的报复，他们仍然会为自己的行为将导致全面战争或激起"只能以大规模战争或苏联的大规模退却为结局"的某种动态过程的可能性而感到不安。他们可能对"在紧急情况下，我们和他们能一起预判彼此行动的后果并将局势完全地控制住"缺乏信心。

这里也就有了一个威胁（如果类似这样的机制存在的话）：我们**有可能**采取大规模行动，而非**必定将**这么去做。该威胁很大程度上是可信的。其可信度来自这样一个事实，即猛然降临的回击苏联侵略的大战之可能性，并不受限于我们冷静地决定的进攻概率，它由此也就超出了"一个更具人为性的威胁发挥作用的特定领域和特定事件"。如果苏联令我们面对一个**既成事实**的适度侵犯的话，它并不依赖于我们对发动一场全面战争的倾向性或何种程度任责于去这么做。最终的决定留给了"偶然性"。它取决于苏联人怎么估计：他们和我们能在多大程度上成功地在这种环境下规避猛然降临的战争。

如果我们将这一条件性行为机制称为"威胁"的话，该威胁有着某些有趣的特征。不管我们有没有意识到，它可能都会存在。甚至那些在过去数年里一直"怀疑我们的大规模报复的威胁能否有效遏制**小型**侵犯行为，并为苏联人相对以往更少做出危害性举动所困惑"的人也能注意到，我们所声称的威胁，背后有一个附加的、暗含的威胁，即，我们的"枪"可能会被苏联的行动触发而走火，这由不得我们自己。此外，即便我们不倾向于去引发哪怕是很小概率的意外战争，且将不会故意去使用该机制，但这一处于考察中的"威胁"可能是"我们有着强有力的动机去行使的其他行为"的副产品。当我们（或苏联人）对一个危机事件作相应的防备之时，不管我们是否愿意，我们可能都会达致这种威胁，认识到这一点，苏联人也许会将这种风险因素纳入其考虑之中。最后，哪怕苏联人在并未触发战争的情况下达到其目的，这类威胁之存在也不是不可置信的。如果苏联人估计在一个特定的月份，在其创造了某个危机之后，意外战争的概率会从很小上升到"不那么小"，而随着时间的流逝，大战并未发生，他们仍然没有什么理由去假定他们原来的估计是错的，也没有什么理由假定重复类似的"危机创造"行为其风险会更小，恰如在玩了一轮俄罗斯轮盘赌之后，一个人不会认为它一点都不危险一样。

有限战争作为风险的发生器

作为对侵略行为的一种遏制方式，有限战争也可以被理解为是推进更大型战争之**可能性**的一种行为。如果我们问欧洲的西方军事力量，如何有望遏制苏联人的进攻或在其来临时能够加以抵抗，答案通常三给出一系列连续的**决策**形式。在敌方进攻规模适度的情况下，我们可能会决定打一场有限战争，而不会作出与他们拼个鱼死网破的决策。如果我们以较小的规模来抵抗苏联人，那么，他们势必要么放弃继续令战争升级的想法，要么放纵自己于进一步扩大暴力的规模。在某个点，可能会存在从有限战争向全面战争的不连续的跃迁，而我们希望能令**他们**谨慎地面对这个选择。如果这还不是人们所设想的决策的典型顺序，它至少在一方面看来是典型的：它涉及**慎重的**决策权衡，即决定是采取某个行动还是放弃它，是发起一场战争还是不发动，是增加暴力的水平还是不增加，是回应挑战还是不回应。

但是，对有限战争还存在另一种解释。几乎可以肯定地说，全面战争的风险性会因有限战争的引发而增加，放大的有限战争几乎肯定会增加全面战争的风险。由此，以投身有限战争相威胁是一把双刃剑。其一"刃"是，威胁将成本直接强加给对方，这些成本包括：死伤人数、战争经费、领土损失、尊严丧失及任何其他事项；其另一"刃"是，将对方以及自身暴露于极高的全面战争的风险之中。①

再一次，如果对方从事某种特定行动的话，这里的威胁是一个"全面战争**可能触发**"的威胁，而不是其一定将发生的威胁。再一次，全面战争是否切实地发生，并不完全是由威胁方所控制着的。简言之，全面战争将如何发生，即过失、抢先行动或误解将具体出现在何处，是无法确定的。无论导致大国之间爆发有限战争的是什么风险事件，该风险都是一种真实的存在，任何一方都无法想消除便能将其彻底消除。最终决策或引发某个不可逆过程的关键行为，并不必然被预期为应是经过完全深思熟虑而采纳的行为。"变数"帮着决定了全面战争是否爆发，其几率需要根据有限战争的性质来评判，并以其爆发所在的背景为基础。

为什么行为者不是以全面战争而是以有限战争相威胁来遏制进攻

---

① 格伦·斯奈德（Glenn H. Snyder）在其文章"以拒绝和惩罚相威胁"（《研究专论 1》，普林斯顿大学国际研究中心，1959 年 1 月 2 日）中也强调了这一点。参见其第 12、29 页。

呢？首先，根据这一分析来看，威胁以有限战争，也就是以"全面战争可能触发"相威胁，而非以它的必然性相威胁，由此，它比大规模报复性威胁要弱，且更契合于某种偶发条件。其次，在敌人误解了我们的意图或任责时，它有助于形成一个中间期：我们能**投身于**有限战争，精准地为我们双方创造（我们曾威胁去创造的）风险，却无须由此（因为敌人错误的判断）令我们双方付出全面战争的代价。相反，我们付出的是相对较小的代价，是一般战争的风险，一种敌人可以通过撤退及和解来消减的风险。

第三，如果敌人无理取闹或冲动鲁莽，或者我们误解了他的动机或他的任责，或者如果对方的侵略性行为拥有了过多的势能以致无法停止，或者他的行为之实施是源于受操控或附随性而超出其当下控制能力的范围，则以一定的风险性（而非必然性）之举动相威胁便是明智的。如果我们威胁以全面战争，想着它能及时阻止对方，那么，我们要么必须践行它，要么就会令我们的威胁不可置信。但是，如果我们以 1/20 的全面战争之可能相威胁，阻止对方的一意孤行，而他仍一意孤行，我们就能凝神静气，以 19:1 的概率抽身，避免全面战争的爆发。自然，我们按比例降低自己风险的同时，也按比例降低了对方的风险，这也就可能因将过多的安全措施置于其中而削弱了威胁。但是，在我们完全误解了敌人对某行为的任责或完全误判了他对他的代理人、盟国或司令官的控制力的情况下，更为适度的风险也许仍可遏制敌人尚能控制的任何事。

如果我们这样理解有限战争，那么，我们也可以对战争升级或以战争升级相威胁作出相应的解释。根据这一观点，在有限战争中引入新型武器的威胁，不能单单地根据当下的军事或政治优势来评判，而是要根据其"可能带来战争扩大的人为风险"来评判。正如在未来的三十天里，某个重要因素会增大中等规模的有限战争升级为大规模战争的可能性一样，从常规武器到新型武器的发展作为另一个因素，也会增大这种可能性。

通过这种方式，我们导向了对"地雷拉发线"的新解释。根据这一观点，我们在欧洲进行有限战争的军队，如果运转正常（若不正常则完全归于失败）的话，其类比物并不是"将注定触发全面战争"的地雷拉发线。我们现在拥有的是一系列的、渐变式的地雷拉发线，每一根都贴附着一个"概率性"机制。伴随着敌人从一根拉法线转向另一根拉发线，全面战争爆发之**可能性**与日俱增。有一点值得特别强调，该类比的关键特征是，地雷拉发线是否触发全面战争"至少在一定程度上"是我们所无法掌控的，而苏联人也知道这一点。

同样的观点对于解释金门问题也是成立的。可以认为，不只是一场有限战争的失败（或以极度损失为代价的获胜）的前景，而是大规模战争的前景，遏制住了中国人或苏联人。即使他们确信我们将使出浑身解数并警告要将战争控制在有限范围内，而且他们自身也准备运用相关的控制技巧等，即便如此，他们也能直白地感觉到，一步步走向越来越大的战争（其风险即便是在数量上很小，后果之严重却也可察觉到）的过程并非是双方所能完全懂得或可预见的。

有限战争中的风险性行为

这样，如果有限战争的主要功能之一，是为了展示全面战争的人为风险——以便恐吓敌人并使得其对有限目标之追求对他而言太过冒险而无法承受，那么，就有必要对有限战争中的行为箴言进行修订。有限战争的至高无上的目标不是为了**确保**其停留在有限范围内，而是将全面战争的风险几率维持在**零点以上**的适度范围之内。至少，对于极可能"输掉"有限战争的一方而言，这是适用的战略。敌人的进犯越是无法用有限的和局部的抵抗来遏制，也就越有理由依靠人为制造共同风险的人（换言之，一个侵略者越是能将其入侵按照"哪怕局部抵抗看来也预示着全面战争爆发之可能"来设计，那么，局部抵抗看来也就将愈发没有吸引力）。

因此，人为地提升全面战争的风险，是一种适合有限战争背景的战略。当然，行为者不可能仅仅通过口头表达来提升这种风险。行为者不能简单地对敌人宣称，昨天他准备发动全面战争的可能性仅为2%，但是，今天该概率变成了7%，敌人最好当心点。假设他及其对手仍愿小心谨慎地将战争控制在有限范围内，行为者必须采取行动，以便让每个人都只能较谨慎地确信战争能够受到控制。

简而言之，这一观点认为有限战争会有程度不同的失控性。在任何时点，行为者都对战争"失控"到了何种程度有所注意和觉察。而且，不同的行为——创新、突破界限、"不负责任"的显示、挑衅而独断的行为、采用险恶的战略姿态、吸纳任性的盟友和合作者、哄骗和侵扰性战略、新式武器的引入、扩大部队的任责或冲突的领域，都倾向于会提升几乎每个人有关"失控"达到何种程度的局势判断。将这种风险的提升与敌人共担，可能会给敌人带来一个压倒性动机去停止令彼此不快的相关行动。更可取的是，行为者可通过不可撤销的运作或任责来创造这种共担的风险，以致只有敌人撤退才能局势平定。否则，局势可能发展成一场精神承受力的竞赛。

报复与侵扰

有限战争并非"人为的冒险行为能被用作一种威胁"的唯一场景。在大规模报复的威胁和有限战争的威胁之间，还存在一种不那么大规模的报复或渐变性报仇的可能性。已经发表了少量关于有限报复性战争的严肃的分析成果。① 其中有这样一种观点，即，如果苏联军队入侵某个国家，行为者就应"除掉"苏联的一个城市，并应每天"除掉"一个，直到苏联放弃入侵别国。这一观点虽偶尔受到媒体关注，但却缺乏系统性的考察。类似的观点还有，主张进行小规模的敌对行动，如击沉舰船、封锁码头、阻断沟通或其他类似的方式。

苏联有些行为带有侵犯性或敌对性，这些行为提供的，既不是导向战争受限之范围，也称不上是引发大规模报复的极端行为。它们涉及这样一些尝试：骚扰、敲诈、封锁中立国或美国的盟友，非暴力干扰我们的预警和其他雷达的运行，要"将核武器部分地用作勇气战的伎俩"，怂恿北约国家的各种捣乱活动，明目张胆地支持各种暴动，甚至使用不同寻常的暴力来平息其加盟国的骚乱。我们自己通过采取类似的行动来回击这些行为，好处并不多；坚持我们将"怒火难禁地投身大规模的报复行动"，可能也是不明智的。如果一定要做某种事，可以考虑人为地创造某种"全面战争的、很小但却可觉察到的共担性风险"（或者，如果不如此，**苏维埃**的恶作剧的目的和意义至少需要被理解为是，通过创造以全面战争之共担风险，来进行恐吓的努力。）

那么，我们该如何理解诸如对敌人的疆土进行有限的核报复这样的极端行为？正如在有限战争中那样，这里再次相当于给敌人强加了两个方面的成本。一方面是直接成本：人员伤亡、遭受的破坏、尊严被羞辱……诸如此类。另一方面是其所创造的全面战争的风险。没有人能够确切地知道，如果一个国家在敌国投下一枚原子弹会出现什么后果。如果这一行动被看做是一种孤立的行为，意图有限——既非大规模袭击的一部分，又非针对"对方的报复性能力"进行偷袭，那么，对这种行为造成的苦痛与羞辱，受害者如果大动干戈，放纵地展开全

---

① 最近，莫顿·卡普兰（Morton A. Kaplan）对此进行了严肃的探讨，参见"有限报复的策略"，国际研究中心政策备忘录19，普林斯顿，1959年4月9日。

面战争，看来就不是明智之举。但是，即便受害者并未如此去做，他却仍倾向于随后采取某种行动，而这可能最终导致全面战争的结局。如果回应是以同样的方式进行反击，这条道路可能会越走越窄或出现最终的爆发。因此，即使每一方都倾向于小心谨慎地行动，但是，由于无法全面了解彼此的反应，则可能产生一个最终引爆全面战争的动态过程。

　　风险几率仍能对此产生抑制作用。这里，再一次地，我们对待和处理的是**可能会或可能不会**招致全面战争的行为，最终的结果**并非**处于参与人的完全控制之下，有关全面战争的可能性成了一个事关评判的问题。提出这些可能性，并不必然意味着倡导使用它们，而是要表明它们应被如何诠释和理解。它们对受害者所施加的制裁——其风险为威胁方所共担——也就是对"全面战争之可能性"的显著而可辨识的提升。

风险行为和"强迫性"威胁

　　意图让对手**做**（或终止正在做的）某事的威胁，和意图让对手别开始着手某事的威胁之间，有着典型的区别。区别在于时机，在于谁不得不作出先行举动，在于被用来检验的是谁的主动权。要用威胁来遏制敌人的前进，在我方面对敌人时，可能只需烧掉后退桥梁，摆出背水一战的架势即可。而要通过威胁强迫敌人撤退，我方就必须任责于不得不前进，而这要求点燃我方身后的草地，且风要朝着敌方吹才行。我能够通过将自己的车挡在你的车前面来阻止你的车，我的遏制性威胁是被动的，进不进行碰撞由你决定。但是，如果你发现我的车挡了你的路，并威胁"碰撞"，除非我挪开，你也就不再享有这样的支配优势了。撞不撞的决定仍在你，而我则享有了威慑力。除非我挪开，否则，你不得不做出"**不得不撞**"的决策，而这一决策在程度上更复杂。

因此，不是遏制性而是强迫性的威胁，通常采取执行惩罚的形式，**直至**对方行动，而非**如果**对方行动。之所以如此，是因为，通常，开始在实质上任责于某个行为的唯一方式就是发动它。发动稳定不变的苦痛，哪怕是威胁方也共担了该苦痛，可能令一个威胁合情合理，特别是如果威胁方能够不可撤销地发动它，而对方只有顺从才能减轻这种双方所共担的苦痛的话。但是，在行为者也要共担苦痛时，不可撤销地发动特定的灾难并不明智。然而，如果对方在足够短的时间内顺从，从而能将累积的风险保持在可容忍的范围之内的话，不可撤销地发动一个共同灾难的适度**风险**，也许是一种等比例缩小威胁（将其限制在行为者所希望的水平和方向上）的手段。令敌人（以及行为者自身）在他不顺从时每周面对1%的大灾难一定程度上等于，令其（以及行为者自身）每周面对一个稳定的、其值等于灾难的1%的损失（词语"一定程度"和"等于"在此可作非常灵活的理解）。①

"晃荡船只"是一个好例子。如果我说："划船，不然我就将船掀翻，将我们俩都淹死。"你将会说你不相信我。但是，如果我将船晃荡到它**可能会**倾覆的程度，你就会让船动一下。如果我不能对我们俩执行一种稍低于死亡的苦痛，那么，一种以较小概率船只将会倾覆的"细小程度"的"死亡"，是差可比拟的。然而，为了使之有效，我就必须真实地将船置于危险境地，仅仅只说"我会摇翻我们的船只"是不足以令人信服的。

---

① 只是发动风险性行为，但如果行为者不能以不可撤销的方式发动之，也就并不必然能够"赢过"对手，因为对手仍有望通过坚决的行动，引诱发动者退让。如果对手选择玩一会"勇气战"，那么，行为者就仍需赢得"勇气战"的胜利才行。这里，对称性局势取代了对对方有利的非对称局势，在该非对称局势中，如果双方都不采取某种行动，对方将自动获胜。

为了实现这一目标，理想状态下，我应该有一个黑匣子，里面包含着某个赌博用的轮盘和某个以一定方式触发便无疑将激起全面战争的装置。然后，我就把黑匣子设定好，告诉苏联人我已经按照某种方式设定了这个黑匣子的运行，这样，一旦某一天其中的轮盘旋转到了一个给定的设置（它在数值上是明确的，并为苏联人所知），则不管这一天是什么时候，这个小小的黑匣子都将激起全面战争。我告诉他们——向他们演示证明，这个黑匣子将会一直运转，直到他们顺应我的要求为止，而且，在这个过程中，**无论我做什么都没有办法让它停止**。请注意，我并没有坚持说，当这个黑匣子触及某个关键组合时，我应**决定**全面战争或人为地触发之。我只是将一切付诸这个黑匣子，当某个正确（或错误）的组合在任意一天达成的时候，它将**自动地**让我们双方一起卷入战争。①

给定这样的事实，即，即便是敌人顺从了，在其来得及纠正他自身的行为并按我们的命令行事之前，黑匣子仍然有一定的风险会触发战争，那么，以某个并不完全肯定的可能性设定黑匣子本身将会在任意给定的某天爆炸就是有利的。在一般的威慑（即**除非**是敌人之所为与我们的要求相反，否则就什么事都没有）之中，没有必要威胁过多，搞不好会弄巧成拙。而在当前的情形（即一旦我们任责自身于某个威胁，该威胁就会随着时间以某个特定的概率开始其践行）之下，"过大的威胁"会弄巧成拙，从而挫败其目的本身。在这样的局势中，小可能性的威胁不再仅仅是大确定性的威胁的潜在替代品，而是一个更优和必要的选项。

举个例子。一个拥有数量有限的核报复能力的欧洲国家，告诉苏联人滚出匈牙利，否则它将发动进攻，对苏联造成可怕的损失。苏联

---

① 该策略可能是：风险越小，机制的自动化程度越高；自动化程度越高，在"勇气战"中，敌人考验我方意图而同时延长"风险持续期"的动机就越少。

人会忽视这个威胁，因为进行威胁的国家没有令人信服的方式让自己**不得不**去做具有如此自我毁灭性质的事情。作为替代，如果这个欧洲国家威胁某天向苏联发射一颗携带核弹头和随机引爆装置的导弹且苏联人没有将其击落，它就会在苏联领土上引爆。苏联人会说，他们不相信该国会这么做，但是这个国家却这么做了。苏联人对此抗议并进行威胁，某天过去了，这个国家又继续做同样的事情。或许某个核弹穿越了边境并被引爆了，或是某几个核弹被引爆了，又或许一个引爆的都没有。但是，如果某些核弹引爆了，它们可能炸掉城市或者人口聚居的乡村或者荒芜地带。这个国家持续地这样做下去。

这个国家的所作所为该如何定性？除了对苏联造成损失和羞辱之外，这个国家的所作所为最主要的是：引发一个令人厌烦的冒险，使得其自身和苏联（以及世界其他各国）将在不久的未来投身于全面战争之中，这种战争是它以及苏联都不希望看到的。这个国家相当于在有效地说："如果你不从匈牙利撤出，我们**可能**会导致一场全面战争的爆发。"苏联人将在何时撤出呢？苏联人越早撤出，战争的危险（从这个缘由来看）终止或消减得越早。运用这一压力的国家并不是在说："请从匈牙利撤出，否则我就人为地开始一场战争。"决定并不取决于他们，而且也不依赖于他们所表现的做出最终行为的明显决心。苏联人可能假定相关国家将竭尽全力阻止全面战争的爆发，但是他们也不得不认识到，随着这些导弹飞来飞去，时不时地爆炸，随着他们自己以他们感觉"义无反顾"的任何方式作出回应，相关的国家以及苏联人谁也不是完全彻底地清楚如何阻止全面战争的爆发。

这个例示只是意在用类比的形式说明其他行为，这些行为引起的全面战争的风险，可能并不是这么容易——作为"什么正在发生"的一个不可分割的部分——被人们觉察到。以更具当下意义的局势来说，假设，在从地面进入柏林的通道被阻时，我们派出一个装甲纵队；或者假设，一旦通往柏林的运输压榨高到令人无法忍受的地步时，派出军队去占领并掌控通道；假设所采取的行动，无论有意还是无意导致了东德的暴乱。我们如何分析这些压力对于苏联人而言的性质？我认为答案很大程度上是，他们现在面对着一场双方都不愿其发生的战争的风险，但这又是双方难以避免的。直接行动的根据——就其本身而言，哪怕以某种只能小部分地达到目的的规模——是故意创造我们与苏联人共担的风险，同时提供给他们一定的选项，让他们通过行为结束风险或通过撤退以顺应我们的目的。

当然，这并非对这类行动的唯一解释。它可能是缘于：如果战斗停留在小规模的层次上，我们有可能取得军事上的胜利；以及缘于：苏联人如要将战争扩大，则势必要求做出不连续的过于剧烈的跨越，而这种跨越又因为其担心会激起过度跨越的强烈反应而惮于采用。在这种情况下，初始的有限战争将包含着一个阻止战争扩大的"遏制性"威胁。尽管如此，为何哪怕是小规模战争的威胁也会有效的一个重要原因是，这样一种战争预示了某种很小但能为人所觉察的、大规模战争爆发之可能性（这种可能性足够的小，以至于苏联人相信西方世界一定会努力创造这种威胁）的增加，让它大到如果让其发生双方无利可图的地步。①

这一解释并不意味着，哪怕是在我们只有很小的希望取胜的时候，有限战争的威胁也会是强有力的。在这些术语中，一场有限的局部战争并非仅仅是地方性的军事行动，它包含着对苏联本国进行"报复"的元素——并非是小的**琐碎的**报复，而是大规模战争的较小**可能性**。

---

① 在笔者看来，1958年美国向黎巴嫩派军队，不仅是既冒险又成功的行动，而且，准确地说，其成功乃是源于其风险，这种风险是共产主义国家能够靠他们的反应来"或缓和或恶化"的。

边缘政策

本文的主张导向了"边缘政策"的定义和"战争边缘"的概念。根据这一观点,"边缘"并非是行为者"能够牢牢站立、向下俯瞰并决定是否跳下"的悬崖的陡峭的边缘。这里的边缘拥有一个带有一定弧度的斜坡,人站在上面会有滑落的风险,人越是迈向峡谷,斜坡越陡峭,滑落的风险也就越大。但是,斜坡和滑落的风险是极不规则的。无论是站在上面的人,还是旁观者,都不能完全确定风险究竟有多大,或者当行为者向前走上几步时,风险又会增大多少。在将危险的政策推到极限(即实施边缘政策)时,行为者并不是这样来恐吓业已跟他捆绑在一起的对手的,即,通过不断接近边缘,以致当他**决定**跳下去时,任何人都无法阻止。边缘政策涉及的是:置身斜坡之上,在此哪怕是他自己尽最大的努力来自救,也有可能会坠落,连带在一起的还有他的对手。①

由此可见,边缘政策是人为制造的可觉察到的战争风险,且这一风险并未被行为者所完全掌控。该策略人为地让局势一定程度上超出控制之手,只是因为惟其超出控制之手,才能令对方不堪忍受,进而迫使对方予以顺应、和解。这意味着,通过使对方遭受一个共担的风险,达到侵扰和胁迫对方的目的;或者通过向其表明"如果做出相反的举动,可能会妨碍我们,这样不管我们是否愿意,都会同时拉着你们和我们一起滑向悬崖的边缘"来遏制对方。

这样一种观点,即我们应该"让敌人忙着猜测"我们的反应,特别是就关于我们**是否**会做出反应进行猜测,沿着这一思路看来,就需要进行解释了。有时它主张的是,我们无须以报复的确定性或抵抗的

---

① 小孩对这一点理解得相当通透。

确定性来威胁敌人，而只是以我们会做反击的"可能性"来恐吓他即可。但是，如果这种观点意味着令苏联人面对一个可能的、仍然取决于我们"以这样或者那样的方式所作出的决定"的反应的话，该观点就被误解了。苏联人或许会猜测，事后我们将倾向于不做反击，特别是当他们发动的是适度的少量入侵时；如果我们不愿作出安排以使我们**不得不**反击，甚至于不愿**说**我们将肯定回击，如果我们让自己有任何借口逃避的话，我们可能就证实了他们了解了我们的偏好。因此，如果我们担心绝对地任责于一个威胁可能会达不到它的目的，如果我们担心任责自身于一个我们不倾向于去任责的行为，那么，一点点挽救之策是：力图说服敌人让其相信我们毕竟不过是**可能**决定这么去做。

但是，局势会有所不同。如果我们处于这样一个位置，使得苏联人明白，我们已经充分地卷入其中，哪怕我们有一条退路，我们也**可能**无法退出。**说**"我们会或不会对侵犯某个中立国的行为进行报复，要看它是否合乎时宜"；以及**说**"我们既不会让敌人为我们做出这种决定，也不会让对方知道随后能预期到些什么"；将这些展示在敌人面前，看起来像是在虚张声势。但是，如果深深地卷入，将部队派往中立国或驻扎在附近，或卷入其他任责，以致我们自己也无法完全确定自己是否会在侵略出现时，规避战斗，可能就会真的"让敌人忙着猜测"。

总而言之，只要我们并非力图让敌人忙着猜测我们自己的动机，那么，试着"让敌人忙着猜测"是有意义的。如果结果部分地取决于"一定程度上明显超出我们的理解和控制之外的事件或过程"，那么，我们就是在给对手制造**真实**的风险。

不完全的决策过程

这种威胁，即行为者"可能"——该决定一定程度上超出其控制之外——进行报复或突然发动战争的背后含蓄地表明了这样一种观点，即，政府的某些最为重大的决策是基于某个不能完全预测的、不能全面"掌控"的、不是全然人为的过程而做出的。它意味着一个国家某种程度上会漫不经心地卷入一场大战之中，因为决策过程存在如下意义上的"不完全性"，即：（1）对特定权变性条件的反应无法基于任何事前的计算进行切实预判；（2）对特定权变性条件的反应可能依赖于某种随机的或偶然的过程；或（3）不可避免地存在着信息错误、沟通失误、理解出错、权威滥用、恐慌及人性或机械性过失。

该观点并未反映那种对决策过程的"不寻常地冷嘲热讽"的观念。首先，决策的确不得不建立在非完全证据或模棱两可的预警的基础之上，而且，**在原则和原理问题上**，否弃不可撤销的、基于错误警报的行为也是不明智的（此外，行为者也没有必要对错误警报的概率问题过度痴迷，以致认为可能存在某些概率水平，在此之下，如果不同时触发其他更严重的危险的话，就无法推进特定的危险）。

第二，战争可能发生，因为双方都开始任责于不可调和的立场，谁也不愿妥协让步，特别是当和解退让，要求呈现——哪怕是在顷刻之间的——某种军事脆弱性条件时。而且，承认两个政府可能误判对方的任责，也并无值得冷嘲热讽之处。

第三，即便是一个有序的政府，一个有着负责的、头脑比较冷静的领导的政府，也必然是一个不完美的决策系统，特别是在危机发生时。其原因是多方面的，其一为：除非是完全集中独裁的体制，任何决策系统都有数个人的参与，而他们并没有统一的价值系统、统一的对敌人意图的判断以及对军事力量的估计。在危机时，迅速地做出决策取决于谁在现场、特定的考量、研究是否已经完成以及面对并无先例的刺激因素时，特定领导和参谋所展现的主动性和说服力。决策的某些部分，可能是根据授权范围做出的，而做出决定的代理人并不必然能够来自总统或首相或内阁（经与国会或议会领导磋商）所可能作出的决定本身。决策过程中甚至必然会存在一些矛盾，比如说，无法事先确定下来的宪法性议题便是一例，这使得难于针对特定的偶发性情况作出全面准备。因为突破法律或先例的必要性，只能默识性地予以接纳，而不能明示地进行准备。最后，保密的需要也限制了针对可能出现的偶发事件做事前准备的实际工作量。

正因如此，并不存在诸如一个"固定"计划、意图或政府政策可以用来涵盖每一个偶发事件，哪怕仅是所有重要的、可预见的权变性事件。在未来的危机中，如何让考量合乎情理、应该瞄准哪些利益以及集体决策程序是如何运行的，都无法事先确定。

除此之外，最重要的，如果我们承认在战争边缘踩钢丝、进行危险的运作时，政府决策者存在着普通人的智慧和情感能力上的局限性，那么，这样的事看来也就十分清楚：尽管一个国家似乎能够成功地从其投身的局势中抽身而出，但该局势却可能存在着相当大的风险，使得这个国家在其能力限度内哪怕是尽了最大努力仍难以成功。

行为者无法期盼政府能注意其自身在这一点上的不足，也不能指望政府告知敌人：自己对自身行动的不完全控制是其策略的不可或缺的组成部分。同时，从强有力的公关理由来看，行为者也不应向敌人指明，自己对判断的灾难性失误和错误警报或者自己不太确定如何从一个风险性局势中逃出。同样可以理解的是，身处有限战争的政府，不会去陈述其一直感兴趣于某种会使其"遭受全面战争之可能风险"的军事行动。关键点在于：这些事情确为事实，但不能宣之于口。

但是，威胁的基本理念，即，给某些事项留有发生的可能性（变数）是很重要的，哪怕我们自己并未有意识地——甚至是默识性地——去运用它。首先，是因为它可能会被用来针对我们。其次，我们可能会误判某些我们在切实使用的战略，如果我们没有认识到某个

"全面战争风险要素"（该要素是，哪怕我们没有领会到，却仍是我们能够对敌人产生影响的相当重要的组成部分）的存在的话。比如说，假设它是欧洲战争约束力量发挥作用的重要组成部分，而我们却没有认识到这一点的话，我们对这一力量发挥作用的分析就可能会出现重大的失误。通常的观点认为，"地雷拉发线"要么发挥作用，要么无效，或者苏联人要么希望其发挥作用，要么希望其无效，这样的观点显然错误地将更为复杂的可能性范围问题，简单化地处理成了两个极端状态。

第四部分

突袭:对互不信任的研究

第 9 章 对突袭的相互恐惧
第 10 章 突袭与裁军

第 9 章　对突袭的相互恐惧

如果我半夜下楼，去查探某种响动，手里拿着枪，并发现自己面对着个同样手里有枪的窃贼，此情此景，存在着一个我们双方都不愿看到的危险结局。即使他倾向于只是安静地离开，且我也希望他这样，但仍然存在这样的危险：他可能**以为**我想开枪，因而首先开枪。更糟糕的危险是，他可能**以为**我以为**他**想开枪，或他可能以为**我**以为**他**以为**我**想开枪……如此等等。当行为者只是力图自卫以预防被枪击时，"自卫"变得模糊不清。

这便是突袭的难题。如果突袭能够带来某种优势，那么，先发制人以免遭对方的突袭便是值得的。对对方可能会——因为错误地相信我们将很快突袭而——马上进行突袭的担心，给了我们率先发动袭击的动机。与此类似，对方有这种动机也合乎情理。但是，如果突袭成功所带来的收益与完全没有战争相比更不可欲，那么，对双方而言，也就不存在突袭的"根本"基础。尽管如此，似乎还是存在某种适度的、"其本身小到不足以引发袭击的"诱惑会让各方慢慢陷入突袭之中，这种合成物包含着一个互动性预期的过程以及一个连续循环所产生的、额外的袭击动机，该循环即："他认为我们认为他认为我们认为……他认为我们认为他将发动袭击，因此他认为我们会袭击；因此，他将袭击；因此，我们必须袭击。"

有趣的是，该问题尽管极为戏剧性地出现在通常被概括化为冲突的场景之中,如苏联人和我们的冲突或窃贼和我的冲突,它却在逻辑上等价于两个或多个搭档之间缺乏信任的难题。如果每个行为者都受惑于要将共同财产席卷而逃;如果每个行为者都有点怀疑其他人可能在盘算着同样的事;如果每个行为者都认识到别人也可能存有疑虑,并可能怀疑自己便是被怀疑的对象,这样,我们也就有了一个与突袭问题相一致的收益矩阵。如果暴徒中的某几个人开始头脑发热,心生动摇,其余的暴徒可能会将这几个人干掉,以防止他们告密,而那些身处危险中的人又可能因此有动机通过告密来自我防卫。这样,"预防性自卫"的博弈结构与"伙伴互信"的博弈结构相同。

作为这种每个行为者都担心其他人所为之担心之事的交互复合的结果,突袭的原初可能性变得与时剧增,可能会产生"乘数"效应。这样一种直觉性观念,正是我在本章想要分析的问题。更详细地说,我想分析:在两个参与人都能觉察到他们的困境的本质时,这一现象是否以及如何能"通过概率的某种**理性**计算或某种**理性**战略选择"呈现出来。这种直觉性观念本身,哪怕是一种错觉,却也可能成为真实的现象,并刺激人的行为。人们可能模糊地认为他们觉察到了局势的内在易爆性,并以突然爆发的方式来做出回应。但是,我想考察的是,这种"复合预期"现象能否被阐明为是一个理性的决策过程。我们能否就该困境建构一个明确而详细的模型,在此模型中,两个理性的参与人将是"支配彼此预期"的逻辑的受害者吗?[1]

概率的无穷序列

我们可以先着手将问题按如下方式设置起来。博弈参与人能够用

---

[1] 博弈理论家认为,该问题是(作为零和博弈的)所谓"决斗博弈"的非零和博弈的一面。笔者在此考虑的非零和博弈版本,涉及的是是否开枪的问题,而非何时开枪的问题。

上一套概率，它们构成一个潜在无穷的序列。首当其冲的是一个估计概率，P_1，即对方"真的"倾向于袭击的可能性，也就是说，即便他自己不用担心遭受突袭时，他将发动突袭的可能性。居于第二的概率是 P_2，是对方**所想**的我"真的"倾向于袭击他的可能性，也就是说，即便我不用担心自己会遭受突袭时，将对对手发动袭击的可能性。第三个概率是 P_3，即**他认为我认为他**"真的"将突袭的可能性。第四个概率是 P_4，即**他认为我认为他认为我**"真的"会突袭的可能性。第五、第六、第七……等概率，将据此通过不断加长"他认为"和"我认为"的行列而建立起来，对于每一个顺序号都贴附上一个不同的概率。这样，他将发动突袭的总概率为：

$$1-(1-P_1)(1-P_2)(1-P_3)\cdots\cdots$$

该公式的问题在于并不是任何东西都会引发这些序列。每个概率都是**特设**的估计，所反映的是特定局势的具体信息结构的外加性数据。我们不能仅仅以作为数据的序列中的少量几个项次作为开端，便规划其余，以致无穷；也不能根据其所能推进之任何范围或限度，就算术性地运用于整个序列。在这种序列中，项次数目只能多至参与人有时间做出估计的极限或其头脑中才智的持久力的极限，因为他不得不通过某种独立的估计程序来生成序列的每一个新项次（即概率）。是的，我们能确立某些特定的博弈，其信息结构能为这种序列带来某个相对固定的公式，比如说，用轮盘赌的一套旋转结果，来决定是否告知对手我"真正的"价值倾向，来决定我是否被告知他已经知道这种倾向，来决定是否该告知他我已被告知他所知道的事情……等等。但是，这些应是特殊的博弈，其对我们所力图把握的一般性局势无甚例示说明之助益。我们所需要的是，将该问题按照这样一种方式来表述，这种方式使得我们能够致力于有限的几个主观的决定性参数，它们可能描绘了一个序列的初始或"客观"条款，其潜台词则是它们能够自动地、通过无限次地重申"他认为我认为"来"内生"任何后续"外加概率"之数值。我们需要将该问题以这样的方式表述：每一个人的预期是其他人的预期的函数。

"严格可解"的非合作博弈

作为努力的第一步，我们给双方参与人各赋予一个基本的参数，来表示他**在不应袭击时发动袭击**的可能性。对双方而言，这些参数的值他们是完全知道发，并且知道对方知道。我这里所谓"不应"的含义包含在随后的两部分行为假设之中。

我们的行为假设的第一部分是，如果两个参与人都意识到"不进攻的共同政策"是对双方而言最有利的可能结果，他们就将承认这个"解"，并选择放弃进攻。例如，如果该收益矩阵如图 9-1 所示，双方都将确立起他们共同的信心，并挑选能给双方带来最有利结果的战略。① 这对于参与人智力的要求看来是相当普通的 ②（我认为，这部分假设是值得怀疑的，主要原因是：如果互不袭击的好处相对于单边突袭是很小的，小到令两个参与人不足以完全确信他们了解彼此，则这种可能性——某方只是出于要确保自身安全，或者出于担心对方将力图确保对方的自身安全，而有动力去破坏互不袭击原则的可能性——也就给行为假设的第二部分留出了余地，即述如下）。

---

① 这里存在两个纳什均衡，一个是 (i, I)，一个是 (ii, II)。不过，后者带来的收益结果对双方而言明显地要好于前者。这里作者的"行为假设"假设参与人能够达成 (ii, II) 这个均衡结果。——译注

② 用卢斯和雷法的术语来说，如果非合作博弈有"严格意义上的解"，那么，这个"解"就将设定为能够被接受。见《博弈与决策》，第 107 页。实际上，在这里，该条件一定程度上要更强一些，因为相对于所有其他的结果（而不仅仅是相对于所有其他均衡点）而言，参与人双方都倾向于这个解。

	I	II
i	0 0	−.5 .5
ii	.5 −.5	1 1

图 9-1

行为假设的第二部分是，对参与人 R（也就是行）而言存在可能性 P_r；对参与人 C（也就是列）而言存在可能性 P_c，让他们在挑选（或应该挑选）互不袭击战略时，在事实上发动袭击，也就是说，他们的决策将与我们第一部分的假设相矛盾。这也就是参与人在即便他"不应"发动袭击时仍可能袭击之说法的意味所在。有关该参数代表的是什么，我们也许应保持其答案的开放性：它可能归咎于参与人非理性的可能性，或对收益矩阵的误解及他"真的"倾向于单边突袭的可能性，或某人将决策失误而不经意地派出袭击部队的可能性。对每个参与人而言，该参数都是"外生"于我们的决策模型的：源自外部提供的数据或资料，它并不是由于两个参与人的互动而内生的。

假定 P_c 和 P_r 这两个参数对双方参与人而言是明显可见的，它们没有什么秘密或推测的空间。这似乎因假设而绕过了我们所要力图解答的问题,,然而，事实并非如此。这两个袭击的外生可能性，其自身并不意味着参与人将在事实上发动袭击的可能性，它们只是一个要素。问题在于，给定这些基础要素和不确定性条件，"双方预期"的互动是否会产生额外的袭击动机。我们必须至少将**某些数据**植入问题之中，以便让预期和推测发挥作用。将人为植入物控制在最低水平的唯一方式是，让这两个参数完全可见，否则，我们就必须费力地去陈述：每个参与人是如何猜测这两个参数的，他猜测对方对它们的猜测是什么，他猜测对方如何猜测他自身对它们的猜测是什么……如此等等。我们就将再次弄出**特设**参数的无穷序列，这让对"概率分布的概率分布"

进行处理变得极度困难。彻底厘清并为计算"参与人该担心对方担心些什么"提供出发点的唯一方式是，让这一对每个参与人而言的、根本的不确定性成为一件有案可查之事。我们希望看到的是，一个基础性的、不确定性的"客观"根源如何生成关于彼此忧虑的"主观忧虑"这样一种上层结构。

这样就产生一个格局，它将形成我们曾说过的复合性的自我防卫局势。第一个参与人必须考虑对手袭击的可能性是否是危险的，此外，他还必须考虑对手也有着相似的担忧。哪怕是他亲自发动"非理性"袭击的可能性已知为零的一方，也必须考虑到第二方可能会突袭，这不仅出于非理性，而且出于对第一方（因为担心第二方的袭击）发动袭击的担忧而力图施以袭击、先发制人。如此，我们似乎就能得到一个复合性动机了。

然而，我们并没有。我们并没有从中得出任何常规性的"乘数"效应。除了当生成确定性之时，双方发动袭击的可能性尚未交互作用生产出一个更大的可能性。这也就是说，以双方"非理性"袭击的有限可能性为发端的博弈，其结果，不是那些可能性因对突袭的担心而放大，而是：要么共同袭击，要么没有袭击发生。也就是说，这是一对**决策**，而不是一对有关行为的**可能性**。

用这两个表示"非理性"袭击可能性的参数，我们通过重新计算原初矩阵中的收益来说明这个问题。矩阵中左上格的数值照旧，而右下格的收益会被重新计算，它将是 4 个单元格的加权平均值。因为，如果双方都选择不突袭的策略，这里有 $(1-P_c)(1-P_r)$ 的可能性突袭将不会发生，$P_r(1-P_c)$ 的可能性 R 将发动袭击而 C 不发动，$P_c(1-P_r)$ 的可能性 C 将发动袭击而 R 不发动，P_cP_r 的概率双方都发动袭击。同样地，左下单元格的收益是左列收益的加权平均值，因为如果 C 挑选了袭击战略，他肯定会袭击，而如果 R **挑选**"不袭击"战略，那么，他事实上发动或不发动袭击的概率分别为 P_r 和 $(1-P_r)$。这样，给定每个参与人进行非理性袭击的概率均为 0.2，在上文原始收益矩形的基础上将得到一个修正后的矩阵，如图 9-2 所示。①

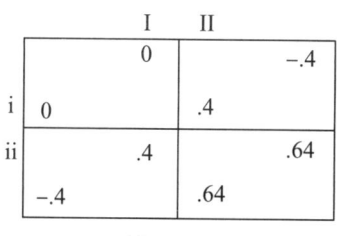

图 9-2

如果对 C 而言，发动非理性袭击的概率为 0.8，而对 R 而言这一数值为 0.2，那么，我们将得到收益矩阵图 9-3②。而如果两者发动非理性袭击的概率均为 0.8，我们将得到图 9-4。

	I	II
i	0 0	−.1 .1
ii	.4 −.4	.46 .14

图 9-3

---

① 事实上，用博弈论的话来说，我们将这视作是参与人在一个"纯"战略和一个根据特定自主参数而合成的"混合"战略之间做出选择（当然，他们可以对这种纯战略和混合战略作进一步地合成，但是，在当前的例子中，并无理由这么去做。）

② 对于图 9-3 中 0.46 的数值是怎么得来的，根据谢林前文"右下格的收益会被重新计算，它将是 4 个单元格的加权平均值"的说法，由于双方都挑选不突袭策略时双方均存在"出错"（即事实上突袭）的可能性，博弈双方此时的博弈结果落在原收益矩阵左上（表示行 R、列 C 均发动袭击）、右上（表示行 R 袭击、列 C 不袭击）、左下（表示行 R 不袭击、列 C 袭击）、右下（表示行 R、列 C 均不发动袭击）的可能性分别是：0.2*0.8=0.16、0.2*0.2=0.04、0.8*0.8=0.64、0.8*0.2=0.16，对于列来说，在新矩阵中其右下单元格的收益值也就是原初矩阵各对应单元格中列的收益乘以对应权重，再加总，即：0*0.16+（−0.5）*0.04+0.5*0.64+1*0.16=0.46。其余新矩阵中右下角得到的相关数值同理。一方挑选突袭，而另一方挑选不突袭时，相应单元格的新收益则以不突袭方的"出错"（即事实上突袭）和不出错的可能性为权重。——译注

	I	II
i	0 / 0	-.1 / .1
ii	.1 / -.1	.04 / .04

图 9-4

在我们修正后的第一个矩阵图中,非理性袭击的可能性,即对每个参与人而言为 0.2 的那个概率,被证明是不会产生什么影响的。也就是说,在**有关战略选择的问题**上,它们是不会产生什么影响的。它们产生了一个新的收益矩阵,其仍然在右下单元格的位置中包含着一个"严格解"。在此,**博弈所得之值**对任一参与人而言,**都缩减了**,因为这里无法避开那两个基本概率的作用。但是,对这两个概率的盘算考量,并未导致他们状况的恶化。每个参与人都充分地考虑到了这两个概率,他们仍发现这里存在一个他们共同倾向的、相互不做突袭的解,这也是原先假定条件下倾向于得到的解。

我们做过修正的最后一个矩阵图——其中每个博弈参与人的突袭可能性均为 0.8——则是对称而不稳定的;现在,每个参与人都宁可发动袭击,而不再希望避免突袭,且每一方都知道对方也是如此。这是一个乖谬的局势,与博弈论中人们熟识的"囚徒困境"一致。如果有效约束性协议在制度上可行,且如果博弈能被强行延缓,以给参与人一个机会来达成这种协议的话,唯一有效的解,是确立一个选择不袭击的有效约束性协议(而这给他们所带来的价值也是大大萎缩的 0.04 了)。①

第二个修正后的矩阵同样——尽管不是以一种对称性的方式——

---

① 在博弈论中,"囚徒困境"主要指的是,在缺乏强迫性协议来要求进行相反选择的情况下,收益的组合给了两个参与人占优的动机去一起选择某种战略,如果他们一起做相反的选择,他们的收益更低。该术语源于两名被分开审讯的囚徒的困境,他们可以一起拒绝招认获一个轻罪,或揭发对方让其获致一个重罪,而揭发者将因有功无罪释放——除非他本人亦被揭发,获一个中等程度的罪名。参看卢斯和雷法,第 94 页及其后面的内容。

是不稳定的。参与人 C（列）可能的非理性倾向，要求参与人 R（行）先行袭击以自卫；参与人 C（列）知道这一点，也会采取袭击行动。①

---

① 某种一定程度不同而更为有趣的情形发生于我们设 P_r 为 0.2，而 P_c 为 0.6 时。调整后的收益矩阵（仅对参与人 R 即行的收益而言）也就如下所示：

0	2
-.4	.12

参与人 R 仍然有一个"占优的战略"，即进行袭击（选择上行）；无论参与人 C 的选择是什么，发动袭击对参与人 R 而言都要更好。但是在这一情形中，与图 9-1 所描绘的情形不同的是，比起之前的情况，如果双方都选择不袭击，他的处境就变得更糟糕了。正是 C 的有关 R 拥有占优战略的知识，导致他们双方所得为 0。以 P_c 所表达的 C 的"非理性"，给 R 提供了一个动机发动袭击以"自卫"；但是这种动机中的一个因素——自我防卫动机中的一个很小的"瑕疵"——乃是 R 成功实施突袭由此来赢得比坐以待毙更好结果的可能性。如果 R 并无能力对 C 实施突袭，哪怕他努力于此也不行，他在原初矩阵右上格的结果将会是 0，而不再是 0.5，R 的调整后的收益矩阵将如下所示：

0	0
-.4	.08

这对 R 而言，在右手一列的两个收益都变得更为糟糕了，但相对而言，右上单元格恶化的程度要甚于右下单元格。由此也就消解了 R 进行袭击的动机，而 C 也知道这一点，于是结果就成了彼此不做突袭。这样，显然，不仅当更为"非理性"的参与人无法袭击时对参与人双方都有利，而且当"受害者"无法以"自卫"来成功实施突袭时对双方也都是有利的。该特定情形的这种条件，用正文下一段中使用的参数来表示，就是：

$$1-h < P_e < 1/(1+h)$$

这一点能够进一步一般化。假设用 h 表示"赢"一场战争的价值，它可能超过 1；如果它的确超过 1，而且，当对方无法进行袭击时发动袭击总是"赢"的战略；那么，双方都有严格占优的战略，即"袭击"。他们的所得将为 0，即便他们能够妥协的话将获得更多的收益。现在，假设实施突袭并由此能"赢"的可能性只有 Q，这样通过单边突袭所能获得的预期收益只有 Qh。如果 Qh 小于 1，那么，我们也就回到了一个双方严格偏好于不做彼此袭击的矩阵。而且，在容许一定的"非理性"袭击存在的条件下，如果 $P_c < 1-Q_ch$ 且 $P_r < 1-Q_rh$，该博弈是稳定的。设这里 P_c 和 Q_c 满足这些条件中的第一个，那么，第二个条件也得到满足，对 R 乃至对 C 而言就是有利的。如果 P_r 失去了控制，那么，R 就应该期盼着 Q_r，即他自身突袭敌人的能力应低于 $(1-P_c)/h$。只有这样，他以及 C 才能够得到超出 0 的收益。如果 R 能够通过消耗自己的资源，提升其"敌人的"预警系统，或者能够以显著可见的方式钝化自己的突袭能力，将 Q_r 值控制在限度之内，他就应该这么去做。这一原则同样适用于两个一定程度上不太互信的参与人，他们要在他们共同合作的金库上面加上各自的私人挂锁。如果一方买不起挂锁，那么，另一方就应该花钱帮他买一把。只有这样，他们才能一起做生意。

对于我们的两个参数 P_r 和 P_c，存在一定的取值限度，超过它将导致局势不稳，并激发双方的相互袭击。这个限度（这里设 h 为单边突袭所能获得的价值；–h 表示在参与人未作袭击时遭受袭击所承担的损失；0 为当双方同时突袭时参与人的收益值；以及 1.0 为当双方没有彼此突袭时的收益。）对每个参与人而言便是：

$$P_c < 1-h_r$$
$$P_r < 1-h_c \text{①}$$

图 9–5 例示了对每个参与人以及每个策略而言，当其中的一个 P 值从 0 变动到 1 时，"博弈的值"会发生什么样的变化。设 P_r 等于 0.2，将博弈的值以 P_c 的变动来布点成线（以矩阵 9–1 为基础），产生出对 C 和 R 而言的价值线图。在 $P_c=0.5$ 时，博弈变得不稳定，博弈对双方而言收益为零。②

该博弈并不十分符合原来"复合几率"的观念，因为在例示中，我们事实上能够在这两个参数不相等时，忽略掉较小的那个。如果两个参数都低于临界线，那么，它们究竟是多少就无关紧要。如果二者之一的取值高于临界线哪怕是一点点，那么，另一个参数的取值是 0 还是 1.0 不会带来任何影响。这样一来，它们也就能够强有力地作用于它们所能带来的彼此不袭击的收益值，因为，它们能导致参与人从不袭击的战略转向袭击的战略。但是，它们是以一种"要么全有，要

---

① 下面是一个涵盖了非对称性情形的更一般化的公式，它用 R_{11}、R_{12}、R_{21}、R_{22} 来表示对 R 而言行 1 列 1、行 1 列 2、行 2 列 1、行 2 列 2 的收益……等等。

$$\frac{P_c}{1-P_c} = \frac{R_{22}-R_{12}}{R_{11}-R_{21}}$$

公式中的分子表示错误地袭击所付出的"代价"，分母则表示错失袭击良机所付出的"代价"。应该能被注意到的是，如果 P 和（1–P）是确信的概率，而不是偏离和坚持"理性"行为模式的概率的话，其标准是相同的。

② 此时参与人 R 选择突袭和不突袭的博弈收益值相当，在图 9–5 中表现为 $V_{r, n-a}$ 线与 $V_{r, a}$ 相交。此时，预期到参与人 R 的这种不稳定性，参与人 C 也就会更倾向于选择袭击，尽管此时 $V_{c, n-a}$ 要大于 $V_{c, a}$。——译注

么全无"的方式发挥作用的。袭击的**可能性**要么受限于外源的或然性，要么成为必然之事。

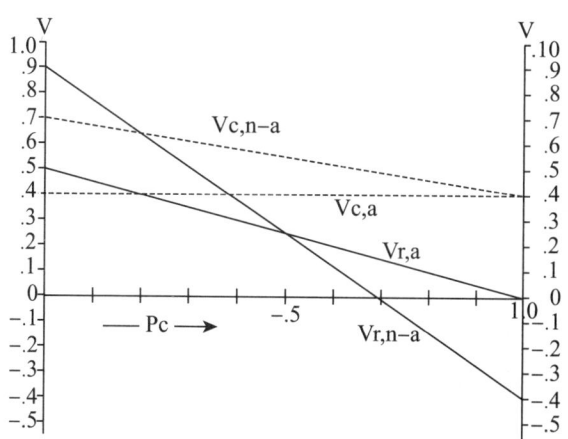

图9-5 $P_r=0.2$ 时，作为 P_c 的函数的 R 和 C 的博弈收益值

注：$V_{r,\,n\text{-}a}[=0.9-1.3P_c]$：在双方都选择不作突袭时，R 的博弈收益值[①]；$V_{r,\,a}[=0.5-0.5P_c]$：在 C 选择不袭击，而 R 选择袭击时，R 的博弈收益值。$V_{c,\,n\text{-}a}[=0.7-0.3P_c]$：在双方都选择不作突袭时，C 的博弈收益值；$V_{c,\,a}[=0.4]$：在 R 选择不袭击，而 C 选择袭击时，C 的博弈收益值。

博弈作为依次行动的后果

就我们使用的收益矩阵而言，如果将博弈改为参与人**依次行动**的情形，我们所得到的结果将是相同的。假设 R 被赋予了选择袭击或不袭击的自由，而 C 则受限于要先等待；C 只有是在 R 有机会做出他的选择并据此行动，且**仅当** R 并未发动袭击**之后**，C 才能够发动袭击。现在，我们进一步来建构这个博弈，让 C 还拥有一个更早些的选择权——优先于 R 的选择，这样，C 有机会先做出选择，然后是 R，最后

---

① 该值也就是在新的博弈收益矩阵中，处于右下角单元格中，R 的收益值。其得来的计算式为原矩阵四个单元格中的 R 的收益值的加权平均，即：$0.2*P_c*0+0.2*(1-P_c)*0.5+0.8*P_c*(-0.5)+0.8*(1-P_c)*1=0.9-1.3P_c$。——译注

又是 C 做出选择。之后，我们再给 R 一个更先一些的选择次序，这样，R 先选择，接着是 C，然后是 R，之后是 C 做出选择（只要在这个过程中没有人选择发动袭击。）

这个博弈将产生什么样的结果呢？在 C 最后一步行动之时，如果收益矩阵如同图 9-1 所示，他将**挑选**不作袭击，这样，事实上他将会有 P_c 的可能性发动袭击。而在 R 自身的最后一步行动时，他知道 C 将会作出何种挑选，并且根据 P_c 值，做出一个带有预见性的选择。而在此之前的行动中，C 知道 R 将会作出何种选择，并将 P_r 纳入其考量范围，做出一个带有预见性的选择。而在这一行动之前，R 知道 C 将在两种后续的场合中做出何种选择，并将 $1-(1-P_c)^2$ 这个概率——它是 C 可能在下面两步行动中任意一步发动袭击的可能性——纳入考虑之中，然后以一种带有预见性的方式作出他自己的选择。依此类推。如果每个行动者都有 n 步行动，**在每步行动中**，都存在 P_r 或 P_c 的可能性发动非理性袭击，结果取决于 $\bar{P}_c = 1-(1-P_c)^n$ 和 $\bar{P}_r = 1-(1-P_r)^{n-1}$ 是否满足前面推理得出的条件。如果满足条件，每个参与人都知道对方随后不会选择袭击，他自己在所有的行动步骤中便也不会选择袭击。但是，如果 P 超出了它们中的任意一个临界线，他将倾向于进行袭击，而对方也知道这一点，如此一来，无论是谁，一旦有先行的机会，就会立即发动袭击。

换句话说，我们这是在做"复合几率"的工作，但仍然存在"要么全有，要么全无"的效应，而且在这个复合的过程中，任意一个参与人都并不必须将双方的非理性参数结合起来。要么两个概率中至少一个足够大且博弈延续足够长以致导致第一个参与人发动袭击，要么就是没有任何参与人会发动袭击。而且，通过使每轮的非理性袭击可能性等于 $1-(1-P)^{1/n}$，从而让复合的总体概率恰好等于 P_c 或 P_r。如果我们让整体的非理性袭击可能性不受轮次数量的影响，那么，博弈的结果就**独立于轮次数量**的影响。这里，如果我们将这个博弈设想为是"他认为我认为"格局（每一轮都可表征为是一个怀疑的螺旋式循环）的类比物，那么，我们将得到一个模型，在此，后续的"相互担忧于彼此所担忧之事"将不会带来什么不同的影响：要么有着"客观的"基础让其中的一个参与人发动袭击，要么双方都避免彼此突袭。

问题再思考

现在，让我们回到楼下窃贼的案例，同样的道理看来是成立的。如果这个窃贼按照我们上文所定义的行为假设那样"理性地"行动，他就必须考虑到我"脱出自己的理性偏好"而向他开枪的可能性，而且，因为我认为极有可能他会因"脱出其理性偏好"向我开枪，他也必须考虑到我向他开枪的可能性。但是，如果我们双方都知道这两个基本（外生）"可能性"是多大的话，我们也就无需做进一步的推演了。要么，（1）这些基本的"可能性"足以导致我们中的至少一人向对方开枪以先发制人来免遭对方突袭，并由此导致双方都开枪，从而第二位的以及更高水平的恐惧与担忧也就显得多余；要么（2）它们都不足以单凭自身就让我们中的一方为了自卫而向对方开枪，而且我们知道这一点，也就没有让自己的恐惧与担忧超出这两个外生可能性本身的水平。如果我们双方都能一目了然地看到，我们中的任何一方都不会单单因为出于对"对方真的想要开枪的外生可能性"的恐惧与担忧，而被彻底地诱导去开枪，那么，我们就应能明白，双方都无须担心对方的防卫性行为，这样也就无须担忧对方会为此而担忧……等等。①

---

① 例如，如果双方恰巧能够进行沟通并不断地相互核对其所了解的内容，他们便能达成非正式的一致：不去**挑选**开枪，这就不会留下什么欺骗的动机。这里的设定是，对他们两人而言，两个基本的参数都是显而易见的事实。

但是，如果我不是出于理性计算开枪，而是因为紧张才走火，就会出现一种不同的情形。假设我的紧张取决于我有多么惊恐，而我的惊恐取决于我是多么倾向于认为他会向我开枪，并假设对方的行为方式与此类似。那么，当我考虑到他可能因为偏离理性倾向而向我开枪的外生可能性时，就会让我感觉紧张，这种紧张会提升我向他开枪（尽管我倾向于不这么干）的可能性。他看到我的紧张，这让他自己也变得紧张，这又让我更加恐惧，于是我更加倾向于开枪。他看到了我的紧张的这种增长，也相应地增加他自己的紧张，进一步让我惊恐，于是，我开枪的可能性便再一次增加。现在，我们可以把每个人的紧张表示为是另一个人的紧张的函数，并且得到了一对简单的联立微分方程，它们能够精确地生成一种我们所要着手研究的现象。①

而它们之所以能生成这种现象，乃是因为该模型没有涉及**决策标准问题**，也就是说，它并没有涉及一个这样的行为假设：告诉我们一个人将挑选两个策略中的哪一个的行为假设。相反，我们的"紧张模型"是这样一种模型，在此，对于遭受袭击的担忧，人们以**改变**他们自身将做出袭击的**可能性**来加以回应。只有是以这种方式，即通过探讨参与人决策的**可能性**，而非探讨决策的**规则**（也就是不去探讨参与人计算其最佳策略并遵循之的模型），我们才能得到那种我在本章开始时描述的"彼此加剧"的现象。

现在，这是否意味着我们的现象便不适于由理性、果断的参与人来展示呢？我们如何能够面对一个对其环境的变化或一点新的信息就

---

① 在用公式表述于此时，该问题存在一个很重要的不对称性。我们已经准许了这样一种可能性，即当行为者不应开枪时却开枪的可能性，即"紧张"的情形且对方知道它，但却未准许这样一种可能性，即，当行为者应该开枪时却未开枪且对方也知道这一点的可能性（存在这样的可能，即窃贼的弹药受了潮或他忘了给枪上膛，而我也知道会有这种可能，他可能也知道我知道这一点……如此等等）。这一可能性显然能够起到平抑波动的作用，有助于降低做出袭击决策的可能性以及降低意外或非理性袭击的外生可能性。

做出反应的参与人呢？也就是，面对一个通过**决定**他将比以往"在某种程度上更可能做某事"的参与人呢？一个理性的人也可能会紧张，在这种情况下，我们的理论是生理性的而非智力性的，但是，我们能够设想理性的博弈参与人再看上一眼那个窃贼，便在他的轮盘赌转轮中改变其调节装置吗？①

当然，就此而言，个体决策与群体决策可能会有所不同。我们可以想像一个通过投票来进行的集体决策，在此不同的成员有着不同的价值系统，由此对被袭击的可能性有着不同的反应临界值，这样一来，赞成发动袭击的投票数可能会是受到袭击的估计几率的函数。假设投票数还极度地依赖于一些偶然因素，如投票日的缺席人数。支持袭击所要求的多数票**可能性**也就成了敌人自身决策可能性的一个增函数，而敌人自身决策反过来又成了第一个集体参与人的多数票可能性的函数。因此，如果我们将理性视作是有着不同价值取向和一个投票系统的参与人的集合，我们就能得到我们想要的"理性"参与人的行为现象。

然而，存在一种方式来改变我们的模型，使之适用于哪怕是果断、理性的"单个"参与人。在伙伴关系和突袭问题中，它可能具有相当广泛的一般性，而且它直接涉及军事突袭实际问题中最重要的部分，即决策对不完美的警报系统的依赖以及在决策过程中"1类"和"2类"错误的概率。

不完美警报系统产生的随机行为

遭受突袭的危险能因使用警报系统而降低，但是警报系统并不是万无一失的。警报系统可能会以这么两种方式中的任意一种产生错误：

---

① 注意混合战略的一般原理，即，理性地重新调整行为者轮盘赌转轮以作决定的原理，与这里讨论的情况并无关系。

（1）使我们误把敌人前来袭击的战机当做海鸥，从而什么也不做；或者（2）它可能使我们把海鸥当作敌人前来袭击的战机，激起我们对敌人发动非蓄意的攻击。两类错误的可能性都可以通过在这种系统中投入更多的资金和心思来降低。但是，对于给定的经费支出，从决策标准上看，有关一类错误的标准收紧的同时，的确通常就会放松有关另一类错误的标准。在"反击"前较少索求有关即将前来的袭击的证据，也就是在为"他们真的是海鸥"寻求更多的证据，以便控制住我们自己的战机。

但是，现在我们能拥有一个理性决策者的模型，在此，理性决策者对可能遭受攻击的估计概率作出反应：不是通过明确地**决定**行动或抑制行动，而是**通过调整他将错误地发动袭击的可能性**。行为者对"遭受袭击的可能性的增加"作出回应的方式是：更改运用在警报系统之中的决定标准，以降低失于作出回应的可能性为导向，由此也就会导向于增大触发自身"反击"行动的"误报"的可能性。如果每个参与人对于突袭增加的危险，都以提升自己非蓄意的袭击做出回应，每个参与人发动进攻的**可能性**现在也就成了对方突袭可能性的增函数。①这样一个警报系统正是面对窃贼时我们的紧张神经的理性化、机械化的翻版。

为了（出于易于操作的目的，对称性地）建立这样一个模型，我们可以再次令 h 代表"赢"一场突袭战争的价值，–h 为"输"一场战争的结果，0 为同时发起袭击（输赢的机会为 50-50）的预期值，而 1.0 为根本没有战争的收益值，［在这里，只要在下面的收益矩阵中，(1–R)h 仍然低于 1，我们可以允许 h 超过 1。但是，如果"赢"意味

---

① 正如后文所述，这并不是**必定**如此；如果增加的遭受袭击的危险伴随着敌人面对突袭的致命脆弱性的降低，就有可能导致行为者的回应朝着与正文所述相反的方向前进。

着付出极大代价的比鲁斯王一样的惨胜，那么 h 值将是一个很小的分数。]我们假设成功的突袭将赢得战争——"成功的突袭"意味着一方发动袭击而另一方没有，**且是**对方的警报系统没有发挥作用而令对方招致失败。令 R 代表参与人的警报系统的可靠性，就是说，对于一个袭击，当其来临时，能被识别并且被通过出其不意地先发制人予以制止的可能性。这样，收益矩阵将如图 9-6 所示。

	I	II
i	0 / 0	$-(1-R_c)h$ / $(1-R_c)h$
ii	$(1-R_r)h$ / $-(1-R_r)h$	1 / 1

图 9-6

当参与人不应袭击时发动袭击的可能性，即当他理性选择"应为"（在早先使用的意义上）"反对袭击"时却将进行袭击的可能性，由两部分组成。一部分以 A 来表示，是非理性袭击的外生可能性，它排除了由"误报"激发的袭击的可能性。而通过"误报"引起的袭击可能性用 B 来表示。这样，因警报系统而来的两类错误分别以 B 和（1-R）来表示[①]，而该模型的主要特征是 B=f(R)，f'(R) > 0。也就是说，我们将作为一种错误之源的（1-R）降低得越多，我们就将越多地增加 B，反之亦然。

每个参与人的战略选择都关涉这对"能最小化其预期损失，即最大化博弈对他的预期价值的" B 和 R 的值。令 V_r 表示对 R（行）参与

---

① 其中 1-R 对应的是前文中的"（1）使我们误把敌人前来袭击的战机当做海鸥，从而什么也不做"的"漏报"；而 B 对应的是"（2）它可能使我们把海鸥当作敌人前来袭击的战机，激起我们对敌人发动非蓄意的攻击"的"漏报"。——译注

人而言的博弈的预期价值，R（行）参与人的警报系统问题就是选择一对 R 和 B 的值，在 B=f(R) 的约束条件下，能将如下的 V_r 值最大化：①

$$V_r=(1-P_c)(1-P_r)+P_r(1-P_c)h(1-R_c)-P_c(1-P_r)h(1-R_r)$$
$$=(1-A_c)(1-B_c)(1-A_r)(1-B_r)+(A_r+B_r-A_rB_r)(1-A_c)(1-B_c)h(1-R_c)$$
$$-(A_c+B_c-A_cB_c)(1-A_r)(1-B_r)h(1-R_r)$$

此外，依据早先的矩阵分析，R（行）参与人应该考察作为结果的、调整后的收益矩阵——即，通过使用"最优的" R_r 和 B_r 值，连同观察到的（或预期为最优的）R_c 和 B_c 值来"调整"后的收益矩阵，以观察互不袭击是否仍然是共同倾向的结果。伴随着最优调整的警报系统，共同倾向于不袭击的条件是：

$$P_c=(A_c+B_c-A_cB_c)<\frac{1-h(1-R_c)}{1-h(R_r-R_c)}$$

$$P_r=(A_r+B_r-A_rB_r)<\frac{1-h(1-R_r)}{1-h(R_c-R_r)}$$

由于对称性，右式分母会变成 1。

实际上，正如下面将要看到的，第二个考察可能没有必要。由于特定的行为假设，对 R 值和 B 值（对于 R 不等于 1 的任意取值，B 都存在）的最优调整，要求满足调整后的矩阵具有稳定性的条件。

参与人是如何行为的，仍有待详细界定。一般来说，对应于"参数化行为"、"默识博弈"及"谈判博弈"或多或少的不同，我们能够作出三个相关假说中的任意一个。

---

① 出于方便例示的目的，这里假设"误报"导致的非故意袭击与有预谋的人为袭击是同类型的袭击，有着同样的可能性达致突袭的效果。此外，我们忽略了 B 的时间维度。当（1-R）是每单位来临的袭击"漏报"的可能性，且 A 也应拥有这两方面的某些因素时，B 可能需要被设想为是单位时间出现"误报"的可能性。这样，在这个模型中，时间范围被假设为是固定的。

动态调整（参数化行为）

首先，我们可以试着假设每个参与人都将遭受袭击的可能性是给定的，就是说，在其自身损失函数中，它是一个参数而不是一个变量，同时其对手的警报系统也被看作是一个参数。这意味着他可以直接观察到其对手的 B 和 R 值，并为自己挑选一对 B 和 R 值，以最小化其预期损失。这一假设倾向于将每个人对 B 的选择变成对方袭击可能性的增函数（它只是"倾向于"，因为正如下文提到的，这里存在另外一种可能性，即对方 R 值的相应变化，能够提供抵消性的诱导）。如果我们设想两个参与人持续不断地调整他们的 B 和 R 值，每一方都盯着对方的 B 和 R，但总是对当前遭受袭击的可能性作出参数性的回应，且并未将对方的行为计入为自身行为函数的组成部分，我们就得到了一个简单的动态"乘数"系统——保持稳定还是剧烈爆发取决于参数的值和 f 函数的形态。我们可以将每个参与人的最优 B 值表达为对方 B 值的函数，解这两个等式，进而推导均衡的稳定条件。我们还能计算出将"每个参与人的 B 和 R 值的变化"与 f 函数的改变或与 A 参数的变换连接起来的——"乘数"。

具体而言，为了找到参与人 R 的"参数化行为"函数，我们让 V_r 基于 R_r 取最大值[①]，约束条件为 $B_r=f(R_r)$，但是视 B_c 和 R_c 保持不变。基于前面给出的 V_r 的公式，我们得到：

$$f' = \frac{P_c h(1-B_r)}{(1-P_c)[1-h(1-R_c)]-P_c h(1-R_r)}$$

且，对于 $h(1-R_c) < 1 > h(1-R_r)$，有 $f'' > 0$

由于 f' 被设定为正数，如果 V_r 要基于 R<1 来实现最大化的话，分

[①] 这意味着 V_r 针对 R_r 求导，且其值为 0。——译注

母势必为正。但分母为正的条件恰巧便是，P_c 在其让参与人 R（行）仍然倾向于"不作彼此袭击"时必须满足的条件。这样一来，如果两个参与人在 R<1 时都有最优的调整，这些 R 和 B 的最优值也同时势必与"不作彼此袭击"的倾向性相一致。

在这一行为假设下，B_r 对 B_c 的比率，也就是说，对于给定的 B_c 值，能够产生参与人 R（行）的最优 B 值的结果函数之斜率，可以通过对双方的上述等式求导来得到：

$$\frac{dB_r}{dB_c}（循着参与人 R 的行为函数）= \frac{dB_r}{dR_r}\frac{dR_r}{df'}\frac{df'}{dB_c} = \frac{f'}{f''}\frac{df'}{dB_c}$$

$$= \frac{f'}{f''}\Big(\frac{\partial f'}{\partial B_c} \perp \frac{\partial f'}{\partial R_c}\frac{dR_c}{dB_c}\Big) = \frac{f'}{f''}\Big(\frac{\partial f'}{\partial B_c} \perp \frac{\partial f'/\partial R_c}{\emptyset}\Big)①$$

这里 $B_c = \phi(R_c)$，表示的是参与人 C 相应的函数。

由于 $\partial f'/\partial R_c$ 为负，小的 φ' 值可能使得参与人 R 的 dB_r/dB_c 为负。确乎如此！通过充分地提高非故意袭击的"代价"，使其超过遭受袭击之风险的增加值，便能做到这一点。换句话说，B_r 并非仅仅是 B_c 的函数，也是 $\varphi(B_c)$② 的函数。随着我们的考虑脱出 B_c 轴，当 B_c 和 R_c 同时提升时，B_r 趋于因 B_c 的一个提升而增大，却随着 R_c 的提升而减小。

一个稳定的均衡要求：参与人 R 的 dB_r/dB_c 和参与人 C 的 dB_c/dB_r 应该有一个小于 1 的结果值，也就是说，以 B_r 作为垂直性尺度，而 B_c 作为水平性尺度，参与人 C 的曲线应该与参与人 R 的曲线从下面相切。将 B 值和 R 值的变动对于该函数的变动（或对于 A 值的变化）取比率，而形成的一般"乘数"表达式，其分母由 1 减去该结果值构成。

正如前面提到的，当 h 趋近于一个不稳定矩阵的条件时，f' 的表达式中分母不复存在，而 R_r、B_r 和 f' 将急剧地攀升（实际上，与参数化行为均衡的稳定性不同，矩阵博弈的稳定性并非是参数化行为假

---

① 后面这个式子前面的等号，原文为减号。疑为有误，现改成了等号。——译者
② 从上下文来看这里 B_c 改为 R_c 可能更恰当。——译者

说的相关概念，盘算矩阵并预测对手的行动，是在突出展现他的行为，而不是在观察它并正视和应对它）。

同样值得注意的是，参与人 R 会在他的计算中忽视 A_r。该值退出了求解 B_r 和 R_r 最优值的公式。从直觉来看，这是因为，无论是 R_r 值还是 B_r 值，能够带来影响的唯一权变性条件是，R 没有发动"非理性"袭击；如果他发动了，B 和 R 便与他不再相关。[然而，A_r 确实会影响构成一个稳定矩阵的条件，因为它的确会渗入到 P_r 必须满足的条件之中去。因此，在反映 C（列）的调整的时候，R（行）将不得不将 A_r 纳入考虑之中。但是，不同于只是持续地观察 B_c 和 R_c，"反映" C 的行为会使得 R（行）的行为非参数化，这与当前的假说相反。如果参与人 R（行）曾考虑增加投入来改善其警报系统的价值，A_r 将会影响这一考量，因为它影响了该系统所形成的任何不同的可能性。这一考虑是外在于当前模型的。]

默识博弈

我们可提出另一个行为假说，它可导向同样的结果。这里，我们不是假设每个参与人都能够看到对方 R 值和 B 值如何调整，将它们视作给定，并对它们作出回应，而是假设每个参与人都知道对方的技术性机会——对方的 R 和 B 之间的函数关系，但是无法可靠地观察到对方是如何调整 R 值和 B 值的。这意味着，每个人都知道对方警报系统的运行机理，但是却从来无法切实地确定对方就"如何解释传入传出警报系统的证据"会给出什么样的指示或导引，即对方的决策准则是什么。这个假说给我们提供了一个非合作博弈，在此，每个参与人都必须为 B（也就是为 R）选择一个值，同时虽然知道对方的收益矩阵，却不知道对方选择的 B（也就是 R）值是多少。

在这种情况下,我们得到一个具有"均衡点"的收益矩阵,该均衡点——如果有的话,恰是参数化行为假说得出的稳定的均衡。[1] 换言之,参数化行为假说下得出的"解",仍然在该博弈的非合作形式中构成可称之为"解"的候选者(在两种情况下,均衡点都并不必然是独一无二的。如果解的确不唯一,第一个假说使结果取决于博弈的初始条件,且具有"颤抖性";第二个假说则趋向于使确定"解"策略的智力问题变得复杂化)。

当然,这个解对参与人双方而言是无效率的。正如前文提到的"囚徒困境"那样,竞相提升 B 的值,只会增加互相袭击的可能性。[2] 相对更小的两个 B 值将让双方都能获得改进,如果双方非理性蓄意偷袭的可能性相同(A 值相等),如果他们受制于无法就给他们安装同样的警报系统展开谈判的话,那么,双方之间就彻底不用警报系统(这也就消除了假报警的可能性)达成一个协议,无疑是双方所倾向的谈判选择。[3]

谈判博弈

如果我们考虑到这样一种可能性,即,两个参与人能够谈判去降

---

[1] 博弈论中**均衡点**是指参与人双方的一对战略组合,在此,每一方的战略是另一方战略的最优反应(可能存在数个这样的点)。

[2] 经济学家会发现,该局势令人联想到两个生产商在两个商品上配置其有限的生产资源的情形。一种商品是"防假警报式安全",涉及外部经济(效益外溢);一种是"防突袭式安全",涉及外部不经济(成本外溢)。

[3] 如果 A 的值、B 的值和 R 的值各自都相等,那么 V_r 和 V_c 都等于 $(1-P)^2$,该值在 B=0 时,取最大值(如果 B 有大于 0 的极小值,我们可以将其归属于 A)。如果 B 的值和 R 的值各自相等,而 A 的值不相等,则:

$$d\ V_r/dB = -2(1-B)(1-A_c)(1-A_r) + (A_c-A_r)(h/f')$$

该值在 A_c 大于 A_r,且 f' 较小时,可能为正。在这种情况下,其中的一个参与人——A 值较小的一方——将倾向于谋求**多些**预警系统,如果不是彻底不用的话,他们其实应该倾向于使用相同的预警系统。但是,这与参数化行为(或一个非合作博弈)可能导向的情形相比,将涉及较小一些的 B 和 R 值,通过将上面的表达式取值为 0,再将由此获得的 f' 的公式与参数化行为相应的公式相比较,这一点便一目了然。

低他们的警报系统的灵敏度，以较小的 R 值为代价，共同降低 B 值以获益，而且假定这种协议的实施是可行的，那么，在没有对谈判框架作进一步界定的情况下，是无法以一种令人信服的方式得出一个唯一**解**的。如果**解**必须具有对称性且**博弈**也是对称的，就是说，如果他们就**一对各自相同的 R 值和 B 值**进行谈判，其结果便是刚才所提到的 B 值为 0，这意味着 R 值也为 0，警报系统不复存在。如果双方的警报系统有待一致，则意味着两个人非理性蓄意偷袭的基本概率（即 A_r 和 A_c）之间存在着某种关键的不同，在此之上，达成废弃警报系统的协议，可能要求某种单方向的支付。

但是，一般而言，这会成为一个完全开放的谈判问题，其开放程度甚至高于现在的公式所指涉的范围，因为参与人不仅能够操作 R 和 B 的值，而且现在当然也可以用直接袭击来进行威胁或者运作决定着 A 值大小的制度性安排。

任何出于共同、旨在降低 R 和 B 值的协议，会面临一个执行难题，这就是各方的 R 和 B 值可能是不可观察的。在相当重要的程度上，它们不是单单依赖于一个可见的警报系统的物理机制，而是依赖于支配未来决策的标准。它们依赖于行为者能（要）等多久才能"确定"以及在紧急情况下行为者将接受何种风险。此外，如果协议将导向任何后果，甚至战争本身，那么，协议将无法维持。类似地，如果我们的模型表现的不是边境摩擦或一方对另一方的小规模入侵，而是全面战争，相互指责和损坏赔偿诉讼也就不用讨论了。

可能存在 R=B=0 在质性水平上是可被观察到的情形，即任何防御系统在物理形式上彻底地"不存在"。如果 R=0 时矩阵不稳定（这意味着此时存在 h>1），那么，即便存在上述这种可能性，作为一种可强制执行的系统，也是难以运用的。在这种情况下，以 B 的形式存在的某种"风险"就是必要的，这样才能将与 R 相关的"风险"安全地置于特定范围，即 h（1−R）小于 1 的范围。

达成一个明确地承认 A 之可能性的协议也是困难的，这是因为，承认某行为者的 A 大于 0，可能在政治层面上是不可取的。

这样，参与人也就会被导向于依赖这样的安排：要么显而易见地钝化他们自身的突袭能力，要么显而易见地提升他们自身以及对方的"将 R 值与（1−B）值关联起来的转换曲线"。比如，双方可能都会赞同就警报系统投入更多资金，以让其变得更有效率。相对富有的一方倾向于提供资金来帮助对方改善其警报系统，而不是任由其停留于要么加重对方的不安全感，要么让其为假警报所困扰的某种形式之中。这预示着，应该设计这样的协议来让军队没有潜在突袭之可能，这便是转而去改善他们自身之于突袭的致命脆弱性。这就是说，不是直接将 R 和 B 当作协议的条款，而是基于 R 和 B 在 f 和 φ 函数（考虑到这些函数中的每一个都涉及各自的警报系统以及对方或伙伴的袭击力量）中发挥作用本身的不可显见性，来推进条款的强制力。[然而，必须注意到，警报系统的"创新"（它们在如下方向上改变了 f 和 φ 函数，即对于给定水平的 R 值，B 值变得更小；或者反过来）并非在所有情况下都是稳定化的。有那么一些情况下，R 的**边际**成本的上升可能会导致更高的 B 值。这从两个参与人共同的立场来看，可能是故意作对的创新，它类似于"囚徒困境"中收益矩阵的"提升"，提高了每个参与人进行非合作战略选择的收益。]

至此，谈判博弈的形式化也将其自身出借给了谈判策略分析。例如，如果一个参与人参数化地行动，而对方知道这一点，并将其纳入考量之中，这样，第一方展现出一个"反应函数"，它也就进入到了对方力图将之最大化的、"V 的公式"之中。一般而言，本书第 2、5、7 章中所探讨的那类"战略举动"分析，与这一版本的突袭、伙伴关系纪律博弈是相关联的。

超过两人的情形

如果参与人的数量增加,或如果第三个参与人作为拥有自主权的代理人被带入其中,该问题的一个有趣的变体将会发生。如果博弈有四方,就来自四方中的其他方的袭击必须被预测到而言,迈向双方间弱化警报系统的动机也就降低了。但是,仍然正确的是,在一个更大些的博弈中,任意两个参与人通过将对彼此而言的、"他们采取参数化行为时所忽略的""外部不经济"纳入考量之中,都能在"共同沿着降低误报危机的方向"调整他们的警报系统之中找到一些好处。两名全副武装的巡夜人在同一建筑内巡逻,每人都面对着这样一种诱惑,即见人就开枪。如果他们能够找到某种方式来达成一个可执行的协议,即在见人后多少有些准备再开枪,则他们就能降低彼此误伤的可能性。(实际上,如果我们让我们的初始参数 P_c 和 P_r 代表的是一个人在黑暗中遇到窃贼而非另一个巡夜人时的相关概率的话,这两个巡夜人难题就是我们初始模型的一种表现。我们必须在窃贼的行为中引入某种不确定性,也就是让他作为一个理智的、力图预测其他各方决策的第三方参与博弈,以便在我们已经掌握的内容之上增加复杂性。)[1]

---

[1] 澳大利亚国立大学的亚瑟·李·伯恩斯(Arthur Lee Burns)探讨了有关三人或多人世界的一些有趣的问题。当一个模糊权威的公然行为能被引入到某种相互猜疑的模型之中时,由一个恶作剧的第三方人为地挑拨起两个参与人之间的战争是可能的;当行为者考虑到警报系统能够——出于技术原因或共同监管的理由——允许某个核心参与人或他们两人一起在对方的雷达屏幕上见证什么将会到来时,这一分析显得额外富有成效。请参阅他的"催化战原理(Rationale of Catalytic War)"(国际研究中心,研究备忘录3,普林斯顿大学,1959年)。

第 10 章 突袭与裁军

"裁军"包含着不同的策划,有的深思熟虑,有的感情用事,其目的是协调配合潜在的敌人,减少战争的可能性或降低它的规模和暴力程度。大多裁军建议源于这样一种假设:降低武器的数量和威力,特别是削减"攻击性武器"和一些可能有意或无意会引起巨大民众痛苦或公共损害的武器,将有助于促成其目的的实现。有些裁军策划是综合性的,而其他的裁军则寻求锚定于特定的领域,在此,共同的利益显而易见,或者所需的信任是最小的,或者能够做出一个显著的开端,其一旦成功,将为迈向综合性裁军跨出第一步。在这些较少综合性的策划中,反突袭的防护措施——始于 1955 年艾森豪威尔总统首次提出的"开放领空"建议——显得日益重要。

聚焦于突袭问题并不表明放弃了更具雄心的拆卸武装的兴趣,毋宁说,它表现的是一种哲学,人们选择了一个最易取得成功的领域,以便确立起某种成功合作的传统。不管是在美国政府还是在其他国家,通过反突袭来实现对防护的求索,通常都不被视作是裁军的**替代物**,而是被看作是一种**类型**的裁军,并且是令其进而向前发展的可能步骤。

然而,尽管避免突袭的策划可能属于一种裁军的传统,它们却也表现了某种创新。最初的"开放领空"的建议,在其基本观念上也是颇显"异端"的,即,只要武器明显地是以备用的形式持有——只要持有它们的立场是威慑而非侵略,武器就其自身而言就并非刺激性或挑衅性的。该建议显得"异端"还在于，它引人注目地提醒着：对敌人保守秘密，在某些事务上使对方对我们的计划琢磨不透、存有猜疑，诚然很重要的，但更为重要的是要明白，**如果我们事实上没有任何突袭对方的计划**，那么，我们就**不应**让敌人笼罩在揣测我们有突袭意图的氛围之中。对我们而言，不仅用我们的双眼瞧清楚对方并未准备袭击我们是有益的；对我们而言，确保**他（对方）**通过**他**自己的双眼看到**我们**并没有蓄意地准备袭击**他**，同样是有益的。

不要保守特定秘密的重要性恰如我们所宣布的自己在政治上无法先行袭击一样。正如莱斯利·格罗夫斯将军（General Leslie R. Groves）在其演讲中所指出的："如果苏联人知道我们不会首先袭击，那么，克里姆林宫就极可能不会轻易袭击我们……我们不愿意首先出击在军事上对我们不利，但是悖谬的是，这亦是当今阻止世界冲突的一个因素。"[①] 在我们生活的这个时代，各方触发全面战争的一个强有力的动机——可能也是主要的动机——是担心因为没有抢先行动，而成为可怜的后发行动者。如果我们不得不担心他（对方）攻击我们以避免我们攻击他以避免他攻击我们……"自我防卫"将变得颇具复合性。在被看作是相互的猜疑和恶化的"自卫"问题时，突袭的困境表明，我们不仅不要去保守某些秘密，甚至我们也应别去拥有一些军事可行性能力。

当然，如果对手一边也没有拥有它们，情况会更好一些。因此，将突袭问题设想为是一个适宜于谈判的问题是有利的。

突袭的方式和手段的创新越来越多。它势必与设置什么样的策划来加以防卫以及什么样的武器装备被视为当然密切相关。正如其目的所示，一个反突袭的策划，不仅要让**突袭**变得更困难，而且应削减或消除首先攻击的优势。必须假定，如果首先攻击的优势能被消除或严

[①]《纽约时报》，1957年12月29日，第20页。

重削弱，就可从**根本**上弱化攻击的动机。

广为人知的是，美国拥有的军事**力量**足以摧毁苏联，反之亦然。同样被广为接受的是，如果任意一方对另一方发动大规模核打击，那么，被如此打击的国家将有强大的**动机**用同等或更大的武力予以回击。但是，如果不是这一方便是另一方能够消灭对方，那么，谁首先发动攻击的重要性在哪儿呢？当然，答案在于：我们特别关注的并非是自己能比苏联人多活一天；我们忧心的是，一次突袭能否给我们带来**彻底摧毁对方报复性力量**的前景，由此使得该突袭本身不会因报复的威胁而被遏制住。遏制苏联攻击我们的并不是我们现有的摧毁苏联的能力，而是我们自身在遭受袭击后进行报复的能力。因此，我们必须假设苏联的先行袭击——如果来临的话，它瞄准的应该正好是我们赖以报复的力量。

一种恐怖平衡（**两方中要么这方要么那方**能毁灭对方）和另一种恐怖平衡（不管谁先发动进攻，两者都能毁灭对方）之间，是存在差异的。构成相互威慑的并不是"平衡"（即在局势中双方的全然平等或对称），而是平衡的**稳定性**。当且仅当双方中任意一方都无法通过抢先袭击来摧毁对方还击的能力时，平衡是稳定的。

稳定和不稳定的平衡之间的差别，还可用另一种进攻性武器（针对它尚未有好的防御手段被设想出来）来加以说明。[1] 传统西方世界的"势均力敌"使**任一人**杀死另一人成为可能，它不能保证**两人都**将被杀死。这种武器体系的紧张后果，几乎每晚都能在电视中看到。抢先开枪的优势强化了开枪的任何动机。因为幸存者可能会辩解说："他马上要出于自卫杀死我，所以，我不得不出于自卫去杀他。"或者说：

---

[1] 一位军事历史学家在谈及所谓——人类从未有过一种人类自己无法设计其对抗性武器或防卫机制的武器——的"历史的真相"时提醒我们："在经过5个世纪的手动点火式投射武器后……对于子弹，尚未找到恰当的应对方式。"（伯纳德·布罗迪，《绝对武器》，纽约，1946年，第30–31页）

"他认为我将出于自卫去杀他，所以，他便要出于自卫来杀我，所以，我不得不出于自卫去杀他。"但是，如果双方都能确保活得足够长，且以完美的瞄准向对方开枪回击，那么，抢先开枪也就失去了优势，且较少有理由担心双方会进行这种尝试。

由此可见，突袭之所以特别重要，乃在于报复力量可能的致命脆弱性。如果这些力量自身是坚不可摧的，如果每一方都自信地认为其力量能够在袭击中生存下来，但同时又都无法摧毁对方回击的力量，也就没有太大的诱惑去先行袭击。这样一来，对于可能被证明为是假警报的事项，也就较少有必要作出快速的反应。

这样，避免突袭的策划有着一个最为直接而紧迫的目标，它不是人的平安，而是武器的安全。避免突袭策划，不同于其他类型的裁军建议，乃是以**威慑**作为反对袭击的最为基本的保护。它们寻求将彼此的威慑变完善和稳定，以便健全特定武器体系。恰恰是对人最具杀伤力和摧毁性的武器，乃是反袭击策划所寻求予以保存的对象，这就是那些报复性武器，那些用于惩罚而非用于战斗的武器，那些事后伤害敌人而非事前迫使其解除武装的武器。这类只伤害**人命**，而不可能损害对方打击力量的武器，在根本上是防御性武器：它令它的拥有者没有动机去抢先袭击。而正是那种被设计或施展以摧毁"军事"目标、找出敌人的导弹和轰炸机的武器，**能够**夺取先行袭击的优势，并由此提供一个先行袭击的动机。

在明确突袭问题的关键乃是各方突袭报复能力的可能的致命的脆弱性时，我们也就看到反突袭措施与更为常见的裁军观念的巨大差异之处。同时，如果我们要认识到特定策划的优点和缺点并理解它们后面的动机的话，我们还在此明白了必须去面对的大量异常和悖论的根源。同样，正是在这里，我们开始追问，反突袭策划是否能被看作是迈向传统意义上更全面裁军的"第一步"，或者，它不过是与其他裁军形式不相容的措施？保护王牌空军的措施能被视作是迈向其被取消的第一步吗？出于相互威慑的目的，我们能从一开始就采取合作性措施以完善并保护各方大规模报复的能力吗？并且，它是将大规模报复性威胁从这个紧张而动荡不安的世界消除掉的步骤吗？

或者，我们应否代之以将反突袭的防卫手段看作是一种妥协，即对"相互威慑"作为（我们倾向于去寻求的）军事稳定性之最佳根源的内在接纳；以及看作是一种认可，即，尽管我们无法以更好的东西来替代恐怖平衡，我们仍可就将平衡变得更稳定而不是更不稳定做许多工作。①

一旦明确地将突袭问题视作是，任一方针对来自另一方抢先打击的报复性力量的可能的致命脆弱性，如下事项就变得非常必要了：在评估军事力量、防御措施以及核查或限制武器装备的提议时，将这种类型的战略致命脆弱性清晰地铭记心中。例如，就像我们想看到谁能在和平时期进行最令人印象深刻的阅兵仪式那样，我们不会通过计算美国和苏联双方拥有的轰炸机、导弹、潜艇和航空母舰的数量来评估其战略力量。在军备竞赛中，"谁在前"通常是：**管他是谁抢先出击！**而且，即便我们不得不基于对方将抢先出击的保守预设来做打算，200架在对抗袭击中完好无损的轰炸机，其价值恰如2000架只有10%的概率留存下来的轰炸机。

如果我们将首要的信心与依靠放在威慑上，那么，对于防御措施的评估也会显得十分不同。芝加哥这样的城市无法隐藏、掩埋进某个防空洞中，或者将其从地面挪出10英里开外，但是，在保存威慑力量时，隐藏、分散、坚固的掩体以及空中的警戒都是有意义的防护手

---

① 如果有读者认为，此处提出的主张在原则上是正确的，实际上却没什么意思，因为我们（美国）的报复性力量持续壮大，已是刀枪不入，根本无须杞人忧天。那么，对于这样的读者，我推荐他查阅艾伯特·沃尔斯泰特令人信服的探讨，见"恐怖的微妙平衡"，《外交事务》，37:211-234，1959年1月。

段。对芝加哥进行积极的空防，仅有 50-50 的机会将该城市从百万吨级的炸弹下拯救出来，其前景是令人沮丧的，但是，积极的防护能够确保我们保存大部分战略攻击的力量，大到超过足以确保苏联在我们的报复中承受一个高昂成本的程度。同样，芝加哥防卫的投入致使敌人将其袭击力量增至 3 倍，于我而言，这是不合算的，这只意味着在初始袭击中，敌人进行了过大的投入而已。但是，保卫我们的报复性力量——它使敌人将其袭击力量扩至 3 倍——将增加敌人偷偷骗过我们的警报系统的困难，并在相当程度上明显地改变其成功阻止我方报复的可能性。

对于评估军备限制而言，同样的权衡也是中肯的。如果我们只把眼睛盯着苏联袭击美国城市的问题，那么，在敌人看来，是从近处还是从远处发射它的洲际弹道导弹并不重要。就百万吨级的炸弹瞄准大都市发射而言，精准性与否不会对结果产生太大的不同。但是，如果他试图摧毁深埋于地下用混凝土加固的掩体内的一个导弹或轰炸机，精准性就不再是个多余的问题了。对于一个城市区域来说，二、三英里的瞄准误差可以忽略不计，而尝试击溃一个被坚固掩体防卫严密的报复性武器，则可能要求使用几个导弹进行足够直接的重击才行。这样，就洲际弹道导弹瞄准定位而言的**范围限制**来说，在传统意义上被视作是一种无效的裁军形式。但是，在稳定化威慑——在强化任一方对另一方进行报复之力量的抗打击力——的层面上看，通过降低精准性，隔离开各方导弹的位置，意义真的重大（当然，不幸的是，对于没有隐蔽好的飞机和导弹，城市目标的类比则是适用的）。

对于有些事情，强调突袭问题会产生与传统的裁军考虑截然相反的答案。考虑被双方容许的、对导弹数量加以限制的情形（假设我们通过磋商，与苏联达成了有关限制导弹数量的协议，并且核查是可行的）。假设我们已经决定，出于人口标靶和敌人动机的考虑，在敌人抢先实施的反导弹打击后，我们需要剩下的导弹数最小预期为100枚，以便实施充分有效的惩罚性、报复性打击，也就是说，以便遏制住其抢先袭击之行为。举例来说，假设敌人导弹的精准性和可靠性是这样的，敌方一个导弹有50-50的几率击毁我们的一枚导弹。这样，如果我们拥有200枚导弹，他只需要击毁我们一半以上的导弹数量即可；以50%的可靠性，他仅需要发射略高于200枚导弹，以将我们的导弹残存供应量减少到低于100枚。如果我们拥有400枚导弹，他就需要至少击毁该数量的3/4；如果因为失误和失败而再打50%的折扣，他需要发射的导弹数需要超过400的两倍，即超过800枚。如果我们拥有800枚，他就不得不击毁我们导弹拥有量的八分之七，而如果做到这一点又要打上50%的折扣，他就需要拥有超过我方导弹拥有量的3倍，也就是2400枚导弹。依此类推。"防守"方最初拥有的导弹数量越大，为了将受害者残存导弹储备降到某种"安全"的数量内，攻击方需要发射的导弹量的**倍数**也就越大。①

从这一观点来看，就导弹数量的限制带来平衡稳定性而言，**容许的导弹数量拥有值越大**，则越稳定。这可能源于两个原因。首先，双方拥有的导弹数越大，一旦某一方首先发动袭击，另一方预期留存下来的用于报复的导弹数量绝对值也就越大，由此对于尝试抢先袭击的威慑力也就越大。其次，双方拥有的导弹数量越多，导弹的绝对量的增长和相对比例的增长势必也越大，即两方中的任意一方如果希望能够在特定的可能性上确保：对方在遭受袭击之后，其残存下来的导弹数低于某个特定的数值，就不得不这么做。如此，给定（较大的）双方导弹基数上的任意一个增加，一方通过掩饰和隐藏额外的导弹或破

---

① 这里假定他将这些导弹一起发射，或者，如果他分批次地连续开火，他将无法有效地进行军事目标的侦查，以便让自己知道，在分批次连续开火的情况下，哪些特定的导弹已经摧毁了它们的目标。

坏协约等手段进行欺骗的困难，就会不成比例地放大。事实上，如果扩军的基数已经高到足以使得两个敌对方的预算能力处于绷紧状态，且在这种预算可行能力之内导弹的数量已经很高，那么，由于"就相较于达致控制优势所必须做的，各方能够做到何种程度所施加的经济性限制"，稳定性就会强制性地到来。

这样一来，该情形表明，"军备竞赛"并不必然导致越来越不稳定的局势。无论如何，只要双方拥有相同数量的导弹，随着该数量的增加，一方彻底摧毁另一方的所有导弹的可能性也就变得越来越小，该体系的**耐受性**也就相应地增强了。如果双方拥有的导弹数量较小，2或3比1的比率，就会给拥有数量多的一方提供军事优势，同时也给了他抢先袭击——并留给拥有数量少的一方很小的用于反击的导弹绝对量——的机会。但是，如果双方拥有的初始导弹数增大，其比率就可能需要达到10比1，而不是2或3比1，才能够给数量多者提供抢先袭击且不至"偷鸡不成蚀把米"的好机会。此时，双方都没有必要为自己落后一点而恐慌，同时，双方也都不会有特别大的希望，能够将对方甩出一大截，获得那种其所真正需要的优势。

这一大为简化的"导弹决斗"说，因其过于特殊，还不足以用来为军备竞赛而非裁军的主张提供强大的支撑。但它的确表明，根据威慑稳定以及反突袭策划的逻辑，增加军备还是裁减武器的问题，应根据具体情况进行具体分析。就其字面意义上而言，裁军导致稳定**并非**是一个确定无疑的结论。

我们对导弹潜艇以及有关潜艇侦查技术发明的态度，应该极大地受到我们是否担心敌人发动打击或突袭的影响。如果多年来潜艇被证明能免受人口杀手性导弹的袭击，那么，我们就不应将其看作是一项特别可怕的技术发展，而应将之视作是件令人安心之事。事实上，如果我们所能期望的最好情形是相互威慑并且我们只能期望该平衡能够维持稳定，那么，由移动灵活且动力持久的潜艇携带着北极星导弹这样的武器体系，就是我们乐于见到其能为双方所充分拥有的。如果它能被证明同时具有不可发觉性和高度的可靠性，那么，它也就有了一种好处，即不用为了彻底打击而抢先袭击，也不用担心侵略者会有望击溃那种"曾被认为是对其有威慑作用的军事力量"。是的，如果我们拥有能摧毁敌人的导弹潜艇的力量，而对方却没有能摧毁我方潜艇的力量，也许会更令人安心，但是，如果这种力量已经为双方所拥有，而我们又无法将之去除，那么，我们所能期望的最大限度应该是，这种能够摧毁彼此的力量自身具有坚不可摧性，以至于每一方都能够在事实上被威慑住。从这一点来看，我们甚至不应期盼自己独享"刀枪不入的"核潜艇。事实上，如果我们要么没有动机，要么没有政治可行性能力去抢先袭击，那么，对方如能非常地确信这一点，通常将是颇有助益的。他自身对于我们抢先袭击的明显的"刀枪不入"性，能够给我们带来好处，因为这消除了他最主要的、可能会诱使其抢先袭击的担忧。如果**他**不得不担心**他的**战略性力量暴露在**我们**的突袭视野之下，那么，**我们**也就不得不也为之担心。

  这些思想也影响了我们对研究潜艇侦查技术的态度。海军部迫切地寻求一个更好的潜艇防御体系，毫无疑问，我们必须全力以赴、专心致志地去投身于探寻这一问题。但是，与此同时，或许我们应**期望**这个问题是无解的。如果它的确是无解的（就相对的意义而言，技术问题向来是无解的）且潜艇在未来的 10 年左右仍注定是相对安全的运载工具，那么，稳定的威慑在技术上是可行的。假如潜艇自身被证明是脆弱而易受攻击的，那么，军事技术会比我们所期望的更加不具稳定性。我们必须**致力于**对潜艇的侦查，不仅因为我们担负不起苏联人找到了某种我们所不知的技术，还因为我们必须竭尽所能地了解潜艇侦查技术，以让我们的潜艇不易被敌人侦探到。但是，正如与自己不能信任的人订立协议的行为者那样，我们会竭尽所能地吹毛求疵，搜寻协议中的漏洞，同时知道我们的伙伴同样也在努力地搜寻，同时我们还希望没有任何漏洞能够被找到。①

既然我们已经将该主张推进得如此之远，我们也就同样能够将其贯彻得更为彻底。如果我们的问题在于去向敌人保证，我们在自己被打击之后仍有能力进行惩罚性的回击，同时还有能力让其确信，我们知道他知道这一点以致我们并无诱因去怀疑自己的这一威慑能力而抢先发动袭击，我们就应该看到"提高我们的报复性武器摧毁人口之潜能"的军事技术发展的价值。如果采取措施保证我们的报复性武器在遭受抢先袭击后具有一个更高比例的幸存量是合乎逻辑的，那么，同样的逻辑也让我们有理由乐于接受提高那些能幸存下来的武器的威力。正如伯纳德·布罗迪所说："如果我们考虑到威慑的特殊要求，即它强调报复的惩罚性这一面，我们可能就会发现，甚至是超级脏弹也是有需求的。因为这一强调势必有赖于对这一点的确保，即，敌人将害怕哪怕是极少量的这种炸弹可能会被发射以打击报复，行为者当然也就希望这些炸弹——即在敌人袭击出现之前显现出——威力越可怕越好。"②

一旦我们认识到"恐怖平衡"（如果它是稳定的）不过是一种古代制度——交换人质——的大规模的现代版本，上述推理的新奇性也就不见了。在古代，行为者通过将人质实质性地置于自己不信任的"伙伴"之手，来任责自身于某种承诺。如今，军事技术已经使得行为者掌控潜在敌人的妇女、儿童之生命——哪怕是让这些妇女、儿童身处千里之外——成为可能。只要任意一方拥有明显的力量来摧毁发动袭

---

① 这里探讨的是原则性问题而非潜艇本身，由此，也许我也就有借口在此假装说，（潜艇）在公海上无法及时有效地被侦察到，便等同于它是坚不可摧的。

② 参见，伯纳德·布罗迪，《导弹时代的战略》，普林斯顿，1959 年，第 295 页。

击的国家及其人口以回敬对方的袭击，那么"恐怖平衡"也就发展成了双方——以一切可以想像得到的人质进行全面交换为担保——的默识性谅解。我们当然并不希望通过交换**如此**之多的人质以支持与某个特定的敌人达成这一特定的谅解，但是，在一个无法无天的世界，即，对于违背不成文法，没有资源令其付出相应代价的世界，交换人质或许是彼此怀疑和敌对的伙伴间能够达成协议的唯一设置。①

上面的推理并非简单地是对军备竞赛的巨大的合理化。它的确是在建议，从字面意义上看的"裁军"，不加选择性地瞄准所有类型的武器，或者甚至是选择性地瞄准最令人恐惧的大规模破坏性武器，只会令局势动荡，而不是带来稳定并可能进而**彻底**成功地避免惨重的灾难。尽管如此，仍然存在一个非常重要的领域需要进行军备限制，它不仅能与前文的分析相容，而且能够从其中得出结果。

这里建议区分开两种类型的武器，一种是适于在抢先袭击中使用的武器，另一种是特别适用于承担报复性角色的武器。一个极端是"纯"回击性武器：相对不精准的运载工具携带着超级脏弹，它能够摧毁敌国的一切，**除了**防卫完好或深度隐藏的报复性力量，而且这些武器本身也被防卫完好或深度隐藏，以至于敌人所掌握的任何武器都无法摧毁之。理想的状态是，这类武器应该在后发回击中无往而不利，而在抢先袭击中却毫无优势可言。与此相反的另一个极端是这样一类武器，它自身非常之脆弱，无法幸存至回击之时，或者它是如此专注于找到并摧毁敌人尚未发动的报复性力量，以至于当其等到对方的出击开始发动时，它也就丧失了它的大部分作用。这些"抢先袭击"的武器不仅使其拥有者产生了强大的抢先袭击的欲望以及在模糊警报的

---

① 应该强调的是，我这里探讨的只是大型的突袭问题。"人质"概念对比如说国防政策的重大意义还取决于它与其他权变性条件的关系，例如，有限战争、第三方的恶作剧、低于大规模水平的报复等等。本章的最后几页对于突袭与其他军事权变性条件之相互关系中的一些方面有所涉及。

情况下便"抢先"开枪，而非先等等，在有了十足把握后再开枪的动机，而且，它们还相当于默识性地向敌人宣告，行为者是极易发动抢先袭击的。如果他认为我们认为，这"是该快速行动的时候了"的话，它们由此会招致敌人在**此**之前稍早一些的出击，并且是在仓促之间行动。

在"纯"抢先袭击式武器和"纯"后发回击式武器两个极端之间，一些武器能够——但却并不必然要——用于抢先袭击；它们能够幸存下来，并被用于报复性回击。但是，这类其如果用于抢先袭击的话，同样能够给对方的报复性力量带来沉重打击。在考虑是否要对武器采取合理的预警措施来加以保护时，大部分的武器都属于这一类。因此，我们无法很好地区分开抢先袭击式武器和后发回击式武器，同时也就难以在迈向反突袭问题的过程中厚此薄彼。如果我们要考虑销毁所有可能对对方的报复性力量产生任何影响的武器，或者所有在抢先袭击中享有任何优势的武器，那么，可能就留不下足够的武器，以便用来确保报复性回击的有效性。① 但是，避免突袭的谈判如能关注其相反的另一端，会颇为有益。

最为明显的谈判目标候选者是业已裸露在外的、易受攻击的武器。无论是我们向苏联人建议掩盖上其战略性武装的任何裸露，还是苏联人建议我们更好地保护我们自己的相同力量，看来都是异乎寻常的。更合适的建议是放弃那些业已挑衅性地暴露于对方眼中的武器。请注意这一点在精神精髓上与"禁止炸弹"的取向是多么的不同。无论对该主题宣传的言外之意是什么，它至少有一个好处，就是将威慑视作是应该提升而非应该废除的东西。

其次，应该寻求限制影响其反武装潜能（而非影响其人口摧毁潜能）之武力的调度与部署。然而，直到行为者能坦率地承认，避免突

---

① 而且，在此，我们还仅仅只考虑突袭问题，而不虑及其他事项。

袭的策划有意瞄准的是保护（而非降低）各方的回击能力，否则，不会有人寻求这样的限制。前文探讨的有关导弹有效影响范围的要求，无论其特定的价值何在，表明了这类限制并非空洞之物。

第三，探索有用的协作措施或行为模式的相互适应，可以降低因误解而引发战争的概率。如果我们和苏联在真相已为人所知的情况下，能单方面选择令人心安的行为模式，那么，甚至是自愿的信息交换，都会有所帮助。这想来就是提出在北极区域进行空中交通检查建议背后的理念之所在，而且，会有某些其他类型的行为，能够从一定的空中交通规则中共同获益。恰如坦率地讨论抢先袭击性武器的邪恶性所具有的吸引力一样，这些措施之所以有吸引力，在于它们可能会形成一些"不一定非要体现在正式协议中的"理解和谅解，并有助于在双方身上推动单方面的和解努力。

第四，可以用一些安排来应对"可能预示着意外战争爆发的"危机和紧急情况。本章后文的一节，将以较大篇幅对此问题进行探讨。

第五，会有一些"通过让突袭变得较不适合发生来使抢先袭击变得较不具有吸引力"的措施。这一点让我们回想起开放领空式的建议。

在最近的几年里，有关突袭问题的大多数公共讨论涉及的是能够降低突袭可能性的措施，而非在突袭达成时，限制使用的武器的措施。开放领空建议乃是基于这样一种观念，即，对彼此军事力量的充分观察，导致双方都无法达成突袭，也就缺乏突袭的好处，于是突袭行为也就会被威慑住。

自开放领空建议第一次提出以来，设计可操作的核查计划（它能够给任一方带来来自另一方之袭击的充分的警报）在技术上变得更为困难。随着氢弹的发展（它降低了突袭所可能需要的飞机的数量），随着导弹技术的进步（它有望缩短从准备袭击的第一个动作到击中目标而爆炸之间的总有效时间），且随着可移动的系统如导弹潜艇的出现（它有望令袭击较不易于受到监控），在这些应予监控的行为并未伴随着任何约束时，纯核查将会极度困难或极度无效。通过考察照片来洞察武装力量的动向与集结的想法，也已明显过时。现在的难题是：由大型的能够传递真实信息的组织对战略性武装力量作密集的监视，以一种灵敏的、并不放过假警报的方式，披露至多是数小时内甚至是数分钟内的可疑行动。目前，还没有可靠的迹象能够保证实现这一点。

这并不意味着反突袭的核查策划没有成功的前景，它的意思只是说，**单提供核查而没提供其他事项的**策划可能前景暗淡。不过，如果行为者无法派遣观察员去追踪飞机、导弹和潜艇的动向，行为者仍然可以考虑让飞机、导弹和潜艇在一个容易被看到的地方集合。如果能对调度武装力量使用限制措施，使核查任务更易于处理，就能够达成有些目标。自然，虽然这种融合核查与武器限制的观念颇有前景，却仍会存在一些严重的问题。

其中的一个问题是，核查的需求与隐匿的需求之间存在着潜在的不相容性。当导弹足够精准，依靠坚固的水泥设施来保护行为者自己的报复性力量在物理上几乎是不可能的；或者，即便不是毫无可能，其成本也将是异常高昂的。这样一来，机动性和隐蔽性对报复性力量而言，可能是其安全的根本；如果敌人能够打击他能够定位的一切，并摧毁他能够击中的一切，他就必须被弄得无法对之进行定位。他在何种程度上能够持续地监视我方的报复性武器，也就能在多大程度上持续地获知有关它们位置的信息。

通过其他方式，一项"在防卫突袭所要求的尺度内"实施的核查计划，会产生过度的信息，泄露对方军事力量的部署，并使它们更易遭受攻击。例如，众所周知，曾经有段时间，飓风固定住了绝大部分

（随后构成为我们报复性威胁之主要组成部分的）B-36 型战斗机[①]。这一事件对于突袭的含义是十分不同的，它取决于敌人是否只是在一般的意义上知道这种事情可能发生在我们身上；抑或，与之相反，他能够准确无误地获知它何时发生，并切实地知道他自己是否能够真正地平安航行数天（以实施突袭）。想像一下可能出现的这样一种紧张状况：如果**任意一方**的战略武装人员开始遭到非常严重的传染病袭击，该病威胁到他们，使他们在某个位置暂时无法动弹，并暴露于对方监控的目光之下。那么，稍好些的情况便是，如果由于不可抗力的缘故，我们和他们都偶尔被置于十分不具警戒性的位置，我们双方都不应处在"对对方偶然性地缺乏抵抗力的情况了解过多"的位置之上。

最后，存在一些安排能够以极高的概率获得敌人准备袭击的警报，那么，此时，该体系的价值取决于，在确实得到了警报后，我们能做些什么。我们能够发出自己颇具先见之明的出击，希望能抢到先机。但是，如果警报是模糊的，则这种行为取向就不具吸引力了。这样一来，一个假警报会引起一场战争，而一个真实的警报，则会排除任何最后一分钟遏制达成战争之可能。

另一个极端是，我们只是在那儿坐等，并且"时刻准备着"。如果我们作出准备的事项能明显地降低其袭击获得成功的概率，即如果这些事项提升了我们能严厉地予以回击的概率，我们就会希望能快速地向敌人证明：我们在"时刻准备着"，同时期待我们提升的姿态能遏制

[①] B-36 是美国空军重型轰炸机。根据 1941 年 10 月美国空军提出的发展比 B-29 更大和航程更远的重型轰炸机的要求而设计。1947 年 8 月 30 日，第 1 架生产型 B-36 正式服役。其翼展 70.1 米，长度 49.4 米，高度为 14.26 米，重量 186140 公斤，最大速度为 700 公里/小时，巡航速度为 504 公里/小时，航程为 16090 公里，实用升限为 20747 米，可装载 33 吨炸弹，无需作任何改装即能运载任何核武器。这意味着，地球上几乎没有任何目标不处于其毁灭范围以内。从 1940 年代末到 1950 年代，B-36 是美国空军远程战略轰炸威慑力量的中流砥柱，成为冷战初期美军方倚重的主力，被美国空军赋予"和平缔造者"的绰号，但它从未参与任何作战行动。——译者据维基百科等相关资料

住他最后的决定。

有个非常重要的问题，即构成我们"时刻准备着"的行为内容是什么。如果答案简单地只是"更警惕"，为何我们不是从最开始就更警惕？在得到袭击警报时，行为者可能做的多数明显的事情是这样一些事，即鉴于袭击无时无刻不在，人们倾向于持续不断地去做的事情。而且，在面临警报时，如果我们的战略空军司令部长期以来一直致力于减少飞机的准备和起飞的时间；或将飞机掩体的大门紧密地关闭；或让飞机安全地停留于空中保持战斗准备状态，那么，在真实的紧急情况下，他们能够做的其他事情并不多。

尽管如此，在面临迫在眉睫的突袭时，有些"无法持续地、没有时间限制地去做的事情"是一个国家能够去做的。国家可以让民众疏散、撤离或躲入地下，但无法永远如此。国家能让其报复性力量成功地离开地面，在空中它（他）们便不再是敌人炸弹所能炸掉的了，但是它（他）们不可能永久地待在空中。国家可以让人们24小时处在当值状态，但是总不能接连许多天都这样。国家可以降下所有商用飞机以提高警报系统的可靠性，但是，如果为了让敌机更易被辨识，而永远地坚决弃置商用和私人飞行，其经济损失可能将会极其高昂。换言之，在面临预想中的袭击时，的确有那么一些事，行为者能够当"时刻准备着"的事务去做，同时他又不被预期能持续地做下去。

但是，另一个问题来了。前面提到的行为，我们能持续多久？假设我们在物理上并不能使所有飞机在所有时间都待在空中，事实也是如此，而从各个方面的成本（除燃料和人力之外，还有意外事故）来讲，哪怕平均使一半数量的飞机处于空中，代价也过于高昂。但是，如果收到严重的警报，经临时预告的影响，升空飞机的数量忽然大量地增加，成本却是相对较小的。这也很好地表明，敌人无法被我们平时的姿态所威慑，而会被我们得到警报时我们能够采取的措施所威慑。

这是否意味着，对方一旦看到我们已做准备就会放弃进攻呢？或者他不过是在以逸待劳，等着我们的飞机燃油烧尽，飞行员疲倦了，而飞机不得不再次降落下来？如果情况如此，我们为何就必定不去发动颇有"先见"的袭击呢？

行为者能够采取的任何超级警惕的姿态都倾向于受到"疲劳"问题的折磨。解决办法分为两个部分：首先，行为者必须力图设计一种"有着很好的持久力并不易疲劳的"超级警惕的反应方式，同时认识到，这是其巅峰效力状况的折中。其次，同时也是最契合当前主题的是，行为者可以在事实上采取了措施来确保其报复性力量坚不可摧的情况下，在紧急局势期间，投身于与敌人进行"硬碰硬"性质的裁军谈判之中。如果我们能够维持超级警惕数天，那么，我们就有数天时间来尝试磋商并要求苏联人进行一定程度的、能令他们忍受而同时足以让我们放心的"裁军"，以便容许我们回归"正常"状态，而不是继续推进以致形成一场全面战争。这或许意味着，相对于在政治上具有可行性的措施而言，要在早先阶段就设计和制定一种更为高明和更具远见的反突袭措施的策划体系。这可能还意味着，不只是在知道"偷袭是一种长期危险"的一般性压力下开展磋商，而且还要在磋商的同时，连带上一个清晰的警告：如果没有在马上就要到来的期限内，想出、商定和实施措施来让成功的抢先袭击变得不可能，那么，双方"赞同"的战争将变得不可避免。

这些思考并不意味着，格外警惕要么是白费功夫，要么是庸人自扰。它们表明，单单警惕本身可能是不够的。格外警惕提供了一个**机会**，但是该机会需要一定的技巧方能利用。当某种偶然性条件发生时，行为者将做什么样的权变性打算可能需要切实地在事前做好安排。当我们捕捉到苏联马上要发动袭击时，我们甚至没有足够的时间向其发出最后通牒。决定一个既能满足我们的要求，也能被俄国人所接纳的最后通牒，不仅在智力上是个挑战，在技术上也不无困难，这有赖于诸如验证遵从行为的程序之类的安排。只有当我们事先就最后通牒所可能包含的内容做了细致的准备，才有可能向对方传递一个有效的最后通牒。

关于评判核查体系的功效或者设计该体系本身，存在两个十分不同的标准。第一个标准是，尽管面对重重对事实予以隐藏的努力，这个核查体系在何种程度上能良好地获取真相；第二个标准是，当披露真相对行为者有利时，该机制在何种程度上能良好地帮助他令人信服地呈现真相。这两个标准的不同，恰如一个力图发现罪证的策划与一个容许无辜者自证清白的策划之间的差别一样。大体而言，一个是以一种否定性方式（靠缺乏反面性证据的积极支持）来获致行为者无辜的推定；另一个策划则依赖于肯定性证据，且适用于"让事实真相为人所知对行为者自己有利"的特定条件。

这两种局势的不同还与如下两种策划取向（即最小化对**蓄意**突袭的担心与最小化对出于无心的、"事故性"的或意外战争的担心）的不同相关，出于无心的战争大多源于错误警报，或源于错误地估计对方对错误警报的反应，或错误地解释机械事故，或唯恐天下不乱的第三者的挑拨离间所产生的催化作用，或某种，由于共同的恐慌，任意一方都担心对方先行爆发而用战争作出反应的局势。对于计划好的、蓄意的突袭，入侵者会千方百计地掩盖真相。但是，如果是"出于无心的战争"，如果真相能以令人信服的方式被及时地传递以避免对方做出错误抉择的话，双方都会有强大的动因来传递事实真相。

对袭击的误解

考虑这样一个问题，当事实上我们并未这么做而他们却认为我们可能这么做的时候，我们怎么向苏联证明我们并未投身于准备突袭的活动之中？当事实上他们没有，但他们知道我们在担心他们可能发动袭击的时候，他们又如何向我们证明他们没有试图发动袭击？

显然，仅仅告知真相是不够的。的确，在某些局势下，言语的接触足以缓和各方的疑虑。聊作一个例示，假设苏联在他们自己的某个基地发生了意外的核爆炸，如果他们能够通过简单地告知我们这是一起意外事故，他们并未将其解释为是我方袭击的一个预兆等等，迅速地让我们安心的话，言语的接触对双方而言就是有利的。但是，在大多数情况下，可想而知，行为者简单地断言自己并未投身于某个战略打击或者并未采取恐吓的立场是不够的。对于一定的事实——这些事实想来涉及军事力量的部署，必定存在某种方式能予以证实。我们必须不仅要证明我们**无意**于利用我们的位置，而且还要表明，如果对方能相信我们并约束好他自己的武装力量的话，我们实际所处的位置是**无法**被用来欺骗他的。

有限战争期间的误解

特别是在有限战争的进程中，一方或另一方可能采取的某种行为会被对方误解成是战略性进攻。例如，假设我们启用某种可以转而被用于攻击苏联军事基地的飞机，并让其朝着可能会被解释为是瞄准苏联本身的方向飞行，比如说从北非基地或地中海舰队出发，飞向紧靠苏联南部边疆的国家。或者，假设苏联的飞机执行一个有限战争的任务，根据我们能掌握的那一时刻的证据，它可被解释为是要袭击我们所有的海外基地及航空母舰。但事实却是，这只是一次规模有限的攻击，并不是摧毁美国报复性力量的全面进攻的一部分。

问题来了，在这一情形下，是否可以采用一些手段来降低误解的概率？这里，误解可能导致一方要么发动预想中的回击，尽可能迅速地先发制人；要么进入超级警惕的状态，极度倾向于将假警报当真。这时，一方或许会希望全力以赴地证明事实上并未被采用补足性行动，这些行动涉及世界其他地方的其他武装，如果它们确实是处在全面的军事对抗性袭击条件下，那么几乎肯定会发动起来。

相互误解

考虑苏联驻美大使葛罗米柯在一次新闻发布会上所描述的另一种情形：

> 毕竟，在苏联的雷达显示屏上，所有的大气现象和电子干扰都能反映出来。在这种情况下，如果苏联载着核弹和氢弹的飞机飞向美国，或者它在其他国家的军事基地，双方的空军舰队在北极某区域对彼此虎视眈眈，在这样的环境下，将自然而然地得出结论，敌人真正的袭击正在发动之中，而人类将发现自己卷入了核战争的漩涡里。

姑且假定被如此描述的这一局势会令人信服地出现，双方误解的交互作用如何才能减缓和反转呢？如果双方都有反转的行动姿态，并以阶段性的、可靠的方式表现出来，一种双方一致赞同的平稳的回撤将是可能的。

这种谈判环境并不是合意顺心的。最好的情况可能不过是，双方只有数小时来实施谈判；而最坏的情况则是，根本就没有任何谈判时间。经过分析，谈判成功所要求的条件可以划分成两个部分。首先，必须发现某种"解"，某种能够扭转通向相互袭击的行为模式以及构成动力稳定地回撤到较少险恶性警惕状态的行为模式，在此过程中某种不会带给任意一方危险性优势的行为模式,且是在军事相关的物理性可行能力限制它的行为模式。第二个要求的条件是,遵从行为一定程度上应具有可观察性、可核实性和可验证性。我们无法完全实现我方的谈判收益,除非我们有值得信赖的手段去监控对方的遵从行为,而同样的道理也适用于他们。显而易见的是,我们有动因去进行欺骗,但是,更具压倒性的动因是,在这样的环境下,我们更期盼的东西是一个我们能够遵从的"确保欺诈显示出来"的系统。这样一来,如果我们确实遵从了协议中我方该负责的部分,对方也就不会对它产生怀疑了。该难题在根本上是一个契约实施的问题。对双方而言,如果事实上他是在遵从方案而行的话,这一情形下的动机,就是竭尽所能地传递真相。

鉴于将核查人员置于现场的时间是非常短暂的,该例不仅清楚地说明了为观察和验证做某种**预先安排**的必要性,它还表明,在事先就"对作出何种提议"进行思考是多么的重要。同时,以一种"在非常必要时,能够充分利用任意手段有意地给敌方提供真实信息"的方式设计好行为者自身的飞行计划,是多么重要。

这一案例可能也例示了核查机制有效性的两个标准之间的不同。设计一种**总是**能够捕捉到敌方尝试偷袭之信息的雷达(而通过它,敌方也总是能够捕捉到我方的偷袭信息)可能是十分困难的。另一个问题十分不同的是:如何设计这样一种雷达,以至于在我们双方都希望引入一种自愿的监督机制时,我们能以某种可靠的方式予以遵从。在一种情况下,事实上,我们要竭尽所能地躲避对方雷达的监控;在另一种情况下,只要对方也以同样的方式对待我们,我们可能要故意在他的雷达面前"巡游表演"或者使自己呈现在对方其他远距离的识别手段面前。

长期监视

执行这些危机及紧急局势下的军控政策,与执行长期的军控政策之困难的区别在于,其所要求的证据类型以及支持它的动机强度的不同。核查的更为"从容不迫"的进程,通常被认为主要有赖于**否定性证据**,即**缺乏证据**。行为者通过扩大和加强系统性能来减少漏掉这类证据的可能性。行为者假设,行为需要隐藏的时间越长,也就越难逃脱被查到。但是,在危机时刻,行为者要求更为确凿的证据,而且行为者没有时间去寻找先例并遵循它们,也没有时间在核查体系未生效时,试用它、扩大它或增强它。由此,危机时刻的协议可能不得不依赖于**确切的肯定性证据**。行为者不是要去寻找对方**没有**做什么的证据,而是要去寻找他正在**做**什么的证据。而在危机时刻,这些证据之所以唾手可得,乃在于人们提供它的动机——人们有着更为急迫的、基于它来达成谅解和协议的心情——可能在这一紧急局势中被提升。

体系的未雨绸缪

至少是出于在一定程度上为危机和无法预料的局势做准备的目的,建构某种灵活的备用安排,与潜在的敌人进行沟通并彼此核查,不失为良策。特别地,相对于其已被同意使用的部分而言,一个好的主张深度地建构一个核查系统。拥有备用的可行性能力去扩大或强化核查系统,或者通过额外的设备和核查人员来增加核查能力,这无疑有助于核查体系在危机到来时发挥有效的作用。换句话说,对于一个体系的可靠性和有效性,我们不应仅仅根据在其"正常"运行状态下参与人的动机来评判;我们还必须认识到会出现这样一种情形:当行为者有着强有力的动机就军控或至少是暂时的军控进行应急性谈判时，却又没有时间建立**临时特设**的观察和沟通体系。

具体地说，如果应该建立一个核查体系去监督协议的履行以延缓或悬置核试验时，我们必须认真考虑，万一是处在紧急的军事危机之中，双方会如何充分发挥核查人员及其设备的作用。核查人员的机动性、所处的位置、通信设备、技术培训和监控装备、诚实度以及数量，都不应仅仅以核试验检查的标准来评估和设计，而是应该考虑到，当我们和苏联都处在受意外战争威胁的危机之中时，作为一种监视、证明和沟通之手段，它们将极为关键。

前面的思考表明，恐怖平衡的稳定性（蓄意突袭诱因的减少以及对错误报警的脱敏）是否将会受到我们与苏联所力图解决的军事安排的巨大影响，并非是彻底清楚明了的。随着自然在未来的岁月里揭开她的科学和技术的秘密，我们会发现，各方（如果它做其该做的事，并足够快地去做）——与对方做什么无关——都能充分地确保其自身报复性力量的坚不可摧性，并以一种令人信服的方式来确保这一点，就会出现一种强有力的彼此威慑的稳定。替代性地，自然也可能在我们前面安插上恶作剧式的秘密，这样，以一种比我们发现新的方法去保护报复性力量更快的速度，我们和苏联也就能持续不断地去发现新的摧毁报复性力量的方法。哪怕是通过足够的机灵和最佳的外交手段，我们与苏联也只是有希望——而非必定——能够找到合适的措施去阻止不稳定的趋势。所以，我们可能能在没有协作的情况下，获得稳定性；或者哪怕是通过协作，我们也可能找不到它。不过，与苏联某种程度的协作或相互制约，无论是正式的还是非正式的，默识的还是明示的，都会证明将对恐怖平衡的稳定性产生重大影响。当然，其颤抖不定的可能性也非常高。所以，尽管我们无法肯定"人为地让各方报复性力量坚不可摧的合作政策"是否会有所影响，我们仍然必须考虑到，它可能会产生影响，并自问：在有了这样一个选项摆在我们面前时，我们是否在事实上应该期待威慑平衡的完美稳定。如果我们知道这么一个策划，并且认为苏联将会接纳它，我们是否真的会对一个深远、广泛、有效的反突袭策划感兴趣呢？

我们可以欣慰地了解到苏联不会有诱因去蓄意地发动偷袭，而且还能欣慰地了解到他们认为我们不会作出类似尝试的想法是如此之肯定，以至于他们将永远没有必要在惊恐之中抢先开枪。尽管如此，并不妨碍提出这样一种主张：我们能够威慑一个针对我们的不算太大的袭击的能力，一定程度上依赖于苏联相信我们可能会被刺激去发动人为的袭击。苏联可能不相信他们的报复性力量是否足以抵挡住我们的第一次打击。或许可以这么说，除非是面对最为极端的挑衅行为，我们会惮于在没有极大把握干掉或削弱苏联回击之力的情况下，发动对苏联的报复性打击。根据这一主张，一对刀枪不入的王牌空军，也就是一对相抵无效、两相中和的王牌空军；而且，当这可能是完全两极世界的一种最佳状态时，它也是我们在现存世界（在这个世界中存在一个巨大的"第三领域"，在该领域，我们希望通过一个比同归于尽更可信的威胁来遏制住苏联的进犯）中无法承受得住的奢侈消耗。

如果苏联毫无疑问地掌握着以他们高兴的任意规模对我还以重击的军事能力，那么，我们能否大规模报复进行威胁（而不仅仅是局部的抵抗）呢？当任一方的战略力量都能不为对方所伤，那么，除了两相中和、进而通过共处共存保证它们均不使用之外，这些战略力量还有任何作用吗？

还是有一个作用的。战略性力量将仍能在惩罚的意义上实施"报复"。如果以摧毁苏联和中国的城市的威胁最初被认为有效乃是因为会涉及彻底的痛苦、经济的损失、社会的无序和脸面的无存，而非主要是因为敌人在其当前入侵区域之军事架势将受到巨大的打击，那么，即便是对方的王牌空军仍然坚不可摧，威胁的主要成分仍然是存在的。

既然我们无望于通过富有技巧地执行全面打击来成功地阻止反报复，**大规模报复的威胁**——如果"大规模"被解释为无节制的报仇的话——的确会丧失可信度。但是，如果我们能考虑将有限或渐进的报复行为看做是向苏联施压，以阻止其令我方无法容忍的行为，或考虑将有限战争以一种"名为局部军事行动，实为增加民众苦痛"或其他更多威胁的方式扩大到苏联境内，那么，随着双方战略力量抗打击力的增强，这种类型的报复性行动和以此为基础的威慑的有效性将会增加。悖论性地，的确是因为同样的道理，**在全面突袭之不可用性越来越大时，有限战争可能会变得越来越难于抑制**。卷入次大规模报复之中的风险也将会比现在要小一些，因为对以**全面袭击**作为报复的恐惧将有较大程度的降低，担心我们有限的报复行为被误解成是全面战争的第一步的可能性也将会降低。苏联将不得不相信，如果我们误将有限的打击报复当作是同归于尽的第一步，那他们简直是在准备找死。

这并不是说，有限的报复（如果不是全然一定的话，它势必带来有限的反报复的风险）不会通过要么是缓慢地、要么是急剧地爆发成越来越大的报复性袭击而导致全面的毁灭，也不是说，既然它保持在受限制的水平上，就不再可怕，因而不用仔细思量了。限制复仇性战争或许并不比限制局部战争更容易，甚至可能更困难。然而，这里的论据并不依赖于，**相对于有限的局部战争而言**，以有限的惩罚性打击作为交换显得安全而动人，而是依赖于，**在任何我们可能不得不依靠报复性威胁的情形中**，相对于全面战争，它作为一种可置信的威胁（而不是所谓的吓唬）而言，足够的安全也足够地吸引人。

这样，战略性力量的"相对中和"只是就彼此潜在的袭击而言的，它们仍将扮演惩罚性角色，进而为遏制性威胁提供一定的基础。随着双方的报复性力量日益坚不可摧，当以**全面**惩罚相威胁丧失其可信性时，以有限报复相威胁可能恰能获得可信性。无论净效应是什么，我们不能仅仅通过援引第三领域威慑的需求，便来反对一个王牌空军坚不可摧的世界。必须被证明的是：一个特定的遏制性威胁（大规模的）比其他威胁（有限规模的）更有效。

只有极度乐观的人才会认为，对于一个能够确保双方报复性力量彻底而持续地坚不可摧的策划，我们可以在接受或者拒绝之间作出彻底、清晰的选择。但是，第三领域威慑将会产生什么影响的问题以及它让人想起的有限报复的可能性问题，与我们能让自己期待些什么的问题是密切相关的。[1]

---

[1] 进一步的探讨请参阅谢林和莫顿·霍尔珀林（Morton H. Halperin），《战略与军控》，20世纪基金会，纽约，1961年。

附 录

附录A 核武器与有限战争
附录B 为了放弃博弈论的对称性
附录C 重释"非合作"博弈的解概念

附录 A 核武器与有限战争

随着适用于"有着中等装备的地面部队"在局部战争中使用的小规模、小杀伤力的核武器的发展，随着核深水炸弹和适用于空对空战争的核火箭的发展，过去还能在有限战争控制中为核武器与其他武器的区分提供大量（或一些）基础的技术标准，如今则已不再起判断基础的作用了。当然，一直以来的主张是，在有限战争中，如果我们使用——特别是首先使用——核武器，将使我们在政治上处于不利地位。就烧人致死而言，那些认为核燃烧弹与凝固汽油弹并无道义高下之分的人，也不得不承认世界性的反感核武器这一政治事实。

本附录将讨论区分核武器和其他武器的另外一个基础。它涉及在限制战争的进程中我们与敌人的关系。为了更好地限制战争或者更好地理解有限战争，有必要认识核武器与其他武器之间的某种区分是存在的，纵然该区分并非物理性的，而是心理的、感性的、合法性的或象征性的。能"精准定位"发射的小杀伤力核武器被视为是火炮的一种并由此觉得它不应在战争中被限制的观点，乃是排他性地基于一种武器效能后果的分析，而非一种基于限制过程的分析，即分析在有限战争中限制条件从哪里萌发、什么让这些条件变得稳定或不稳定、又是什么给了它们权威性以及什么样的环境和行为模式将有助于找到这些限制条件并就其达成共识。"不过是另外一种武器"之类观点的前提预设是：如果核武器和其他武器的区分，无法再使用"武器效能后果"

这一基础，也就彻底没有了切合于限制过程之分析的区分基础。

同样的观点不是也涉及武器使用者间的区别吗？苏联人与中国人之间的区别恰如核武器与常规武器之间的区别一样，从效能后果的基础上看，并不大。与此类似地，还有中国人和朝鲜人的区别、美国人和台湾地区国民党治下的中国人的区别、英国人和约旦人以及埃及人和阿尔及利亚人的区别。但是，国籍在限制战争或摧毁战争限制条件的过程中，是非常重要的区别标准。同样地，就地形而言，苏联和伊朗边界往北一百英里与其往南的一百英里并无什么差别，而鸭绿江之上方及其下方也同样差别不大，希腊和南斯拉夫边界线的两边亦复如此。但是，在达成战争限制条件的过程中，这些分界线却扮演了极其重要的角色，姑且不说横渡大江或攀登高山的一些物理困难，恰巧与这些边界线是相符的。

一种回应说，这些都是"法定的"区分，且这种法定的区分是现实存在的，而核武器和其他武器的区分却是人为虚构的。但问题在于，这些区分并非真是法定的，它们其实不过是"墨守法规"而已。这里并没有法定权威强迫有限战争的参与者承认政治的边界或者国籍。苏联并无法定责任必须将适度穿过其边界——一个不同于靠近其边界之行为的过分剧烈的行动——看做是战争性质发生了变化。如果我们故意跨越鸭绿江，中国并无法定的责任必须报复（而不是仅仅作出抵制）。通过承认偶尔的跨越通行行为，他们并未丧失任何拒绝侵犯的法定权利。如果他们参与了有限战争的话，我们也并无法定的权利去审理苏联的飞行员或去审理苏联在近东与我作战的地面部队的"志愿者"。禁止突破边界或禁止在冲突中采用新的国籍，与禁止使用核武器的逻辑是类似的，这就是敌人作出反应的风险。敌人作出反应的一个重要的决定性因素是，当他对我们具有象征性的"过分剧烈行为"失于作出反应或只是作出在程度上有所增加的反应时，他对自己此种反应潜在地默许了些什么的评估与权衡。

在该区域发生战争的情况下，苏联或中国的边界之所以成为一个划分界限的合适的或不可抗拒的地方，多是因为这里通常无法画出另外一条可行的界限。西方国家的军队穿越苏联边界，也就是在象征意义上（而非在实质意义上）去挑战苏联领土的完整性，并表明或至少是暗示了一种进一步前进的意图。除非能够发现边界内某种"明显"的限制条件，它能够清楚地向苏联表明，如果我们在跨越其边界情况下，我们将在此停下来；且除非它对我们而言也显而易见，即如果我们确实跨过了其边界，这里是苏联人能够容忍我们推进的程度，而苏联人知道我们知道这一点，除非这样，否则就没有另外一个停止点能够为双方所默认。一旦苏联容忍跨越其边界之行为而没有作出某种激烈的报复，处在这样的氛围之下也就是承认，苏联的领土是可以通过逐步扩展的战争来蚕食的。这样，就其作为前进的止步点而非就其在法律强制性的意义上而言，政治边界是**有用的**；在缺乏明显可识别的备选界线的情况下，它对双方而言都有价值，因为**双方都渴望找到某种限制**。边界的**唯一性**使之成了明显可取的限制条件。这是行为者可以在其区域中画出的少数几条界线之一（它可能是唯一的一条界线，却肯定是少数几条之一），它能够作为双方都能观察得到的"明显的"地理界线被双方默认。它具有强制性的**建议权力**，能吸引注意力，否认它（在缺乏任何明显可识别的备选界线的情况下）看来也就是否决任何限制。

但是，如果政治边界和国籍考量仍然像是法定的，并由此是现实的，那么，不妨考虑其他一些在战争限制过程中很明显的区分。在印度支那战争中，我们提供了大量的武器装备，但没有提供人力；在希腊的游击战争中，我们向希腊政府提供了武器装备、军事领导和顾问建议，但是没有派入战斗部队，在中国的台湾海峡，我们给国民党提供了直接的军舰支持。一种想法是认为，也许我们应给在印度支那的法国人和南越政府提供空中支援，与此同时还不致在中国人和苏联人面前表现出像派入地面部队那样，要"卷入"的姿态。

一位经济学家会以与那些主张"'精准定位'的小杀伤力核武器只是另一种形式的火炮"的人相似的、能言善辩的方式争辩说，在军事争端中，军事装备和人力是可相互替代的资源，空中干预与地面干预并没有"事实上"的差别，军事才智对于缺乏领导者和规划技能的军队而言，与腿部肌肉一样重要。本着现代武器来重新定义兵役职能的争论以及根据运动手段来明确军事服务功能之有用性的争论都表明，军队中的空军－陆军之区分或海军－陆军之区分仅仅在于传统的不同。但是，所有这些争论的关键点就在于，在限制战争的过程中，传统的确是重要的。

实际上，在有限战争的分析中，我们所面对和处理的正是传统。我们在应对着先例、惯例以及暗示的力量。我们在面对着不成文法的理论，这些不成文法包括这样一些惯例，它们在总体意义上的约束力乃是出于彼此克制以避免同归于尽的需要，其在每一个个体案例中的约束力则是出于这样一种风险，在此，违背一个规则，可能会破坏它，而破坏它可能导致对彼此有益的限制条件被削弱，进而导致其全然无效，并会（通过提供一种证据表明其"权威性""并非理所当然"而）进一步危及尚未被破坏的规则。

让核武器与众不同的根源，是有一种强有力的传统认为它们**是**不同的。有一个带有反诘意味的问题是，我们为什么没有禁止使用弓和箭，既然它们与核武器一样，也能杀死和伤害人类？原因在于人类有使用弓和箭的传统，有一个共同认可的预期，即在有必要时它们才会被使用。至于核武器，则没有这样的使用传统。相反，却存在一种不使用核武器的传统，一种共同认可的预期，即哪怕是在宣称准备好使用它们时，甚至于它们的使用能够带来战略上的优势时，它们也不会被使用。

　　传统和惯例并非是战争中限制条件的一个简单的类比或者其不寻常的一面；相反，传统、先例或惯例实在是这些限制条件的精髓之所在。有限战争中，任何限制条件的根本特征，便是被双方共同认可为具有某种权威性的"默契"所包含的心理性、理智性或社会性的特征，这里，权威性主要来源于对一致同意的完全感知。而某个特定的限制条件，其权威性的获得是因为，如果这个限制条件不被遵循，那么，行为者可能对任意一方所能找到的替代性限制条件缺乏信心。限制条件背后的根据是墨守法规和遵循伦理，而非法定性、道德性或物理性的因素。这些限制条件可能与法定性和物理性的不同相契合或与道德上的区别相一致。的确，这些限制条件通常必须对应于某种东西，它能够给它们带来一种唯一性和本质性的特征，进而提供某种聚焦点，让预期汇合于此。但是，权威性存在于预期自身之中，而不存在于预期所贴附的事物之上。

　　由于核武器多用途性的日益增长，能否有板有眼地界定好核武器使用的限制条件——而非彻底禁用的特定条件——越来越变得更为（而非更不）可疑。现在已广为人知的是，核武器威力的可能大小存在着相当连续的等级性，其使用形式（如传送方式及打击目标等）也有着相当连续的变异性。由此看来，在某种限制性使用与其他限制性使用之间就应该不存在"自然"的断裂。这样，如果我们问，在我们希望一定程度限制核武器的大小、传送方式使用条件和打击目标时，我们该将这条界线画在何处？答案是，在纯技术的意义上，我们可以想怎么画就怎么画，并没有特别有说服力的理由要将其划在某个（而不是另一个）特定的等级上。但是，这恰恰便是为何很难为某个特定的界线找到根据的道理之所在。任何特定的使用程度、武器大小和射程英里数，并不会比另一个程度、大小和距离更能为双方的预期提供聚点。"墨守法规性"的限制条件必须是本质性的、断然性的，而非数量性和持续性的。这并非仅仅事关让违犯行为更易识别，或让遵循行为更易实施于自己的指挥官身上，而是攸关于：一个稳定的限制条件需要有令人信服的象征性特征，以至于违背它会成为一种明显而引人注目的行动，且还会将双方置于难以再找到其他替代性限制条件的危险之中。

对带有某种唯一性的、在性质上具有区分度的限制条件的需求，因为这样一个事实而显得特别迫切：限制条件通常是在默识运作和谈判过程中找到的。该过程更多的是相互角力、挤压，而非明示磋商。而要在双方没有明示沟通时必须碰撞出一个"协议"的话，特定的限制条件就必须能够在性质上区别于可能的备选条件的连续体，否则，各方就没有什么底气确信对方赞同的是相同的限制条件。当没有其他自然的、可行的、"明显的"点或线可用来进行预期汇聚时，甚至是某种纬度线、国际时刻线或北极，也都有可能具有这一性质。

在谈及核武器时，可以通过下面的问题来对这一点进行检验。[①] 假设我们中的每个人都力图通过合作来争取某个奖赏。现在，我们在没有任何事先安排的情况下彼此分开地坐下来，在纸上以尽可能详细的方式随意地写下自己所建议的使用核武器的限制条件，准许我们的限制条件包含任意对我们而言具有吸引力的描述：武器的大小、其使用方式、谁能使用、使用的比率或频率、脏弹还是干净核弹、用于防御还是用于进攻、战术性使用还是战略性运用、能否用于打击城市、是否预先警告对方等等，以此来看我们全部所写的限制条件的具体内容是否**一致**。如果我们所详述的限制条件非常完美地一致，那么，我们将获得奖赏；如果我们的限制条件是不同的，大家都将空手而归。

---

① 比较一下第三章，特别是原书第 58—67 页的内容。

在此，我们行动的唯一目的是为了获奖，以便看看我们能否切实地在默识条件下就限制条件的陈述达成一致，并且看看，对于我们这些努力默识性地协调我们建议的人而言，什么样的限制条件倾向于会被默认下来。我们允许的范围很宽，其中一个极端是没有任何限制条件，另一极端是彻底弃用核武器，中间则是以我们所乐意的方式界定的各种等级性或变动性情况。

我的主张是，这里存在着一个特定的限制条件，一个简明的、断然的、质性的、"明显的"限制条件，它有助于形成一致的选择。同时，我推断，那些提出其他限制条件的人，很难找到或者根本找不到所提出之限制条件与他们一致的伙伴（由于我们的目标是达成一致，至于我们提出的限制条件的其他特性，对我们而言，不会带来什么影响。在这一操练中，行为者选择任意限制条件时，主要考虑的是这样一种可能性：我们所选择的这些限制条件达致与其他人的选择全然一致时，同时还知道其他人也在极力将他们的限制条件与我们的协同一致起来，我们就成功了）。

我并不是要断言上述操练能够证明：什么类型的限制条件能够拥有稳定性和权威性。但是，它的确表明了，限制条件的某些特征，特别是它们的简明性、唯一性、断然性、质性定义的易于感知性等等，能够给出一个客观的意义，它至少与默识谈判过程有着密切的联系。它意味着某类限制条件可能为双方所共同期待，它能够汇聚预期，并被认可为"与可能的备选连续体存在本质上的差异"。

从这一主张中能够得出的第一个结论是：在核武器与非核武器之间存在着一种区别，该区别与限制战争的过程相关。这种区别在一定程度上是我们能够强化或弱化、澄清或模糊的。我们能够通过令言行极度与之一致的方式，强化传统，并强化这一区分的象征意义；我们亦能通过仿佛我们并不相信它的存在而行动，通过强调"它只不过是另一种常规武器"之主张,通过表明我们在有关使用核武器问题上沟通有限之事实,来腐蚀(但不是轻而易举地摧毁)该区分。我们遵循何种政策,有赖于我们是将核武器与其他武器的区别看作是一种我们与苏联人共享的财产、一个有用的区分、一项有助于最小化暴力的传统,还是将它看作是一件麻烦事、一种忽悠倾向、一项外交障碍、一块阻止我们果断行动和权威授予的绊脚石。然而,那些相信为了抢占先机或出于军事便利之需可使用核武器的人,也仍然承认该区别之存在,这样,我们才能在过渡时期采取行动削弱这一区别。

  这并非仅仅事关亚洲的中立国或欧洲盟国对该区别是如何看待的。它还涉及我们与苏联之间的关系。无论愿不愿意,在我们之间都可能存在着某种相互理解或谅解,而且它还事关苏联人是否认为我们与他们就限制使用核武器存在一种默认的预期。为了限制战争,我们应该期望苏联人或者中国人不去相信:我们在局部战争中对核武器的最初使用是对限制使用核武器整体理念的挑战,是宣告我们将不受任何类型的限制。我们应该希望他们对我们使用核武器的行为作这样的理解:它与有限战争的概念是一致的,且与我们默识性地协作去发现并认可限制条件的愿望一致;我们应希望我们对核武器的使用不致被赋予过度的象征性意涵。这样,如果我是对的,如果在限制战争的意义上区别的确存在,而如果我们却仍希望最大化使用核武器的自由,那么,我们就应该(出于限制战争的目的)尽可能地摧毁或削弱这一区别(例如,特别是在一些不发达国家,一项人为的、在土方工程中尽早或推广使用"核爆破"的计划,可能会有助于削弱这一区分;一个友好地帮助不发达国家的部队训练如何在核爆炸——出于其国家自身的目的而使用某种真实的核武器——中逃生的项目,将有助于实现同样的目的)。相反,如果希望强化我们与我们的敌人之间所拥有的"关于核武器是某种不同的武器，应予以特别对待的"默识性的理解，那么，悬置核试验的协定（或者哪怕只是对这种协定进行广泛的讨论）可能有助于实现这一目标。[①]

第二个结论是，一旦在有限战争中核武器被抢先使用，对使用核武器的原则性禁止将消失。在核武器已经在一次有限战争中被使用之后，很难想像，有关"核武器是不同的"默识性协议能够在**下一次**有限战争来临之时强有力地维持其存在。由此，我们也许无法忽视这一区别，且不能将核武器应用到特定的、其使用可能给我们带来优势的战争中去，并**随后**依靠这一区别，期待着我们和敌人都能够摈弃对核武器的使用。如果我们砸碎传统，创造一个相反的先例，潜在的对战争的限制将在随后的所有时间里变得本质上不可置信（或许还应该重新考察此前被我们认为理所当然的某些限制条件或避难之所的概念，以便了解它们是否原本不过是"被预设的"禁止核武器的副产品，且将伴随着核武器的使用而消失。比如说，在核武器被投入使用之后，我们会希望重新考察海军舰艇的角色[②]，部分地是需要去预测敌人对待它们的方式，如果敌人对待它们的方式有所不同的话，部分地是为了避免错误地理解敌人的意图）。

第三个结论是，在它们最开始使用之际，我们可能就需要至少关注自己建构的模式和先例，关注我们所接纳的"核武器的角色"，而不单只关心有限战争的最初目标。例如，如果核武器被用于防御金门，与关注金门的结果相比，我们可能就需要相对更多地去关注核武器交换的特点、它所确立的先例、我们力图为自己设立的角色以及敌人在这一过程中所承担的角色。我们不应仅仅将它们视作是为所关照的战

[①] 对有关核试验协定象征性意义的探讨，请参阅亨利·基辛格的文章，"核试验和和平问题"，《外交事务》，第 37 期，第 1–18 页，1958 年 10 月，特别是第 12–13 页。

[②] 一旦核武器能被使用，海军舰艇可能就不再是有效的避难之所了。——译注

争而**特设**的，而是更注重于型塑随后将要到来的有限的核战争（如果一个男孩拿出一把弹簧刀来对着他的老师，那么，不管原初问题的重点是什么，该老师可能都倾向于认为，现在高于一切的政策性问题是：他面对弹簧刀挑战时的行为）。

第四，我们应该认识到，至少在核武器第一次被用于有限战争时，敌人也将同时投身于至少两种不同的限制战争的行为之中。一种是限制就初始目标形成的争斗，另一种则是就核武器本身的角色进行默识谈判或战术运筹。为了举例说明这一点，我们考虑在金门决定使用核武器的情形。通常的假设是，当防卫金门的局势十分必要时，我们应该做出使用的决定，而且应该以一种达致我们有关金门之目标的方式来使用核武器。但是，考虑到中国人或者苏联人也可能使用核武器来报复，我们主要不应去担心：侵占金门时使用核武器的作用，他们心中所想的是什么。对他们而言，更重要的是，对于我们对核武器的主动权，他们所做的"回应"的性质是什么。他们可能倾向于不去扮演顺从的角色，而是为他们自己寻求一种"对等的"（如果不是占优势的话）核角色。除非我们准备好了某种果断、决绝的摊牌，在此，我们要么完胜要么全输，否则，我们势必希望（通过我们的实际行动）开展谈判，像寻求有限战争的任何其他类型的目标一样，在核优势问题上寻求有限的目标，探求限制核使用的传统和先例，并试着为未来战争寻找共同的"规则"。

附录 B 为了放弃博弈论的对称性

本附录的第一部分将主张，可能根本不存在纳什、卢斯和雷法以及其他人①所分析过的纯"静态"谈判博弈，或者即便存在，其特征也与通常所设想的很不同。这一主张的出发点在于一个几乎总是被忽略而未做界定的概念"**协议**"的操作性定义。本附录的第二部分则主张，谈判博弈的解的对称性，无法基于"理性预期"理念而获得支撑，该主张的出发点是对非理性预期的操作性辨别。

"非默识性"（"合作性"）的非零和博弈——一个讨价还价博弈——并不是由其收益矩阵来**定义的**，决策由以做出的运作过程势必仍有待进一步界定。通常情况下，这些运作过程是参照"有约束力的协议"的观念和达成协议的过程中自由沟通的思想来勾勒的。据此就可以说，两个参与人一旦就如何分配 100 美元达成一致，他们就能立即对其予以瓜分，而且他们可以就此事进行充分的讨论。此等说法，一般被认为是足以定义一个博弈的。②

---

① 参阅约翰..纳什，"谈判（讨价还价）问题"，《计量经济学》，第 18 期，第 155-162 页，1950 年 4 月及"两人合作博弈"，《计量经济学》，第 21 期，第 128-140 页，1953 年 1 月；约翰·海萨尼，"博弈论之前和之后的谈判问题分析方法：对泽尔腾、希克斯和纳什理论的一个批评性探讨"，《计量经济学》，第 24 期，第 144-157 页，1956 年 4 月；邓肯·卢斯和霍华德·雷法，《博弈与决策》，纽约，1957 年，第 114 页及其后的内容。

② 实际上，卢斯和雷法参照一个收益矩阵和下面的三个规定来**定义**二人合作博弈：（1）博弈之前，一个博弈参与人构想的所有信息都能够不失真地传递给对方；（2）所有的协议都是有约束力的，而且藉由博弈的规则，它们能够获得强制执行；（3）参与人对博弈结果的权衡不受博弈之前的谈判磋商的干扰。参见，《博弈论和决策》，第 114 页。

哪怕这类博弈的收益结构可能是非对称性的，其行动结构也是对称性的。两个参与人具有同等的沟通、拒绝出价或提议以及达成协议的权利。如果参与人双方不是均分 100 美元，而是在 100 美元的限度内达成了值为 X 和 Y 的分配方案，那么其收益函数可能是不对称的，但其行动结构也是对称的。为了强调这一点，海萨尼甚至明确地提出了对称行动预设："（不管是因为他们遵守同样的理性行为法则，还是因为他们面临相同的心理规律，）谈判双方都遵循同样的（对称性的）行为规则。"①

我想要做的事情是检查一下在**博弈行动结构完美对称**假设基础上的"协议"观念，特别是关注于谈判过程中的"法定细节"问题。我们还必须检查一下"无协议"的意义是什么。由于一个定义明确的博弈都必有某种关于其如何结束的规则，因此，让我们首先考察博弈的结束规则。②

如果我们意欲避免在我们的收益矩阵中以贴现率的形式增加一个全新的维度，那么，我们就必须假设博弈能够以尽可能快的速度结束，以便没有任何类似于利率的因素进入到博弈图景之中。除了协议本身，我们并不希望自己不得不去考虑达成协议的**时间**问题。这并非仅仅是事关便捷的问题。除非是出于我们的假设，大多数情况下，博弈并非是"静态"的。这是因为，如果参与人的时间偏好采取的是除"连续统一的贴现率"之外的任何形式，博弈本身将随着时间的流逝而改变，而参与人事实上也能通过失于达成协议来改变博弈本身。持续统一的贴现率也许过于特别，以致不能被当作一种**必要的**条件来进行处理，

---

① 参阅约翰·海萨尼，"博弈论之前和之后的谈判问题分析方法：对泽尔腾、希克斯和纳什理论的一个批评性探讨，"《计量经济学》，第 24 期，第 149 页，1956 年 4 月。

② 这里所讨论的模型十分抽象、带有人为性和非现实性。然而，它却有助于我们验证：**哪怕是在一个人为的抽象模型**中，先在地假定行为结构完美对称，并由此将对称性视为更为普遍的情形，而将非对称性看做是特例，是否是富有成效的。

且对于我们要考察的模型而言，它也并不是作为明确的先决条件来看待的。所以，我们必须假设博弈毕竟是以某种方式结束的。

是与或许，终止一个博弈的最简单的方式是在事先明确的时间让某种钟声响起。还有其他一些方法，例如让裁判员每数分钟摇一下骰子，一旦他挪开骰子盅，一局即告结束（我们也可以在特定次数的出价被拒绝后，宣告博弈结束，但是，这会通过促使某种类型的沟通"真实行动"起来而改变博弈的特征，让博弈不同于其先前的样子，并迫使我们进入到必须考虑出价次数用尽时的策略问题）。

出于简捷的目的，假设博弈将在参与人所规定的某个特定时间点终止，便利起见，我们称这一最后时刻为"午夜"。如果午夜钟声敲响前达成协议，那么，他们将按协议划分其所得；如果没有达成协议，则参与人什么也得不到。

接下来，我们对所谓"协议"作何解释呢？简便起见，假设在钟声响起时每个参与人以一种能为裁判所见的"记录方式"持有（或可能持有）他当前的"正式"出价。他或者将其写在对方能够看到的黑板上，或者将其装入一个信封内并密封，在钟声响起时交给裁判；或者他在裁判的房间里，将其当前出价键入私人的键盘式排字机中。当钟声响起时，黑板被拍照，信封被递交，键盘被锁定，这样，裁判只需要检查这两个在午夜时即存在的"当前"出价，以确定二者是否相容。如果它们相容，则两个参与人的所得将根据"协议"来划分；如果两个出价之和超出可供分配之值，就会存在"无协议"而参与人将什么也得不到（延缓一会再规定：对双方提出的总出价小于总可供分配之值的情形，要么他们得到其所要求的，要么因缺乏合适的协议而什么也得不到。而下文中，不管彻底界分可供分配之值的协议是否在午夜之前达成，即相容的"当前"出价在午夜前出现，都结束博弈）。

根据协议达成或记录的方式，还有一些其他途径来界定"协议"。

但是，如果我们执着于行动结构的完美对称，我认为它们通常都将具有某种特征，我力图将其挑拣出来以引起注意。该特征是这样的：势必存在某种最小长度的时间，让参与人做出或改变其当前出价（为简便起见，我们再一次假设同样的运作要么提供一个出价，要么改变它，这样我们可以一直假设存在着一个"当前出价"）。如此一来，势必就存在某个关键的时点，即午夜钟响之前的某个有限的时段，作为参与人能够开始其最后出价登记之操作的"最后时机"。这就是说，在午夜钟响之前，存在某种最后时机，在此之后，改变自己既存的出价就将因太晚而不再可能。根据博弈规则和理性预设，参与人双方都知道这一点。而根据对称性的规则，这一时点对两个参与人而言势必是相同的。

由此引发出一个重要的特征。一个参与人所可能机械性地和法定性地做出的最后一个出价，必须是在不知道对方最后出价将是什么的情况下提供的。同时，一个参与人能做出的最后出价，也是另一个参与人在博弈的进程中所不可能做出针对性反应的。在这个倒数第二的时点之前，没有任何出价是具有终结性的。而正是在这个最后时点，参与人要么改变要么不改变他们"当前"的出价，且无论他们所做为何，都是在不知道彼此选择是什么的情况下做出的，并且是终结性的。①

这一点势必为真。如果任意一方能够及时地瞧上一眼对方的最后出价并有时间予以应对，或者任意一方能够及时地让对方瞧上一眼他的最后出价，以让对方作出反应，那它就不是而且被认为不是"最后出价"。②

---

① 顺便说一句，只要我们能坚持对称性规则，即坚持当结束的钟声敲响时，双方都可以"同等地瞬间"做到这一点，该论断不会受到"某个参与人能瞬间改变其出价"这样一种假设的影响。

② 这里存在一个机械性的假设，即对于作出新的出价的程序，行为者只需要停下来，然后再重新启动即可。但是，如果参与人在午夜前一分钟或半分钟的出价必须是最后出价（因为除非时间过了一分钟，该程序无法重启，而那时关键时点就错过了）的话，那么，情况会略微复杂一些。后文将对此加以考察。

但是，我们现在就"完美行动对称谈判博弈"得到了一个重要的结论，这就是，在某个确定的倒数第二的关键时点，有必要让出一片天地来给**默识**（非合作）谈判博弈，且每个参与人都知道这一点。

这样，能最有益地概括该博弈特征的方式，不是必须在钟声最后敲响时达成公开的协议或一起放弃赏金，而是在某个特定的（或者是"明确可辨的"）倒数第二时点即"警钟"敲响之时，他们必须达成一个公开的协议，**或（否则）就同一博弈的默识性版本展开博弈**。

每个参与人都必须被设定为知道这一点，并且，如果愿意的话，他们可以简单地通过避免公开的协议，而代之以选择默识性博弈。这样，如果我们设定（在这一时点）默识博弈具有清晰的共同认可的解，且该解是**有效的**，那么，在早先阶段，每个参与人都具有纯最小最大化行为战略。每一方都可以通过人为地弃绝达成协议直至警钟铃响，来强化这一默认的解；每一方都无法通过口头谈判，从理性的对手那儿获得任何更好的结果。

紧随而来的结论是：合作博弈的解必须与相应的默识博弈的解相同（如果后者存在可预测的有效的解的话）。解必须相同，是因为默识博弈源于合作博弈，且是后者不可避免的、机械性的后果。

从这一点来看，该博弈的合作性特质好似就有些不恰当了。参与人其实无需现身，直至 11:59。实际上，他们甚至根本不用出现。前期沟通和达成约束性协议的能力（它们是被用来概括该博弈的特征）被证明是不相干的，与默识博弈明确区分开来的合作博弈并不存在。①

但是，这一结论并不能确保正确。首先，默识博弈可能并无具备

---

① 纳什在其 1953 年的文章"二人合作博弈"中提供了一个博弈模型，这个模型的最后阶段明显是默识性的。该模型之于合作博弈的关系是启发式的，它有助于发现在对应的合作博弈中是什么构成了"理性预期"（以及由此而来的预示的结果）。本文的主张是：如果对称性行动结构得到严格遵循，那么，上述模型之于合作博弈的关系就是机械性而非智力性的；而在严格对称的意义上，可能很难甚至是不可能去界定一个最终要作为研究目标的、对应的"非默识性博弈"。

准确预测性的有效解。① 而且，在明示磋商看来是平淡无奇的合作博弈的特定细节，却会影响到默识博弈的特征。同样地，对参与人本身并无约束力的前期沟通可能也会影响默识博弈的特征。例如，不妨考察一下下面的合作博弈变体。

让我们改变陈述的方法，即，不是说当参与人能够就完全界分的分配方案达成协议时他们才能分配一笔赏金，而是代之以这样一种说法，即，他们在**何种程度上**达成了分配协议，便能在何种程度上划分一笔赏金。只要他们已经在午夜钟声敲响之前达成协议，他们便能划分可供分配的赏金的相应比例。例如，假设有 100 件个人目标供分配，而参与人在午夜钟声敲响之前就如何划分其中的 80 件达成了协议，这样，其中 80 件达成协议的目标将根据协议来划分，而剩下的尚处在争议之中的 20 件，则仍复归全体所有。②

现在，在明示谈判（合作）的情况下，我们业已得出结论说该博

---

① 需要强调的是，有赖于明确认可的零点（也就是说，有赖于公开协议缺失时一个占主导地位的、清楚明白的结果）的谈判博弈解，如纳什和海萨尼提出的解，并不必然能够运用到基于选项矩阵而形成的合作博弈之中。一个矩阵（除非是除对角线上的值之外其余收益均为零的情形），并不具备一个被规则所界定的零点。由此，除非有一个能（以参与人认为理所当然的方式）"解"默识博弈问题的完全充分的理论，否则就不存在一个"既包含凸区域又与零点相联系"的"标准式"。行为者会根据卢斯和雷法的观点将参与人的"安全水平"（最大最小值）当作是零点，但是，这要么是主观臆断，要么是出于这样一种假设：如果放手让参与人展开默识博弈，他们就无法成功地获致比这更好的结果。而这后一假设，特别是在包含纯战略的有效均衡点（如在布雷思韦特的博弈中的情形）的情况下，是一个弱假设，很容易被经验证据推翻。它设定理性参与人在缺乏沟通的情况下无法协调战略，但是，事实是，哪怕是在面临彼此冲突的偏好时，他们通常也能够进行协调。零点的潜在模糊性是引发哈维·瓦格纳（Harvey Wagner）和约翰·海萨尼之间争论的一个议题（参见哈维·瓦格纳的"关于谈判问题的回应"，《南方经济杂志》，第 24 期，第 480–482 页，1958 年 4 月）。

② 在对单一的可分目标如货币进行分配的情况下，相应的规则是，他们根据他们的出价——在"全体"将其"重叠的部分"去除之后——进行对应性分配，一方的所得恰为对方出价所默许让出的部分。例如，在博弈的最后，一方索求金额的 65%，而另一方索求 55%，第二方被让出的金额为 35%，而第一方被让出的金额为 45%。这些数额即为争议之外的部分，并成为"协议"。

弈存在一个有效的解，也就是说，参与人事实上将达成一个完全界分协议，那么，我们就应已经考虑到该问题的这一改述无关紧要。该改述事实上是说，只有是这样一种讨价还价才能采取这样一种形式，即，让每个博弈参与人写下自己的全部诉求，其让步则通过各参与人将目标品从其所列清单中剔除的形式做出，当双方诉求单中不再存在目标品的冲突之时，也就达成了完全的协议。但是，当我们来看默识谈判的情况时，则该改述极大地改变了博弈本身。该默识博弈现在有了一个反向的动机结构。对于任意一个参与人，没有合理的理由认为他们的诉求会少于整个可供分配的奖赏；每个人都知道这一点，而且也知道对方知道这一点。行为者并无动机来降低其诉求，因为参与人降低其诉求以消弭争端所付出的代价，不会小于任何残存的争端给参与人带来的成本。于是，唯一的均衡点给两个参与人带来的收益为零。因此，看似无关紧要的改述博弈所带来的变体，与原初的博弈已经有了巨大的不同。但是，直到我们将末期的默识博弈明确为是一个决定性影响因素为止，其并未展现出如此这般的模样。①

再看另一个例子，假设有 100 件个人目标品供分配，尽管它们就价值而言具有可替换性，但是协议还是必须详细地明确哪个**个人目标品**归属于哪个参与人所有。如果博弈规则要求达成完满且完全界分的协议，那么，在默识博弈中，参与人就需要依赖于他们的这样一种能力，不仅以协调的方式来划分这些目标品的总价值，而且还需要将这 100 件个人目标品按相同的款式区分成两堆的能力。这样，如果一个参

---

① 这里我们能从分析中得出一个副产品，也就是这样一种观察所得，即，为了设置一个"真正的"合作（非默识）博弈，法定协议必须以一种让默识性博弈有悖常情的方式进行定义，这样，参与人双方必须在午夜钟响或一无所得之前达成一个有约束力的协议。但是，问题仍然存在。为了在午夜钟响之前达成他们自身的协议，参与人双方现在必须自己定义"协议"为何。如果它类似于我们之前的定义，他们所要达到的目的就是：相对于原初博弈提前一分钟（这等价于一个默识博弈相对于原初博弈提前两分钟），将可能的"有悖常情的"合作博弈归入到良性状态之中。

与人所要求的**特定**目标品值总值的 80%，而对方拒绝了这一要求，那么，前者在默识博弈中就占据了优势。唯一现存的分配这 100 件目标品的建议，便是第一个参与人的、令其获得满足的 80% 的规范。除此之外的任何其他划分这 100 件目标品的方案，无论其值在他们之间是否相等，双方协调一致的机会都是非常渺茫的，以致双方为了达成协议，不得不接纳这唯一现存的、可能是有偏的提议。由此可见，前期沟通具有战略意义，因为一旦博弈进入默识阶段，它将影响双方的协调方式。

现在，如果考虑上面最后一点的战略含义，而仍然坚持对称行为的规则，我们势必会得到这样的结论：如果任意一方狮子大开口而淹没掉另一方的声音，他最终将会发现对方也会狮子大开口，双方都知道一方喋喋不休会带来另一方的喋喋不休，任意一方都无法听到对方在说什么，如此等等。换言之，行为完全对称的假设，作为一种明确的先验结论，恰恰排除了在前期沟通阶段可能丰富博弈内涵的那类行为。

但是，相对于其能给我们带来的价值而言，现在的我们显然是竭尽所能地拥抱着完美行动对称博弈。① 我们能够继续对该博弈进行更

---

① 与前面的脚注一致，有一个细节值得深入探讨。假设做出或者更改出价需要花费一分钟，而且（不同于之前的版本）记录一个新的出价的过程，一旦开始就无法在其彻底完成之前停止。在这一程序下，任何发起博弈的、从下一分钟到最后一分钟之进程的出价，都是行为者的最终出价。如果该最终出价**无法**在博弈终止时点前传递给对方，则意味着该博弈本质上仍为之前的博弈。出于操作的目的，"同时性"现在意味着，参与人在一分钟之内发出自己的出价，且同时——无论该出价是在最后一分钟之中的哪个时点提出的——无法看到对方的最终出价。但是，如果一方将自己的出价冲压在一块可见的板子上，并在记录在案后锁定一分钟，这样对方将能够在数秒内看到这一出价，尽管行为者可以在这一分钟的迟滞期之后发起改变该出价的行动（同时假设，一旦出价被如此记录下来之后，双方都不能令自己明显地"无能力"看到对方的出价）。在这种情况下，两个在最后一分钟期间的出价如果并不是同时性的，那么，后行动的参与人在做出其最后的出价时，是完全知道对方的出价的。由于其能获得任何收益的唯一机会来自接纳这个出价，故而他必须接受对方的出价，无论它是多少。这样一来，如果先发行动者知道对方在等待自己的出价，"后发行动"者就将会输掉博弈。现在，我们就有了一个可以作如下描述的博弈：参与人嬉戏了 23 小时 58 分钟，

为详细的分析，考察诸如结束博弈的其他方式或界定"协议"的其他方式等等。但是，更有价值的是，从这个地方开始去追问："静态"或"行动对称"博弈是否是一种有用的研究对象？不偏不倚的、行动对称的博弈，真的是"一般性"的、让人们摆脱"特例"的博弈吗？抑或，其本身就是受限的、令合作博弈中最为有趣的部分消失不见的特例呢？

值得强调的是，对博弈对称性假设的更富成效的替代性假设，并不是非对称性，而是**无所谓对称性**，亦即承认对称性和非对称性都是可能的，而不是委身于其中任意一种，将其当作先验性结论。

举个例子可能会有所帮助。假设我们要分析这样一个博弈：在一条路的尽头有100美元，谁先到谁得。其实这个技巧性博弈分析起来并不难：如无意外事件和偶然因素，100美元将由跑得最快者获得。我们能够预测理性行为（跑）及其结果（钱归于跑得最快者）。也可能偶尔发生平局，但是平局是出现在赛跑结束之时，而不是在赛局开始前便将其视作理所当然。我们需要某种辅助性的规则来处理发生平局之可能，但这并不必然意味着它就要么主导了博弈，要么主导着相关的分析。

考虑同样的博弈在这样的特定人口中展开，在此，每个人都跑得同样快，且每个人都知道这一点。现在会发生什么呢？每次赛跑都以

然后开始进行一个时长一分钟的博弈。博弈规则允许任一参与人在这一分钟的任何时点给出一个且是仅有的一个出价。该博弈给参与人提供了三个战略：（1）设若对方将等待，则索求99%；（2）设若双方同时提供出价，则其索求为何由默识博弈来得出；（3）等待。如果双方都等待，博弈仍要继续进行。如果潜在等待的数目是有限的，我们就拥有了这样一些战略：等一次，然后索求99%；等一次，探寻默识博弈解；等两次，索求99%；等两次，探寻默识博弈解；如此等等。这种博弈（包括进行这一分钟博弈的全部战略的"默识超级博弈"）于是便成了**这种**博弈，而它拥有——如果我们希望接纳它的话——它自己的"严格意义的解"，该解包含了所有的、以要求相应的默识博弈解作为结束的战略（全部时长的各种等待）。（对于一个两人默识博弈的严格意义上的解定义，请参看附录C。）

平局告终，于是辅助性的规则也就成了全部问题的关键。但是，既然平局已是先验的结论，他们为什么还要自寻烦恼地去赛跑呢？

一个完美的行动对称合作博弈有点像这种比赛。谈判在此情形中恰如在彼情形中的赛跑一样徒劳无益，参与人事先知道所有的举动和策略都注定会被对方也拥有的对称性的潜能中和抵消。如果"完美对称"及其被双方参与人当作是不可避免之事而被接纳，通过定义本身而被强加于博弈之中，那么，那些我们能够注入谈判博弈之中去的有趣因素将会变得毫无意义。

如果放弃对称性假定，我们能给博弈增加些什么来丰富它呢？许多"举动"通常是可用的，但在实际的博弈局势中，对于两个参与人并不必然同等可用。"举动"可能包括任责、威胁、承诺；破坏沟通体系；基于任责、威胁和承诺来调用惩罚；传达真实的信息和自我标识；以及，特别是当沟通缺失时，能限制预期的"背景性细节"的注入。这类"举动"在第2—5章有详细的讨论。

举例来说，假设在前面的合作博弈中有一个旋转式栅门，参与人可借此离开，但是无法回来。当他走出栅门期间，他的出价将登记在案，直至钟响。现在我们也就有了一种方式可令参与人提出一个"最终"的出价，一个"任责"：无论是谁，只要其能登记一个对己有利的出价，并为对方所知道，且离开房间，他就有了一个获胜的策略。当然，他们中任意一方都有获胜的可能，但这意味着结局依赖于某种类似于决定跑步比赛的因素，而离栅门最近的人更可能获胜。通过分析这一战术及其制度性或物理性安排，我们能够决定谁能抢先利用栅门。

值得注意的是，我们在此并没有通过让他们"跑向栅门"而将战略性博弈转变成技术性博弈。的确，抢先到达栅门的人将获胜，但这只是在对方配合且在约束了对方战略选择的情况下才能为真。他之获胜，并非因为他法定地或物理性地穿过了栅门，而是因为他**战略性地**

做到了这一点。他令对方按对他有利的方式做出选择。这只是**战略性**博弈的一个策略，尽管该策略的**运用**可能依赖于技巧或位置优势。

现在我们可以为这一博弈——在不摧毁它的前提下——引入某种对称性了。我们可以在博弈开始时，通过抛硬币来决定谁距离栅门最近，或令参与人处于类似的位置并有着相同的速度（却基于偶然性来决定谁首先）到达栅门。虽然**博弈**现在是**无偏向**的了，但是**结果**可能仍然具有**非对称性**，因为每个参与人都有动机跑向栅门，并在身后留下坚定不移的对其有利的出价。①

我们还能包容某种"平局"的风险，特别是在有两个栅门而参与人可能会同时通过它们的情况下。这构成了作为一种有趣可能性的——而非先验结论的——"对称性"。如果行为和信息结构事实上会有助于导向平局时，僵持不下和对它的预期也就成了一种有趣的可能性。但是，由于我们的哲学是无所谓对称性，所以我们也就无需纠缠和痴迷于这种平局的可能性。

再一次，如果一个参与人能够在提供一个出价之后破坏沟通渠道，那么，他就可能通过提供（当双方都亟须在随后的最终阶段协同一致时，他们就都应聚焦的）某种唯一的现存出价而赢得随之而来的默识博弈。诚然，我们可以考虑当双方都有同等的能力破坏沟通渠道，且双方都势必意识到他们可以"同时破坏沟通渠道以防止信息传递"的情形，但是，这种有趣的情形看来只是个特例，而非普遍现象。

总而言之，完全的"静态"或"行动对称性"合作博弈并不是一个能带来丰富果实的一般现象，而只是一个一般默识博弈的有限制条件的情形。当"举动"被认可之后，合作博弈便丰富多彩而富有教益

---

① 就这一点而言，如下这种观点就是值得争辩的了：博弈的预期值仍然对称性地在两个参与人之间划分，这样一来，分析人员也就仍能——基于平均结果——将博弈看作是具有对称性的。但是，如果他这么做，他也就让自己局限于看待博弈及其将如何进行的最小视角之中。

了。一旦双方的"举动""就其可利用性而言的完全对称"被铭刻在博弈的定义之中，那么，这些"举动"的意义将消失。引人入胜的正是这些举动，而不是没有"举动"的博弈，而且，让这些"举动"变得最为有趣的，恰恰是它们的潜在的非对称性。

对称性不仅普遍地被强加在博弈的行动结构之中，而且还被援引作为貌似有理的博弈的解的特征或博弈的解必须与之一致的、理性行为的特征。纳什的二人合作博弈清晰而明确地视对称性为理所当然，海萨尼亦复如此。对称性预设不失为一种方便有效的权宜之计，它通常容许行为者找到一个博弈的"解"，并止步于——如果其如此希望的话——数学的王国。很少有类似的强烈的概念能够"作为求解一个博弈的基础"而与之相争。但是，对对称性预设的辩解不是仅仅凭借其能导向好的结果便够了，它的正当性必须要在"违背了对称性将导致与两个参与人的理性相抵触"的基础之上作出合理的解释，这个基础性结构正是我想批判的。

我将要争辩的是，虽然对称性与参与人的理性相一致，但是这并不能证明非对称性便与他们的理性不一致，而一旦在理性的**定义**中包含对称性，也就在事实上回避了问题。之后，我将提出我之所想，有助于对称性解的**某种**主张，一种倾向于让"仅仅是大量对博弈结果有潜在影响力的因素之一的对称性"不再拥有其貌似有理由谋求之卓越地位的主张。

对称性和理性之间关系的详细表述来自约翰·海萨尼。他说："至少在一种特殊情况下，即，对两个参与人而言完全对称的局势下，谈判问题有一个明显的确定解。在这种情况下，可以自然地设定博弈的双方将是平分净所得，因为任何一方都不准备认可自己让渡给对方的条款优于对方让渡给他的。"① 在后来的一篇论文中，他把对称性原理看做是"基础性预设"，并说："由直觉可知，这个定理之下的假设是，一个理性的谈判者将不会期望一个理性的对手认可：对手为他做出的让步，大于他在同样的条件下所作出的让步。"②

现在，这个直觉性的构想涉及了两个前提假设。首先，谈判任一方的让步不会大于其——设想其自身处于谈判对手立场时——预期所能达到的程度。其次，对于行为者（设想其身处对方立场时）将退让到何种程度的预期，唯一的基础是他对对称性的觉察程度。

用心理学术语来说，这个直觉性构想是细致的、有关一个理性参与人就另一个理性参与人的"期望"究竟是什么的构想，对纯粹的科学描述提出了一个问题。两个参与人既然是理性的，就必须认识到他们能够拥有的唯一一种"理性"预期，乃是对某个**结果**的全然共享的预期。作为对该心理现象的描述，说什么"一方预期另一方让出某物或接纳某条件"并不是十分准确的。与之类似的还有说什么"第二方希望让步或接受的某条件，只不过是其希望第一方接受或让步的某条件（而这反过来又是第二方希望第一方希望第二方希望第一方所希望的，如此等等）的换一种说法而已"。为了避免描述过程中的"无休止的反复"，我们不得不说双方都感知到一种对**结果**的共享预期。一方的

---

① 见海萨尼，第147页。他继续说："例如，每个人都预期两个有着同样的成本函数、企业规模、市场条件、资本来源和人格品性等的寡头，能够达成平均分配利润的协议。"

② 在此提供完整的引述："泽尔腾-纳什的谈判理论的根本性主张是，在参与人知道彼此效用函数的情况下，清楚地确定：参与人面对对方的谈判策略时，能一致地纳入考虑的是什么预期。该理论的基础性预设是对称性定理，该定理认为，以数据形式定义了双方最佳战略选择的函数（或者，等价地定义了双方最终收益的函数）具有相同的数学形式，当然，那些涉及双方不得不交换的变量除外。由直觉可知，这个定理之下的假设是，一个理性的谈判者将不会期望一个理性的对手认可：对手为他做出的让步，大于他在同样的条件下所作出的让步。"（海萨尼，"忽视对手效用函数的谈判"，考尔斯基金会讨论论文，第46号，1957年12月11日。引述获得了作者的允许。）

"预期"是一种对双方都确信"**同样的**结果已经被局势所预示,因而也就是在实际上不可避免"的信念。事实上,两个参与人都接受了一个共同的权威:博弈(通过其参与人智力上的可行性能力去感知其解的)支配和指示它自身的解的权力,而他们所预期的则是:他们都能共同感知到相同的解。①

根据这些条件来看,海萨尼假设的第一部分(明示部分)可能可以改述为:这也就是说,在任何谈判博弈的局势(有着有关效用的完美信息)中,存在一个特定的结果,使得任意一方的理性参与人能认识到——任何理性参与人都将承认——它是被预示的"解"。该假设的第二部分(暗示部分)是:被如此承认的该结果为数学的对称性所决定。第一部分可称为"理性解"预设,而第二部分则构成"对称性"预设。

现在的问题是,对称性预设是否能从参与人的理性(他们预期的理性)中导出,还是必须取决于其他基础。如果对称性预设取决于其

---

① 沿着这一思路,在完全沟通的谈判博弈中达致"理性预期"的智力过程,本质上等同于默识博弈中达致某个协调性选择的智力过程。伴随着具体暗示性条件的不同,实际的解会因博弈的背景之不同而不同。但是,两个解的性质在本质上是相同的,因为二者都取决于通过**默识性**赞同而获致的协议的达成。该说法之所以正确是因为,在完全沟通博弈中达致的明确的协议,对应着一个先验的、由参与人在谈判开始之前共同而又独立地达成的(或在理论上应该能够达成的)预期。而它在如下意义上类似于一个默识性**协议**,即:双方能够理性预期有自信,当且仅当双方都意识到他们已事先接纳了其暗示的解作为"他们都知道他们都期望的"**那个**结果。

关于这一点,需要一个条件。伴随着有关彼此价值体系的完全信息以及完全同质的一套收益划分方案,存在无穷个等价的解,都能使参与人双方得到同等价值的收益,而且,在这一无甚差异的序列中,就某个人为的选择达成一致并无困难。但是,默识博弈通常要求更进一步的协调,也就是说,哪怕是在诸多等价性的收益划分方案中,参与人仍需作出协调性的选择。在这个意义上,在同质性的领土上磋商出一条边界线,是不同于同时性地派遣部队占据代表其索求的位置的情形的。这样的索求——哪怕其索求的领土在价值上相等——会发生重叠,并因此而招致麻烦。因此,协调问题是存在差异的;谁也无法先验性地保证默识博弈(或者存在不完全沟通、不完美信息等等问题的博弈)的解便是明示博弈的那一整套具有等价性的解。

他基础，那它们是什么？其坚实程度如何？

为了探求第一个问题，即对称性能否从参与人"预期的理性"中导出，我们可以将二者的理性关联在一起加以考虑，并考察双方共同预期的"无所谓对称性"的结果是否与理性预设相矛盾。如果两个参与人确信他们共享——且的确共享了——对某特定结果的预期，而该结果在数学意义上并无无所谓对称性可言，我们能否证明他们的预期是不理性的，并与理性预设相矛盾呢？具体而言，假设两个参与人一旦明确地达成协议便可据此划分100美元，他们极有可能赞同的方案是，A应得80美元，B应得20美元。我们知道，在这一特定案例中，美元数是与效用成正比的，参与人也知道这一点。我们能否证明参与人是非理性的呢？

我们必须小心谨慎地避免将对称性混同为理性**定义**的一部分，因为这样做将摧毁理论的经验相关性，从而简单地使对称性成为一个不依外物变化的定理。我们势必需要有一个有板有眼的、"不提及对称性，也不表现出在谈判预期中非对称性与该定义相矛盾"的理性定义。为了我们当前的目的，我们必须假设参与人已根据达成的协议选取了80美元和20美元，再来看我们能否辨别出，在他们失于选取对称性的点时，一方或双方参与人的、任何类型的智力错误、误导性预期或无序的自我利益。

具体而言，B给A让渡80美元，这样的妥协"错"在哪？他可能会告诉我们，且假设我们有方法来验证其真实性（如果效用的完全信息被假定为真，那么，这是一个非常恰当的推测！），他预期，A将"要求"80美元；他预期A会得到80美元；他知道A知道他（也就是B）希望放弃80美元，而满足于获得20美元；他知道A知道他知道这一点；如此等等。A期望获得80美元，并知道B已经做好了心理上的准备，因为他（也就是B）知道A自信于预期B已经做好准备，如此等等。这也就是说，他们两人都知道（他们告诉我们）且双方都知道他们知道，结果将不可避免地是"A 得 80 美元，B 得 20 美元"。双方的每一步预期都是正确的，每一方的预期都是内在一致的，且与对方的预期相符。或许我们对于他们**是如何**达成这些预期的感到困惑，但是"天下没有免费午餐，伟绩往往毁誉参半"，其所由来自有道理。"理性解"预设在此被完美地体现和耗尽，博弈被一个双方参与人自信于其感知到的"特定结果"所支配。如果在这一点上我们感觉到我们自身尚未能感知到同样的结果，我们便可归咎于如下四个假设中的某个假设是错误的，这四个假设是：（1）理性解预设；（2）A 和 B 的理性；（3）我们自己的理性；（4）我们内省性地展开的博弈与 A 和 B 刚刚进行的博弈（在所有核心方面）是相同的。但是，我们无法基于任何证据来宣称第二个假设——A 和 B 的理性——便是那个错误的假设。

注意，如果 B 曾坚持 50 美元，或如果 A 曾满意于索求 50 美元，却理性地索求并自信地坚决主张就那种结果（80∶20）形成共享预期，那么，两个参与人可能也就都"错"了，而我们也无法基于任何证据说，谁是非理性的，抑或两人都不理性。如果我们不将对称性引入理性的定义之中，我们只能得出结论说，要么至少其中一个参与人是非理性的，要么"理性解预设"是站不住脚的。我们最好是归咎于导致两个参与人一起出现"非理性"的、那个单纯的**必要**条件，而不是去探寻某个参与人之为"非理性"的充分条件再加上必要条件。

哪怕我们追问他们如何达成了他们的预期，我们亦无法抓住他们的错误。任何一个一致性的基础都可能令他们达成预期，因为任何"某方预期对方确信接纳"的基础都是参与人无法理性地加以逃避的基础。一致性的故事便是他们所需要的全部。而如果他们说，黑板上的一个标识说了 A 得 80 美元，B 得 20 美元，或者他们看到一个公告说另外两个参与人 A' 和 B'，就是按 80∶20 美元划分的，于是他们确切地感知到，这便是对于他们能预期什么（这是唯一"可预期"的结果）

的清晰指示，我们仍无法抓住他们的错误，并证明他们的非理性。他们可能是非理性的，但是并无证据来表明这一点。

但是，却存在一个基础来否证我当前的论据，因为事实上我并没有运用独立的试验来测试两个参与人的理性，让他们开展博弈，并观察到我刚刚提及的80∶20的划分方案，我只不过是将这种划分方案做为一种"**如果**它发生的话（有人会反对说，它是不可能发生的），考察其是否意味着非理性"的可能性而提出来的，该主张有赖于协调问题。接下来我们将详细阐述该问题。

如果两个参与人共同预期一个**先验**的相同结果，并确切地认可它作为他们**共有**的预期，那么他们势必拥有智力去选取一个特定的共通点。如果100美元按美分进行划分，就会有9999种相关的分法供考虑，这些分法中的一个，必须被两个参与人根据他们对结果的预期，同时而又分别地加以选取。但是，两人如何协同他们的选择，将他们的预期聚焦或集中于其上，从9999种可能中以1/9999的概率选择一个呢？答案一定在于他们运用了呈现在他们面前的某种窍门、线索或协调装置。双方必定有意或无意地使用了一种可以导向唯一结果的程序。一定存在某种东西，令他们所挑选的点显著地（即便不是源于他们有意识的推理，也至少是在我们有意识的分析中）区别于所有其他可能备选项构成的连续统。

现在，通过某种不同于纯粹巧合或奇幻魔法的东西，两个理性参与人能否将其注意力聚焦于相同的特定结果之上呢？他们又是否能各自"理性地"确信对方也——怀着对它是他们的共同预期的同一评价——聚焦到了同样的结果之上呢？如果情况确实如此，他们又是如何做到这一点的呢？

答案是他们能够像第3章所论述的那样做到这一点。他们可以利用各种可用的手段：任意线索、任意暗示或任意"剔除模糊选择，进而导向明确决策或更高协同可能性"的规则，而数学对称性不过是这些规则、暗示或线索中的一个。①

在一个绝对没有具体细节而只有数学结构（在该结构中并无不经意的背景事项能够令其为一方感知的同时，让另一方也做出同样的领悟）的博弈中，除了数字的连续统之外，也就没有别的能够进行把握的东西了。而所有这些数字都能够根据其是否对应于对称性或非对称性的不同属性而加以归类。如果除了一个数字之外的所有数字都代表了一种非对称性的划分，那么，绝对的数学对称性就成了一个充分而极度有益的、协同选择的规则。而且，通过抽离或压制参与人的个性和所有背景性细节，以如此"干净纯洁"的方式建立一个博弈——以致除非在其中掺入杂质，否则就确实没有其他可见的基础可被用来协同选择——是可能的。②

换言之，数学意义上的对称性能够聚焦两个理性参与人的预期，因为它——承认博弈预设的对方的特征，恰如其预设的、彼此效用体

---

① 在这样的博弈中，理性参与人的智力前提（或操作性假设）似乎是这样一种前提：如果成功意味着凸显出一致性，那么，就必须使用**某种**规则，而所能找到的最佳规则——无论其是否合于经济原则——便由此是理性规则。例如，该前提将支持纳什的、将"非平滑"的默识博弈看做是"平滑"博弈的平滑度趋近于 0 时的限制条件的博弈模型。尽管该非平滑博弈的观点在逻辑的意义上并不必须，它却具有很强的暗示作用，它能够在缺乏其他更好的根据来集中预期到某个单一聚点时，控制和支配寻求达致共同决策的参与人的注意力。这一限制过程为在非平滑博弈中切实存在的无穷多均衡点中，选择特定的一个均衡点提供了线索。当然，这一前提也同样支持任意其他的、从无穷多潜在选择中选取一个候选者的程序。

② 根据这一观点，纳什的理论（导向的是最大效用产出解）是对这样一个事实的回应，即，哪怕是在数学王国里，也"不友好地"存在着太多种类的唯一性或对称性，以至于无法提供一个清晰的挑选规则，由此，也就有了援引貌似有理的标准（公理）以便引出一个明确选择的需求。布雷思韦特的理论亦可以以同样的方式来描述。两个解冲突的事实意味着，数学家也可能无法拥有足够共通的数学美感来满足海萨尼预设的第一部分，即将他们的预期协调到一个相同的结果之上（布雷思韦特，《博弈理论作为一种道德哲学家的工具》，英国剑桥，1955 年）；卢斯和雷法的《博弈论与决策》，第 145 页及其后对布雷思韦特的解进行了描述）。布雷思韦特将该问题建构成是一个决断问题，而卢斯和雷法则以战略（而非决断）术语来重构纳什的理论（第 121–154 页），似乎是为了强调**智力协调**乃是该理论的核心。一个具有合法性的解要求对某个唯一结果的**某种**理性化，当其他选择空间付诸阙如时，纯粹的诡辩之术也会有所助益。

系的信息完全一样——确实提供了一种协同预期的方式。这一方式是否强有力，则取决于替代性备选手段的情况。

第 3 章的实验看来已经足以证明，还存在其他协同的手段，包括某种有效性可能强过对称性观念的手段。所以，我们确实可以建立一些"数学对称性确能在其中发挥协调预期之聚焦作用"的博弈。但同样确切的是，我们也能确立起另外一些博弈，在此，博弈的某个其他方面能提供预期汇聚的作用（这些其他方面通常不被包含于博弈的数学结构之中，但却属于博弈"主题内容"的一部分，也就是说，它们通常取决于——用第 4 章提到的卢斯和雷法的话来说——参与人的"标识"和战略）。

我并无根据去提出数学对称性以何种力量或在有趣博弈的何种占比中确能主导"理性预期"。但是，我想，允许汇聚预期的其他因素与"对称性"竞争，极大地改变了对称性预设的地位。因为，如果人们相信只能通过收益函数的数学性质来实现理性参与人预期的协同一致，那么，毫无疑问，对称性将拥有无可争辩的地位诉求，特别是如果能够为对称性找到一个独一无二的、满足某些引人入胜的公理的定义的话。但是，如果行为者不得不承认其他事项——这些事项并非收益函数之数学结构所必需的组成部分——能够承担"对称性"的职能，那么，就没有先验的理由去假设对称性起到了 99% 或者说 1% 的职能作用。对称性的诉求也不再是数学性的了，而是内省性的。而博弈理论家对于特定聚焦装置的个人诉求的进一步主张，应受限于其**作为博弈参与人**的情况或者经验观察。

因此，作为战略理论的、有赖于智力协调的标准博弈理论，有着内在固有的经验性成分，它取决于人们如何能协调他们的预期。由此，它也就依赖于技巧和背景环境。一个理性的参与人必须使自己面对这样的经验性问题：在其博弈的特定背景下，如果他要在博弈中找到某个基础来与对方共享有关结果的先验性预期的话，两个理性的参与人如何能达成决策的默识性协调。明确对称性具有合理性有赖于这样一个前提假设，即存在某种理性参与人无法依赖除"数学对称性"之外的其他任何基础来协同其决策的智力过程，而且理性的参与人应该知道这一点。实际上，理性参与人是否能做到这样一种理论所否决其能做到的事项，并由此是否该忽略该理论所产生的战略原则，其实是一个经验性问题。①

一个可被用来实验的内省性博弈，有助于说明这一点。设想一个

---

① 有趣的是，在为一个表面上对称的默识博弈探寻一个对称性解的过程中，卢斯和雷法忽视了这两个最有前景的"解的申报者"。他们考察了（《博弈与决策》，第 90–94 页）这样一个矩阵，注意，该矩阵的左上角和右下角构成了两个纯战略均衡点。

	I		II	
		1		-1
i	2		-1	
		-1		2
ii	-1		1	

它们之所以被认为不可能的根据是："这里，无论对 i 或 ii，我做何种合理化选择，出于局势的对称性，参与人 2 也有着同样的合理化能力，这么看来，我们双方都输掉博弈便不可避免。"（这里我用 i 和 ii 替换掉了他们所使用的相应的符号名称。）此后，他们又考察了一对最大最小化战略，但它不能令人满意，因为它们并未产生均衡点，而他们所找到的最小最大化战略其效果甚至更不理想。但是，一个重要的问题是，既有理性又有想像力的参与人是否恰如卢斯和雷法所坚持的那样无能。参与人能在缺乏沟通的情况下让他们的战略选择对应起来吗？这是一个经验问题。第 3 章的实验给出了肯定的回答，或者至少意味着在某些特定情况下，答案可能是肯定的。他们似乎很难随随便便地就一致地投身于一对非对称性的战略组合之中。但是，最难的部分是，简单地承认他们不得不去协调其战略选择。至于随后如何做到这一点，则成了一个实践问题。他们必须共同地、默识性地找到线索或提示来协调他们的选择。当然，上面的矩阵中一个非对称性解是一个有所偏向的结果。出于纯属意外或偶发的缘故，一方所得会少于另一方，而对之加以谴责就显得颇为武断。我们必须假定的是，如果线索或暗示指导其这么去做的话，一个理性的参与人能够约束自身去接受这一相对较少的所得份额。只有是有偏向的线索或暗示才能指向一个协同性选择，否定有偏向性也就是否认了这样一种前提条件：出于某个结果对双方而言共同地优于任何对称性结果的好处，某种线索或暗示能被共同发现并共同地去遵循。对于该特定博弈，卢斯和雷法在探讨后总结说："尽管这个貌似无伤大雅的博弈拥有一些对称性，却难以明白如何去利用它们。"但是，对于这个貌似无伤大雅的博弈，解答的真正关键却可能在于它——特别是当其呈现于某背景之中时——拥有的某种**非对称性**，而目标应是去利用这些非对称性。

博弈，其潜在收益由处在一对直角坐标的右上边界线上（或其内）的所有点构成。无论我们是否会被对称性预设吸引，也不管我们是否特别地倾向于纳什解的特定对称性，让我们将自己的思维纳入将"纳什均衡点"看做是明示谈判博弈的理性结果的框架之中去。① 接下来，考虑该博弈的一些变动情况（变体）。

---

① 纳什为谈判博弈——在此两个参与人对自身和对方的效用系统（主观评价）有着完美的知识——所提供的解，能够最大化两个参与人的效用**产出**。如果所有可能的结果都以点的形式标示于一个坐标图中，其坐标轴测度的是参与人从结果中获得的效用，那么，博弈的解就将是位于该平面右上象限的某个唯一点（该点是唯一的，主要基于以下原因：如果存在两个点，那么这两个点将被一条直线连接，该直线表示的是，以不同几率对两个原结果的概率加以组合来获致的、可用的备选结果。在这条直线中，将它们连接起来的各点能给两个参与人带来更高的收益。换言之，该区域由于概率混合构成的可能性而被设定为是凸形的，而该凸形区域有唯一的一个最大效用产出点或者说"纳什均衡点"）。

该特定"解"的显著特点在于，该解不受两个参与人效用尺度之间的兑换率的影响，换句话说，不因我们对参与人各自效用所赋予的任何固定权重的影响。同时，它还满足一些其他条件，尤其是包含这样的条件，即，对于"与能带来一个**对称性**区域的、参与人效用尺度相关"的任意一对固定权重（或任意兑换率），右上方的中间点即为其解，也就是说，对称性地在参与人之间的最佳点便是其解（它也是唯一一个切实地满足所有特定条件的解。纳什表示，任何满足其条件的解，都势必导向能使参与人双方效用最大化的结果）。出于我们当前的目的的需要，我们可以将这一对称性要求看作是博弈解的一般属性，并将其他条件（公理）视作是对对称性概念的精炼，以达致某点来实现解的唯一性。参看前面提及纳什、海萨尼和卢斯及雷法的内容。关于纳什理论的优秀的、带有批评性的阐述，亦可参看罗伯特·毕晓普（Robert Bishop）即将发表的"双边垄断和两家卖方垄断下的纳什解"，有关纳什均衡点在仲裁理论中的应用，参看莱曼·艾伦（Layman E. Allen）的"谈判博弈：迈向博弈理论在集体谈判中的建设性运用"（《耶鲁法律学刊》，第65期，第660页，1956年4月）。

顺便说一句，值得强调的是，纳什理论并不是独一无二的、"无须比较两个参与人效用尺度之手段"的理论，亦即，独立于参与人之间的效用比较，在没有这种比较的情况下前行的理论。毋宁说，鉴于该理论将效用兑换率的任意性作为基础原则，它也就势必需要**依赖于**效用的内在不可比性。如果参与人的效用尺度在原则上具有可比性——尽管这有一定的困难，纳什理论也并非消除效用比较之难题的一种有吸引力的手段。如果在原则上效用是可比的，那么，一个在求解的过程中依赖于效用不可比性原则的理论，其好处可就是非常有限的。而且，即便当前博弈论和经济理论的概念基础已与人际效用比较越来越不相容，**仲裁理论**的概念基础却未必如此。经济理论发现，使用令效用理论对应于选择理论的效用观念是非常方便的，行为者可以基于这种对应性得到一种（作为经济选择理论免费副产品的）"福利经济学"。如果行为者试图在获致有关仲裁原则的过程中摈弃这一对应性，那么，行为者就会被导向这样一种境地：要么试图以某种心理或生理的方式来测度"效用"，要么以遵循法律的方式确立起某种规范——该规范尽管具有随意性，却与仲裁的社会目标相容——以开展效用比较。

首先，我们要以默识性方式进行同一博弈。我们每一方都沿着自己的坐标轴选择一个值，且如果由此得到的点位于边界线上或者处于边界线范围之内，我们就根据我们选择的坐标值获得相应数额的收益（效用）。我推测，在我所探求的思想框架中——该思想框架令纳什均衡点在明示谈判博弈里对我们而言富有吸引力，我们**或许**能挑选纳什均衡点。让我们在不去细细追问为什么的情况下进入博弈的另一种变体。该变体仍然是默识性的，其不同点在于，除非我们所选坐标构成的点**恰好**落在边界上线，否则我们将一无所获。除非我们分尽可供分配之利得，否则我们什么也得不到。小心地提出较小的报价的做法并不能帮助我们成功，每一方所做的选择必须与对方对他的预期恰巧相同。我提议，在我们当下的思想框架内，我们**应当**接纳纳什均衡点。

最后，考虑另一种变体。在我们面前展示一张刚刚进行过的博弈示意图，且我们被告知我们现在要成为一对完美的博弈伙伴——要输一起输，要赢一起赢。同时，要意识到这样一个事实：我们当前的博弈是基于一个谈判博弈而建构的，在此，我们要在没有沟通的情况下选择一个正好位于边界线上的点的坐标值。如果我们做到了这一点，我们双方都将赢得奖赏，不管我们同时成功地选择的是哪个具体点，奖赏都是相同的；如果我们失于挑选出一个处在边界上的点，那么我们将一无所获。在这个纯协调博弈中，我再次推测，我们应（会）在当前的思想框架下挑选纳什均衡点。

为什么？单纯地是因为，我们需要某种能够将我们带向某个唯一点的合理性，而在这一背景下，讨价还价的类比提供了这一合理性。除非这里存在一个尖锐的拐角（即便如此，也毕竟倾向于会是纳什均衡点）；或当边界是一条直线或一段曲弧中的一个单纯的中间点（再一次，其将与纳什均衡点一致）；或是指向某个特定点的特殊的暗示形式；抑或，除非这里有着某种杂质（诸如，源于印刷错误的、边界线上的某个小圆点，或某个其坐标值恰为整数的单一点，如此等等），否则，我们就会被导向去寻求转而依靠对称的"唯一"界定。而纳什式的对称，其貌似可取的性质与我所想到的任何其他"对称"相似，它不像某些对称（如，与图中从原点出发的45度角线相交的点或其他诸如此类的点）那么简单，但就其自身的精密水平而言，却不那么模糊。

而且，如果纳什均衡点在谈判博弈中对我们有着极强的吸引力，那么，它所以如此势必是因为，我们相信它同样会吸引住我们的博弈伙伴，我们相信他会反过来觉察到我们是在观念上一致的博弈伙伴。如此，它势必会在纯协调博弈中，作为一个唯一的、博弈伙伴视之为显而易见的点而吸引住我们。

这能表明或意味着什么呢？我并非在为赞同纳什均衡点而辩护。我的主张毋宁说是，纳什均衡点对（作为内省的博弈参与人的）博弈理论家的吸引力或许是我刚刚所检阅的顺序的反转。或许正是纳什均衡点在纯协调博弈中的聚点性质——在无非数学"杂质"可资利用时，唯一被定义之对称概念的明确可用性——才让其在博弈的默识版本和要求极度精准协调的边界线版本中产生了决定性影响；而这又进一步促使其成为要求较低的默识性有限区域博弈版本的可靠向导；并由此更进一步将处在明示谈判博弈版本中的博弈参与人（他们期盼预期能够在任何其他可能的地方聚焦）的心灵抽离掉了。

换句话说，通过预设**协调预期的需要**，我们似为诸如纳什公理之类的论断找到了理论性的基础。一个纳什式的理论所需要的前提正是解的存在性这一预设；正是默识性协调的可观察性现象才能提供经验证据表明，（有些时候）理性预期能被默识性地聚焦于一个唯一（且可能同时也是有效）的结果之上。这导致行为者假定，在仅有数学特性而无其他任何事项可供琢磨的博弈中,同样的逻辑也是可能的。纳什的均衡理论正是对这一假定的证实——完完全全的证实,就数学美感而言,它是否在所有具备竞争性的数学解中最具影响力。但是,这个作为结果的聚点只能局限于数学世界,而该世界不能等同于博弈理论的世界。

附录 C 重释"非合作"博弈的解概念

纯共同利益博弈或协调博弈,有助于人们看清博弈论中某种解概念背后的推理,特别是"非合作"博弈的**严格意义上的解**概念背后的推理。所谓"解概念背后的推理",我们指的是,被归咎于理性参与人,对他们而言,说"这些概念应该具有吸引力"的推理。①

	I	II
i	1, 1	0, 0
ii	0, 0	3, 3

图附录 C-1

	I	II	II
i	1, 1	0, 0	0, 0
ii	0, 0	3, 3	3, 3
iii	0, 0	3, 3	3, 3

图附录 C-2

---

① "非合作"是人们对缺乏公开沟通的博弈的传统称呼。不幸的是,它可能隐含地意味着,当沟通不存在的时候,协调便是付诸阙如的。正如第 3 章和第 4 章所表明的,即便在许多默识性的非零和博弈中,协调——各方相互呼应并将之视为理所当然——都是核心元素,甚至是主导性元素。

图附录 C-1 和 C-2 所表示的默识博弈被认为有着**严格意义的解**（在图附录 C-2 中，每个参与人要么选择第二个战略，要么选择第三个战略，就构成一个这样的解）。这样的解，被卢斯和雷法定义如下："非合作博弈在符合下列条件的情况下被认为具有**严格意义的解**，如果：（1）在可共同接受的战略组合中，存在一个均衡的战略组合；（2）所有可共同接受的均衡组合，都是可互换而且等价的。"①

一个**均衡组合**是两个参与人的一对战略，它们能与对方的战略选择匹配在一起，构成各参与人的最佳战略（或者至少与任何其他选择一样好）。一个**可共同接受的**战略组合，应该是一对不能被另一对选择"占优"的战略组合，也就是说，它所带来的一组收益不能同时劣于矩阵其他方格内的收益。对各个参与人而言，如果带来的收益相同的话，均衡组合是**等价的**；如果由相应战略构成的全部组合同时又都是均衡点的话，均衡组合是**可互换的**（由此，它们既是等价的又是可互换的，当且仅当所有由相应战略构成的组合都相等的话）。这样，在图附录 C-2 中，战略组合（ii, II）、（ii, III）、（ii, III）以及（iii, II）便是等价的、可互换的、可被共同接受的均衡组合。

在这一定义之后，卢斯和雷法立即进行了如下评述，这段话的观点构成了我们与之背离的起始点："当存在多个非唯一的可共同接受的均衡组合时，第二个条件阻止了**混乱**的产生。"（黑体字为我所加）

这个**混乱或模糊**难题，恰恰便是本书第 3 章协调博弈的核心。图附录 C-3 并没有**严格意义上的解**，两个参与人的第二和第三个战略不具有可互换性和等价性，即它们在四种结合中并没有产生等价的组合。在选择战略时，两个参与人并无利益上的不一致，混乱简单地源于动

---

① 见《博弈与决策》，第107-108页。该特定解概念类似但又不同于纳什1951年提出的解概念。关于几种相关解概念的比较，参看卢斯和雷法《博弈与决策》的第 5 章以及纳什的"非合作博弈"，《数学年鉴》，第 54 期，第 286-295 页，1951 年。

机。在图附录 C-1 中，他们切实地知道他们该选择何种战略；在图附录 C-2 中，他们也切实地知道他们该做些什么；但是在图附录 C-3 中，他们却不知道该如何选择。在图附录 C-3 中，失于协调将导致他们陷于各自所得收益为 0 的境地，在缺乏协调线索或提示时，他们可能被假定有着 50-50 的机会获得各自收益为 3——也就是预期收益值为 1.5——的结果。

图附录 C-3

为什么在图附录 C-1 中，（ii，II）而不是（i，I）被暗示为是一个解？一个简慢的回答是，（ii，II）所带来的收益要优于（i，I）。但是，这只是答案的一部分而已。另一部分答案则在于，当我们看图附录 C-4 时，便一目了然了：图附录 C-4 与图附录 C-1 在偏好顺序上是类似的，但在偏好的绝对强度上则有所不同。在图附录 C-4 中，重要的不是在 10 和 9 中获取最大者，而是挑取 9 或 10 以避免得 0 的结果。大体而言，这两个均衡组合接近于等价，但却并不具备可互换性。尽管参与人较少关心他们究竟是得 9 还是得 10，但是，他们却极度关注不要得 0 的结果。他们主要的利益就在于去避免"混乱"或"困惑"。

	I	II
i	9 9	0 0
ii	0 0	10 10

图附录 C-4

他们需要找到某种线索、暗示、规则或指示来协调他们的选择。在抽象程度如图附录 C-4 所示的博弈中，除了数字之外，能够对他们产生导引作用的东西很少；而在挑大还是挑小的备选规则中，挑大似乎更有道理。我们可能会问相较于（i，I）而言，参与人获取（ii，II）所包含的确切的美元数对他们究竟价值几何，其价值在它作为信号标识的意义上是巨大的，若是单就其确切的货币数额而言，则微不足道。正是 9 与 10 之间的差别，使得协调选择成为可能。在图附录 C-5 中，如果我们假设他们无法找到协调的规则，那么，二者的预期收益是各自为 5。

	I	II
i	10，10	10，0
ii	0，0	10，10

图附录 C-5

（事实上，如果**如上图所示地展现出来**，图附录 C-5 中包含的博弈并不会招致什么困难。第 3 章的经验结果意味着它确实不会招致困难。一个特定的矩阵提供了左右、上下、前中后的不同。为了我们当前的目的，我们必须假设战略以这样一种形式或标签呈现于参与人的面前，它致使理性参与人无法在智力上将这些战略清晰地排序。一个完全傻瓜式或完全天才式的无线索的博弈，不得不有着混乱的标签以及一套完美对称的收益。值得一提的是，一个有无穷多战略的默识博弈显然没有这类"纯"形式。战略无限性只能以一个生成性公式的方式展现给参与人，而任何生成性公式都会倾向于给参与人提供某种手段去将战略排序。）

如果我们假设战略组合（ii，II）被画了下划线，以粗体字印刷出来，有箭头指向它或者有脚注说一旦出现混乱情况管理人员建议的选项为（ii，II），博弈格局就会大不一样。参与人所需要的是协调战略的**某个信号**标识。如果他们无法在收益的数学结构中找到它，那么，他们就只能在别处寻找它。而战略或许会以这样的方式或带有这样的标签或意涵出现，它能够为"将战略以参与人觉得有用的方式排序或分类"提供潜在的基础。①

这样，本附录的建议是，一个"严格意义上的解"所享有的重要特性——为何理性参与人会选择它的理由——是其信号标识的能力或者说是一种默识性沟通的手段。当失于协调他们的选择会导致非常严重的后果时，两个参与人可用该信号标识手段来促进他们的默识性协调。当然，这并非是这样一个解的唯一重要的特性，但却是博弈参与人之所以选择它的根据所在。

阐明这一点的另一种方式是，在诸如本文所展现的那些博弈中，我们可以规定有着某种信息传递成本的沟通安排，并对博弈进行分析，以便明了沟通之好处是否值得所花费的成本，以及通过何种渠道发送的何种信息将构成其"解"之组成部分。这样一来，本文所探讨的"线索"也就成了可资免费利用的物有所值的沟通凭借物。而何种免费沟通手段会被理性的参与人发现并被视为理所当然，则是一个经验性问题。正如语言的美感性和语法性限定有助于消除断断续续地被传递的信息可能带来的歧义一样，美学的或戏剧法则的约束、伦理原则或几何规则的限制，也有助于消除博弈局势的模糊性，以达到所要求的

---

① 这些博弈所要求的参与人的"理性"或智谋的类型，与猜谜所要求的很相似。谜语是一个语境，行为者需要在其上下文中寻找线索，规则是：线索必须既不要太难也不要太易被找到（当线索被点出时，行为者至少应该能够意识到他早该想到这一点）。谜语在本质上是一个二人难题。解谜之法有赖于这样一个事实：另一个人在谜中植入了一个在他看来是不易——但又不至于太难——找到的信息。原则上，在缺乏经验体验时，行为者既无法编制也无法猜出谜语，行为者无法**先验地、想当然地**推断一个理性的伙伴能否领悟某个线索或暗示。"暗示理论"是博弈论中内在经验性的部分。

选择的默识性协同。

这一点可被进一步强调。考虑图附录 C-6 中的博弈。再一次，我们假设战略呈现的方式令理性的参与人在智力上无法将它们排序，特别地，不能以某种方格矩阵的方式呈现，也不能被标识上数字或字母，或者，如果它们被做了标识的话，对两个参与人而言，各自的标识是混乱的。如此，出现的情况是：如果没有更好的协调手段能够被理解，那么，"解"可能会是战略组合（iii, III），各自的收益均为 9。这是所有均衡点中收益最低的，但是它却享有唯一性（与之相对的其他的均衡点所带来的只是混乱），它提供了协同选择的线索。仅就**收益**结构而言（也就是说，没有在其中引入除博弈的纯数量结构之外的任何"标识"、预制的模式或任意其他细节），与图附录 C-7 的解相比，很难看出这个解特别地没有——自然其毕竟还是缺乏些——吸引力。尽管图附录 C-7 的解符合卢斯和雷法的定义，但这个解与定义是矛盾的。①

	I	II	II	IIII
i	10 / 10	0 / 0	0 / 0	0 / 0
ii	0 / 0	10 / 10	0 / 0	0 / 0
iii	0 / 0	0 / 0	9 / 9	0 / 0
Iiii	0 / 0	0 / 0	0 / 0	10 / 10

图附录 C-6

---

① 对于任何希望进一步探求这一观点的读者而言，关于这两个博弈以及其他类似博弈的经验证据，可以由他自身轻而易举地获得。

	I	II	III	IIII
i	9 / 9	0 / 0	0 / 0	0 / 0
ii	0 / 0	9 / 9	0 / 0	0 / 0
iii	0 / 0	0 / 0	10 / 10	0 / 0
Iiii	0 / 0	0 / 0	0 / 0	9 / 9

图附录 C-7

图附录 C-8 和图附录 C-9 所包含的博弈均无严格意义上的解，却表现了同样的观点。在图附录 C-9 中，"貌似"参与人会就（ii，II）的选择达成某种主张。一个根据是，既然缺乏了解究竟是选择（i，I）还是（ii，II）的途径，行为者就该考虑退而求其次的保险选择。如果行战略选择者错选了上行，他将一无所获；如果他"错"选了下行他，将得到 5 单位的收益（这里所谓"错"是说他失于跟他的伙伴达成各自为 10 单位的收益）。于是，他可能就会选择下行，并同时提出理由说：他之所以这么选，是因为，如果他得不到 10 单位的收益的话，他将至少获得 5 单位的收益，而且他获得 10 单位收益的机会并不会因为这一选择而变得更糟。这就是所有所谓"理性"要求他做的，但是，如下论证或许更易于理解。

	I	II
i	10 / 10	0 / 0
ii	0 / 0	10 / 10

图附录 C-8

	I	II
i	10, 10	5, 0
ii	0, 5	10, 10

图附录 C-9

"仅仅比较（i，I）和（ii，II），我的伙伴和我并无途径或方法来协同我们的选择。但是，这里肯定是存在某种协同选择的方法的，所以让我们找找它。其他唯一可供选择的地方是方格（ii，I）和（i，II）。它们给了我们协同于各自收益为10所需的暗示吗？是的，它们提供了这种暗示，它们'指向'了（ii，II）。它们要么提供了理由令我们相信，要么提供了借口使我们装作相信（ii，II）要比（i，I）更好。因为我们需要一个借口（如果不是理由）去假称（如果不是去相信）某个均衡组合比其他的要更好、更引人注目、更突出或者更称心如意，同时，还因为，如果我找不到一个与之竞争的规则或导引来遵循，或线索来追求，那么，我们最好就是赞同通过运用这一规则，以达成心灵的交汇。"

在这个案例中，参与人并不是因为收益5要优于0而选择他们的第二个战略。他们并不是真的要获得5单位的收益。他们是在**利用数字5和0所形成的结构作为一个线索**来协调行动。留意到数字5的位置对参与人而言是有用的，每一方都意识到另一方意识到它是有用的，但它只是作为协调意图之进程的一个步骤而具有有用性。图附录 C-9 的这种"聚焦"于（ii，II）的趋势，在原则上类似于印好的矩阵中有着箭头指向其右下角，除了具备提示的力量并因此具备协调预期的能力之外，这些箭头并不拥有逻辑性角色或某种权威。①

冲突利益

现在我们可以考察混杂着冲突的协调案例了。图附录 C-10 和图附录 C-11 所描画的博弈均有不止一个（实际上是两个）均衡点，它们两个都是可共同接受的，但因为均衡组合既不等价又不具有可互换性，这里没有严格意义上的解。

---

① 如果参与人的确选择了 ii 或者 II，找出某种操作方法来辨别对之加以选择的不同动机会是值得的，哪怕仅仅是为了确保该解概念是具备可操作性的。对于提到的两种动机——"保险"动机和"协调线索"动机，我们可辨别如下。我们可以给参与人提供与图附录 C-9 相似的博弈，不同之处是，用从 0 到 9 的数字来替换矩阵中的 5，对于其中的 10 和 0，则维持不变。然后，我们要求参与人为我们评估博弈的"价值"，即在有着活生生的博弈伙伴和真实金钱支付的条件下，向我们表示其愿意支付多少钱来获取这次博弈机会（换句话说，我们问他，对于 5 被其他数字替换的、不同的博弈变体，他愿意支付多少以获得开展博弈的特权）。如果他的反应对某个（只要是正的）特定收益的变动十分不敏感，以及如果他却同时仍对该带有某种正的收益的博弈估以很高的价值，而且对诸如图附录 C-8 之类带有 0 值的博弈，则估以某种类似随机战略期望值之类的价值，那么，我们就可以得出结论：对于参与人来说，右上和左下方格中的收益值其利之所在主要是源于作为信号标识之价值。例如，如果他愿意赌上 9.50 美元以获得一次机会去玩图附录 C-9 所示的博弈（可能，这意味着有 90% 的把握列将选择 II），在博弈中的 5 被改成 1 时，他愿意赌上 8.65 美元以获得一次玩的机会（可能意味着有 85% 的把握列将选择 II）；将博弈中的 5 替换为 9 时，他愿意赌上 9.95 美元获得一次玩的机会（可能意味着 95% 的把握预期 II 会出现）；最后，对诸如图附录 C-8 那样的博弈，则只愿意赌上 5 美元（意味着在 I 和 II 之间的随机化的预期），那么，我们能得出的结论是：对参与人而言，右上和左下方格中收益的作用或价值很大程度在于它所承担的协调线索的角色。与此不同，如果参与人赌上的数额所暗含的 I 和 II 的预期可能性是不随着右上和左下方格中的收益而变化的或者接近于不变，而且，特别地，当他赌上的数额是算术平均值时，那么，"保险"动机的解释将获得证明（注意，"右上"和"左下"之形容的说法，此处不过是作者的一种便捷表达法，它们对于参与人而言是没有意义的，因为我们所考察的案例涉及的是**无标签标识**的战略，它们势必无法在一个方形的矩阵中呈现，也无法以"i"和"ii"来标识。或者，即便它们要被标识，也应该通过一种与给另一个参与人分配标签或位置的随机过程相分离的随机过程来产生。特别地，行必须无法知道列的矩阵是否看来如图附录 C-9 那样，或者将其左上和右下方格中列的收益换成较小的值那样）。

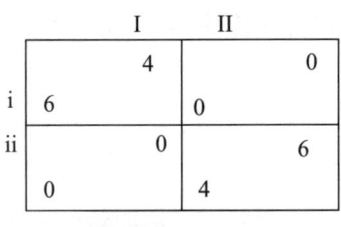

图附录 C-10

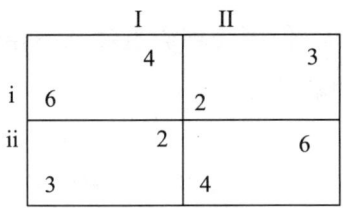

图附录 C-11

如图附录 C-10 所示的头两个均衡组合,在其纯抽象形式之中(也就是说战略没有标签标识时)的协调问题显然是"无解"的。在此,最好的结果是,随机地获得要么这个、要么那个可共同接受的(有效)结果。① 在第二个博弈中,也许并非是"无解"的。每个参与人都宁愿接纳其"次优的"均衡点,也不愿彻底丧失协调的机会。他们有着共同的利益去协调,找到线索作出共同选择。如此,为何不将线索包含到其他方格之中,以令其看来像是在指向结果(ii, II)?②

对其中的一个参与人来说,这并不是最有利的结果,但是,"病急乱投医"。这里,另外的线索何在?对该线索作反向的使用,可能也是同等**公平**的,就恰如,如果箭矢指向(ii, II)而背离(i, I),则将箭矢的羽毛一端——而非箭头一端——认作信号所指,可能具有同等的公平性一样。但是,公平在此帮不上什么忙。事实上,它甚至会使协

---

① 参看英文原书 286 页脚注对同样的矩阵当其纯抽象假设放松时的探讨。
② 图附录 C-11 中的博弈的确拥有另外一个均衡点,对行而言,其战略是纯战略按 80:20 的比例混合,对列而言,混合比例为 40:60。这一均衡给参与人带来的收益各为 3.6,由此,它同时劣于左上和右下方格中的均衡点。

调变得不再可能。如果所有的线索在负面的意义上都同等地貌似有理，我们将重回混乱之中。只有是**有偏的**线索能够指向一个协同性选择，拒绝有偏性也就是拒绝这样一种假定，即，当面临冲突性偏好时，某种线索能够被找到并被共同遵循以获致有效的结果。①

在此，再一次地，最强有力的线索可能是那些当我"超脱于收益矩阵的数学性时"所认可的标识。如果我们在相互垂直的沙漠之路上（此处没有法律系统来决定优先通行权）驾车驶向相同的交叉点，彼此缺乏好感和信任，而且意识到相互间并无道德上的责任与义务。但是，当一方靠近另一方的左侧时，却仍会降低速度，让对方先行通过，以避免在十字交叉路口紧急停车，而对方司机也可能会预期到这一点。②这种传统的优先权机制缺乏法律或道德的势力，但是当协调为形势所需时，它却仍是那么方便有效，以致被有偏而"不公"对待的一方可能会顺从它的戒律，同时意识到他应该感谢这一仲裁，尽管它对他有所"不公"，并且还意识到他受限于对方对该标识的接纳和双方都将对之予以遵从的预期。通过这一论证推理，正如在第 3 章所展示的那样，当博弈以**特定**的矩阵形式呈现于两个参与人面前时（这就是说，恰如图附录 C-10 所示那样展现出来），或当吸引人的战略组合被**标签标识**为"头"和"尾"，i、ii、I 以及 II 等等时，图附录 C-10 中的博弈或许也是可解的。

---

① 类似的彼此感知到的信号的威力，有赖于卢斯和雷法用来探讨"特定博弈中不可共同接受的均衡点所具有的吸引力"的"心理上占优"的概念。见《博弈与决策》，第 109-110 页。

② 这类利益冲突问题——两辆汽车在一条道路的不对称而狭窄区域相向相逢——被包括进了第 3 章所描述的问卷之中。其结果完美地体现了这一普遍原则，但是受篇幅所限，它们在第 3 章中被省略掉了。

第三方的操控

顺带要说的是，所有这些要求协调的博弈，无论是那些有着冲突偏好的博弈，还是那些偏好一致的博弈，在很大程度上面临着调解人的控制或影响。如果我们给予第三个参与人向原初两名默识性参与人发送信息的权力，他也就拥有了一个很好的位置来帮助他们。如果他从中获得的收益有赖于原初两位参与人所选择的战略组合的话，他所处的地位也有助于帮助他自己。一位乐善好施的调解人能让纯共同利益博弈变得显而易见地简单。在诸如图附录 C-10 所示的博弈中，调解人有着裁断的专制之权；① 在图附录 C-12 中——圆括号中的数值代表的是提供给调解人（或沟通渠道垄断者，其职责在于给其他两个参与人提供仅为提示性而非权威性的指示）的收益。这里，调解人处在一个很强的"第三参与人"的位置。

	I	II	III	IIII
i	6 (2) 5	0	0	0
ii	0	9 (3) 7	0	0
iii	0	0	5 (4) 6	0
IIII	0	0	0	7 (1) 9

图附录 C-12

---

① 请回想一下本（原）书第 3 章第 62 页的问题 8，涉及丢失和找回金钱的问题以及一个自我委派的调解人。

收益的解释

作为最后一点,需要指出的是,就此处发展的论证路线而言,无论是我们将收益解释为客观可测量的实体,比如金钱或同质性物品,或是将其解释为如今博弈论所熟知的"效用",都将不会带来什么影响。它不依赖于各人对对方偏好强度的了解和相关知识,只要名义上的收益已知即可(如果无论是客观价值还是效用价值均为已知,且其在彼此之间并不构成比例关系,"信号标识"可能会丧失一些力量,混乱和模糊性问题将变得更加严重。)

参与人数量

除了对第三个非默识性参与人有过短暂的考虑之外,这里所做的讨论只是二人博弈。但是,问题可以拓展到任意数量参与人的情形,在此回报取决于要么一致同意的选择,要么某种类型的多数意见,或相对多数选择,或成功的联合与同盟(某种程度上类似于第3章所描述的、切实的问卷程序中的划线游戏)。这样一来,模糊性的问题将变得更加严重,博弈之协调的一面,可能会变得更与"解"的基本原理相关。或许正是在多于两人的博弈领域中,协调理论才至关重要,在这里,博弈涉及联盟的构建与规划。对联盟构建中相关信号标识和沟通渠道的研究,显现出的是博弈论和社会学能够相互汇聚、碰撞出大量思想火花的地方。

结论

综上所述,协调博弈理论表明,默识性非零和博弈的"严格意义上的解",有望通过参照其信号标识的属性而获得部分的、在某些情况下甚至是很大程度上的理解。由于**哪怕是在纯粹的博弈的数学形式之中**,某种其他标识之源也可能会呈现出来,"严格意义上的解"的特定性质也只不过是"理性解"的众多强有力的决定因素之一。哪种标识能够获得青睐,部分地是一个经验性问题,并非单单是个先验性、推理性问题。

惊情60年：广岛的遗产

（托马斯·谢林2005年12月8日在诺贝尔经济学奖颁奖会上的演讲）

过去半个多世纪以来，最为惊人的事件是某事并未发生。这就是，我们享有了六十多年的"核武器未在愤怒时引爆"。

这是个多么令人震惊的成就，或者——如果不能算是成就的话——是多么令人震惊的幸运。1960年，英国小说家斯诺（C. P. Snow）在《纽约时报》头版讲道，除非各个核大国大幅降低他们的核武器装备，否则在10年之内爆发核战争是"绝对肯定"的。当时没有人认为斯诺的陈述有任何偏激的地方。

如今，我们拥有的类似"绝对肯定"性累积在一起，是当年的四倍不止，却并未爆发核战争。那么，我们能够保持这一纪录度过另一个60年吗？

对于核武器的军事威力及其潜在的恐怖性，从来没有人怀疑。这种武器未能投入使用的"信誉"很大程度上源于某种"禁忌"，早在1953年，国务卿杜勒斯就感觉到它（这种"禁忌"）在将自己贴附在这些武器之上；为此，国务卿痛心疾首。

核武器在今天依然受到诅咒，且其程度远远超过杜勒斯在1950年代早期受其困扰时的情形。这些武器是独特的，它们的独特性很大程度上源于它们"被视为是独特的"。我们把大多数其他武器称为是"常规的"，这里"常规的"有两层意思：一层意思是指"普通的、熟悉的、传统的",它亦可用于指称食品、服装或住房。另一层更为有趣的意思是,它仿佛是由某种条约、协定或规范而诞生的某种事物。简而言之,"核武器是不同的"乃是一种建构性规范。

的确,它们神奇的破坏力让常规武器相形见绌。但是,早在艾森豪威尔政府末期,小型核武器就被制造出来了,其爆炸力要小于最大型的常规炸弹。有军事策划者认为,与广岛爆炸或比基尼岛实验的核武器(核禁忌被他们认为应更恰当地仅限于对这种规模的核武器适用)不同,"小型"核武器不应该受此种"禁忌"的玷污。不过,当时核武器已经日渐成为单独的武器类别,爆炸力的大小已不成其为绕过诅咒的理由。

过去 50 年以来生根发芽的这种态度、规范或传统,是一种弥足珍贵的财产,但人们无法确保它必定会继续维持下去,某些核武器的拥有者及可能的拥有者可能不会共担和分享这一规范。如何坚持这种核抑制?哪些政策或行为可能威胁到它?这种核抑制在何种情况下可能被打破或解除?什么样的制度安排会支持或削弱它?这些问题都值得我们密切关注。这种核抑制是如何产生的?它是否是不可避免的?它是否是源于精心的设计?是否有一些幸运的成分在其中?在未来数十年间,我们是需要将其预估为稳定不变,还是该判定它会日益脆弱?这些也值得深入考察。坚守这个传统,并尽可能地推动它向那些(毕竟)有可能掌控核武器的国家扩展,是与继续推行《核不扩散条约》(该条约在其首次出现 25 年后,目前正处在重新谈判之中)同等重要的。

这些武器有可能被用上的机会,可前推至朝鲜战争期间。当时美国人和韩国人已经退守到了半岛南端的临海城市釜山的周边,一度身临危险,进退不得。核武器的议题在美国公众和英国议会的讨论中冒了出来。英国首相克莱门特·艾德礼专程飞往华盛顿,请求杜鲁门总统不要在朝鲜使用核武器。这次访问及其目的都是公开的，并被广为宣扬。考虑到在开发核武器的项目中英国也参与了合作，英国的下议院认为，在美国此种决策中，他们拥有呼吁的权利是合法合理的。

仁川的成功登陆令如下问题成了待解的悬疑：如若釜山周边的战局恶化得足够严峻，核武器是否业已被用过了呢？不过，使用核武器的问题至少被提出来过，而其答案是否定的。

可能有不少理由被用来解释"为何核武器没有在朝鲜战场中使用"。但在我的回想中，对美国政府和公众而言，有一种重要的顾虑（即一旦表明核武器"可用"，则可能势必替代正在培育中的"不使用核武器"的传统）当时并未彰显出来。

面对中国军队参战所带来的噩梦，核武器依然未被使用；在与板门店谈判相伴的消耗性血战中，它们也仍未投入使用。假如战争再多僵持数月，核武器是否会被动用，在什么地方以及如何动用？以及，如果它们当时真的被投放到朝鲜或中国，又将造成何种历史性后果？这些当然都只能靠揣测了。至于核武器对（主要是）中国内地（而非朝鲜战场）的威胁，是否左右了停战谈判的进程，也仍未可知。

麦克乔治·邦迪（McGeorge Bundy）最近出版了新书《危险与生存：第一个50年有关炸弹的选择》，它讲述了艾森豪威尔总统、杜勒斯国务卿与核武器的精彩故事。在1953年2月11日的国家安全委员会会议上，"国务卿杜勒斯谈到了有关禁止使用'某种'炸弹的道德问题……他的观点是，我们应该破除这一虚假区分"（p.241）。据我所知，当时没有任何分析去探讨在政府的范围内哪些行为可能倾向于破除这样的区分，而何种行为或不作为将有利于维持或强化这一区分。但，显而易见的是，国务卿本人相信，而且理所当然地认为整个国家安全委员会都相信，即便这种区分是虚假的，由此而来的限制却是真实存在的，且这种限制不受欢迎。

到 1953 年 10 月 7 日，杜勒斯再次表态："无论如何，我们必须设法移除不能使用核武器的禁忌。"（p.249）。不过几周之后，总统在一份国家基本安全文件中批准了如下声明："在敌对状态下，美国将考虑启用核武器，恰如使用其他军火一样。"（p.246）。可以肯定的是，这一声明更适合作反诘性解读，而非事实性解读。禁忌是不能通过宣称其破灭来轻易地驱散掉的——甚至不能从宣称者本人的头脑中将其驱散掉。在 6 个月之后的北大西洋公约组织的限制级会议上，美国的立场是：核武器"现在必须被'在事实上正变得常规化'那样来对待"（p.268）。同样地，光说不练于事无补：默识性规范破除起来，有时候比明示的规范更困难，因为它们存在于潜在执拗的头脑之中，而不是易于撕毁的纸面上。

根据邦迪的说法，有关核武器常规化进程的最后一次公开声明发生在金门危机期间。1955 年 3 月 12 日，艾森豪威尔在回答一个问题时说："对于这些东西能被非常严格地用于针对军事目标和相关目的的战斗而言，在我看来，它们没有理由不被使用，这就如同你没有理由不去使用子弹或任何其他东西一样。"（p.278）邦迪就此的判断是我所赞同的，即认为这更多的是一个建言告诫，而非政策决定。

艾克（Ike）①真的准备使用核武器以防卫金门或台湾本岛吗？事实证明，他无须使用。当年以引人注目的方式将核炮弹公开海运到台湾，可以肯定是"意在威胁"。此种恐吓站在杜勒斯的立场来看可能极具风险，"如若核武器悬置未用，而让中国大陆攻占了台湾"，则核武器的禁忌，势必会像刻入了花岗岩那样成为永久性丰碑。与此同时，金门危机亦可能成为杜勒斯打破这个禁忌的一次绝佳机会。以纯防御模式使用短程核武器，单单针对前来入侵的部队，特别是海面上和海滩上

---

① 艾森豪威尔的小名。托马斯·谢林与艾森豪威尔之间有着比较亲密的关系。——译注

并无什么平民。面对这样的条件,艾森豪威尔是有可能愿意授权的,而欧洲的盟友们亦可能支持,进而核武器也就可以被证明是能被使用的,就像"去使用子弹或任何其他东西一样"。但中国人没有提供这样的机会。

核武器的地位,在肯尼迪和约翰逊执政时期与艾森豪威尔时代形成鲜明的对比。总统内阁的角色也有所改变。二战以后出生的人几乎想不起艾森豪威尔政府国防部长的名字——查尔斯·威尔逊(Charles Wilson),而但凡接触过美国历史的人都知道杜勒斯这个名字。只要对邦迪的这本书稍作研究便可洞悉这一差别。邦迪新书的索引表明,作者 31 次提到了杜勒斯,提到查尔斯·威尔逊的次数仅为 2 次。到了肯尼迪和约翰逊政府时期,数字反过来了,作者 42 次提到了国防部长罗伯特·麦克纳马拉(Robert McNamara),提到国务卿迪安·腊斯克(Dean Rusk)的次数只有 12 次。

反核运动在肯尼迪执政时期是由五角大楼所领导的。1962 年,麦克纳马拉开始了他的(同时也是肯尼迪总统的)运动——通过在北约投建昂贵的常规性武装,来减少欧洲防务对核武器的依赖。在随后的数年中,麦克纳马拉日渐表明其有关核武器根本不可"使用"(就艾森豪威尔和杜勒斯用该词所意指的意义而言)的观点。毫无疑问,1962 年 10 月的古巴导弹危机促使肯尼迪的一些重要顾问及肯尼迪本人对核武器心生反感。

艾森豪威尔政府与肯尼迪—约翰逊政府对核武器态度上的反差,在 1964 年 9 月约翰逊的一项声明中获得了完美的总结:"别搞错!世上根本不存在所谓'常规性核武器'。在这充满危险的 19 年里,从来没有哪个国家针对另一个国家使用过核武器。现在动用核武器已是最高级别的政治决策。"①

---

① 《纽约时报》,1964 年 9 月 8 日,第 18 页。

这一声明弃置了"核武器应根据其军事有效性来进行评判"的观念。它弃置了杜勒斯所谓的"虚假区分":"恰如使用其他军火一样"被"最高级别的政治决策"所取代。

我对这里的"充满危险的 19 年"印象尤其深刻。约翰逊以此暗指,在这 19 年里,美国抑或美国连同其他核武器拥有国,克制住了杜勒斯所主张的在相关领域自由使用核武器的诱惑;就"不使用核武器"进行了持续 19 年的累积性投资;而这 19 年之久的核武器隔离期,亦足以令使用核武器的任何决定成为"最高级别的政治决策"的原因之一。

很有必要在此暂停一下,让我们仔细逐字逐句地琢磨"不存在所谓'常规性核武器'"的含义。特别地,为何威力不及"二战时最大的重磅炸弹"的核炸弹不能被视为常规武器?为何在深海对付潜艇的爆炸威力适度的深水核炸弹不能被视为常规核武器?还有阻止坦克推进或制造山体滑坡以阻止通行的核地雷,为什么也不行?是什么导致(如当年所讨论的那样)使用三颗"小"核弹来挽救在奠边府陷入重围的法国军队变得如此可怕?又是什么导致在台湾海峡使用临海防御性核炮打击中国共产党的小型进攻舰队变得如此错误?

这类问题有着两个答案,其一主要是直觉性的,另一个则是分析性的。这两个答案都有赖于某种信仰或某种氛围(这种氛围是单纯的分析所难以企及的):核武器就是不同,而且是具有一般性意义的不同。偏直觉性的答案最好这样来表述:"如果你一定要问这个问题,你就理解不了答案。"作为万物的本质特征,原子核单纯的——正如逻辑学家所声称的那样——是本源,是不证自明的根基,分析在此徒劳无益,全无必要。

另一个偏分析性的答案则将其主张建立在合法推理、外交之道、讨价还价理论以及规训与惩罚(包括自我惩罚)的理论之上。这一主张强调鲜明的边线、滑溜的斜坡("就一小口"对戒酒者酒瘾复发的作用是一个很好的类比)、良好定义的边界以及传统和潜规则得以建构的素材。"条条大路通罗马",这些提供答案的思路都得出了同样的结论:核武器一旦被引入战斗,就无法或者也可能不愿受到克制、控制及限制。

有时候这一主张被明示为:无论该武器在最初使用时是多么小,其规模都会不可避免地逐步升级,而且没有自然停止之时。有时候该主张则被表达为:军事力量需要有所克制,一旦军队被允许使用任何武器,其规模的扩大就不可能停下来。

"中子弹"可以用来很好地说明这一点。这种炸弹或潜在的炸弹,由于特别小,加上构造材料独特,其释放出的"瞬发中子",能在一定距离内致人死命,但它的冲击波和热辐射却相对温和。如宣传所述,它能在不造成巨大机体损伤的情况下杀人。生产和部署这种武器的议题在卡特执政期间被提了出来,这引发了激烈的反核抗议,草案因而被搁置。而同样的炸弹——至少是同样理念的炸弹——早在此前15年就是更为激烈的辩论的主题,也正是在如此大浪淘沙的基础上形成的主张,才可再次适用于1970年代的情形。这一主张是简单的,而且,无论其是否算是终极决断,可以肯定它也是有效的。该主张认为,至关重要的是,不要模糊核武器和常规武器之间的区别(对于这种区别,该主张称其为"防火带"),而且,不管是因为它的低破坏力,还是因为它致人死命时的"温和性",它都是可怕的,道理在于:当核武器不准被使用时,就会有强烈的诱惑驱使人们转而去使用这种武器,而这种武器的使用,将侵蚀边界,模糊掉"防火带",为核武器使用的逐步升级铺平道路。

该主张与反对所谓和平核爆(peaceful nuclear explosion,PNEs)的主张并非全然不同。反对和平核爆的终极决断性主张认为,和平核爆会让世界习惯于核爆炸,侵蚀掉核爆炸天生是邪恶的信念,且削弱对核武器的禁止力度。通过和平核爆在俄罗斯北部炸出一条新河床,或是在尼罗河炸出一条分水渠，或是在发展中国家炸出一片海湾，此种前景引发了有关"合法化"核爆的担忧和反感。

这种反感的一个显而易见的明证是，美国的军备掌控者和能源政策分析专家都普遍反对 1970 年代提出来的一项为电能提供生态清洁源的项目，即利用在地下洞穴中引爆微型热核弹所产生的蒸汽，将其转化为电能。我看到的情况是，这个主意未经过任何辩论就被一致否决了，好像这样的否决不证自明、无须任何解释似的。我对此的说法是，否决的理由一直是，哪怕是"好心的"热核爆，也是邪恶的，并理应作如是观。（我能想像与之相对的艾森豪威尔总统的话是这样的："对于这些东西能被非常严格地用于克服针对平民福祉和相关目的的能源危机而言，在我看来，它们没有理由不被使用，就如同你没有理由不去使用一桶油或任何其他东西一样。"而杜勒斯的话会是这样的："无论如何，我们必须设法移除不能使用清洁的热核能源的禁忌。"）

但是，非常重要的是，不要认为这种"具有一般性意义的不同"且"与数量和规模无关"的特征单单适用于核武器。毒气在二战时也未被使用过。艾森豪威尔—杜勒斯的主张那时是可能适用于毒气的："对于这些毒气能被非常严格地用于针对军事目标和相关目的的战斗而言，在我看来，它们没有理由不被使用，就如同你没有理由不去使用子弹或任何其他东西一样。"但是，作为当时盟军在欧洲的最高统帅，如我们所知，艾森豪威尔将军从未提出过任何类似政策。也许，如果当时他考虑过该问题的话，他可能也已说服了他自己：不仅永远不应当使用毒气，而且毒气毕竟不同于子弹，决定使用毒气会带来新的战略性问题。10 年之后，当他（我想是有些勉强地）让他的国务卿力主动使用核武器，去做艾森豪威尔本人在欧洲战场明显从未考虑过用毒气去做的事情时，他应该会回想起自己这一思路。

在战时，还有一些事物具有这种"要么全有，要么全无"的性质。

国籍便是一例。在投入大规模部队参战的恰当时机到来之前，中国人并没有明显地介入朝鲜战争。在国外的美国军事援助人员，总是被警告避免卷入任何可能被解释为是战斗的事情中去，此种观念源于"一旦沾染上就无法控制"之说。奠边府战役时期，美国曾对干预印度支那有所考虑，但也并未虑及参与地面作战；即便是空援，帮忙侦察也被认为比参与轰炸"干预度"更低。一个典型的观念是，相对于提供军事人力来说，提供武器装备参与的程度要小很多。我们武装了以色列人，甚至在战争时期还提供了弹药，但是，哪怕是仅仅派出小小一个连的美国步兵投入战斗，其对战争的参与度也会被认为要大于价值50亿美元的燃料、弹药和备件的援助。

通过以上实例，我想说的是，人类社会留存和重复着一些感性或象征性现象，它们有助于让我们明了所谓核武器问题是怎么回事。而且我发现，明显地，这些感性约束或抑制跨越了文化边界。在中国人卷入朝鲜战争期间，美国从来没有轰炸过中国的空军基地。这里的"规则"是，中国人的轰炸出击需要源自朝鲜，为了遵守这一规则，从中国东北而来的飞机在扑向半岛上美军目标的途中，都要首先让飞机的轮子沾一下朝鲜的跑道。这提醒我们，一国的国境线就恰如国籍一样，跨过鸭绿江（不论是从空中还是从地面上），意味着性质上的巨大变化。即便麦克阿瑟将军当时成功征服了整个朝鲜，他这样的人物也不会提议：突破"一点点"边界进入中国，（因为仅仅只是"一点点"）应该没什么大不了的。

不过这种"要么全有，要么全无"性质的界限也经常容易遭到破坏。希望禁忌不再存在的"杜勒斯们"不仅会在它们异常重要时试图绕开它们，而且会在它们显得不太紧要的场合，花费心思来扫清障碍，以便当这些障碍成为真正的麻烦时，有机可乘。邦迪的书表明，在讨论使用原子弹来保卫奠边府的可能性时，杜勒斯和参谋长联席会议主席拉德福德司令（Admiral Radford）的头脑里考虑的，不仅仅是原子弹的使用对于印度支那的当下价值，他们还试图用奠边府的范例来"促使原子弹的使用变得可被国际社会接受"。

在尚未获得完全欣赏甚至是并未了解的时候，对使用核武器的背离与厌恶（有人甚至会说是憎恶）也是可以强有力地生发出来的，并进一步强化为军事信条。肯尼迪政府发动了强化欧洲防御的常规性武装力量的积极行动，其立场是，一旦欧洲爆发战争，核武器肯定不应被使用，且可能将不会被使用。在整个1960年代，苏联官方的思路都是拒绝认可非核介入欧洲事务的可能性，可他们还是花费巨资来发展在欧洲的非核装备，特别是携带常规炸弹的飞机。一旦任何战争都可能会转变为核大战，这些昂贵的装备将完全失效。这反映了苏联的一个默识性认可：双方都有能力进行非核战争，而且将战争限制在非核战争的限度之内——通过拥有打一场非核战争的能力来令战争无核化，对双方都有好处，为此值得投入巨资。

军控通常被明确为是对武器拥有量和利用度的限制，以至于忽视了这种对"非核战争能力"的共同投入也是一种默认的、不约而同的军控。它不仅是对使用核武器的潜在限制，而且是切实地进行武器部署，让他们拥有打一场非核战争的能力。它提醒我们，对"首先使用"的禁令哪怕是没有公开宣布，其威力也仍然是强大的；即使是当某一方拒绝接受这一禁令约束时，亦复如此。

直至苏联解体之前，除了《反弹道导弹条约》例外，这种常规在欧洲的确立可能是东西方最重要的军事互谅。它是真实的军控，哪怕未作明确表达，甚至被拒绝承认，其真实性不亚于双方签署了一份条约，该条约强迫他们为了防止核战争，将大量的人力、物力投向常规武器。这种限制使用核武器的投资，其真实性不亚于它的象征性。

苏联显然吸收了这一核禁忌的明证是，他们在阿富汗旷日持久的鏖战。我从未读到和听说过对这样一种可能性的公开讨论，即，为了避免在这个落后国家遭受昂贵而耻辱的失败，苏联破除"不使用核武器传统"的可能性。禁止使用核武器已成共识，这种态度是如此显而易见，以至于不仅在阿富汗使用核武器会招致普遍谴责，而且这样的主意被想一想都不应该。

不过，还有一部分原因可能在于，约翰逊总统所谓"19年的核沉寂"已经延续到了第四个以及第五个10年，每个负有责任的人都能够意识到，这种未被打破的传统乃是我们共同的财富。我们必须要问："这一传统一旦被破坏，还能自我修复吗？如果杜鲁门在中国人出兵猛攻韩国（1951年）时使用了核武器，尼克松在1970年时，对核武器'19年间歇期'的感觉会与约翰逊在1964年对'19年的核沉寂'的感觉相同吗？如果尼克松在越南使用了哪怕是极少的核武器，苏联还会在阿富汗战争中避免使用核武器吗？撒切尔夫人马岛战争中又会如何呢？如果尼克松在1969年或1970年使用了核武器，以色列人在1973年能抑制住对在苏伊士运河北部的埃及军队滩头堡使用核武器的诱惑吗？"

可以肯定，答案是我们不知道。一种可能性是，广岛和长崎的人间惨剧将重演，而对核武器的诅咒将以更沉重的分量再次传续下去。另一种可能性是，长期的沉寂被打破，核武器以军事行动的有效装备现身，尤其是被单方面地用于针对没有核武器的敌人，这时因祸得福的是，正如有人对广岛核爆作用的理解那样，它可能有助于降低战争双方的伤亡数量。何种可能性会出现，依赖于人们对何种武器限于何种军事目标或何种使用模式被明确界定为是"防御"的介意和关注程度。

在1991年的海湾战争中，我们也绕开了这样的诱惑。伊拉克被认为拥有并打算使用"非常规"武器——化学武器。一旦化学武器对美军构成重创，正当的反应方式就是将核武器的问题提出来。我确信，一旦总统在此种氛围之下，认为有必要脱出使用常规武器的范畴，战地核武器就将成为军事选择的对象。核武器的使用，陆海空三军都受训过且也都装备好了；他们也都了解在不同天气和地形条件下使用它们的后果。军事专业领域传统上就鄙视化学毒物。如此，自然就有强大的诱因，以我们最熟知如何使用的非常规性武器来予以应对。如果这么做了，也就结束了"充满危险的"45年核沉寂期。我们可能希望没有总统需要去面对这样"最高级别的政治决策"。但，我可以肯定，任何一个总统都会承认，这便是他们曾一度面对的那类决策。

就核武器的地位问题，我花费了大量的精力去关注我们身处何处以及我们如何到达了现在的位置，我的信念是，掌握核武器地位状况的发展与了解核武器兵工厂的进展同等重要。与核武器发展、生产和调度相关的"核不扩散"努力，比大多数国家的预期都要更成功一些；累积的核禁用传统的重要性在我看来仍然引人注目，弥足珍贵。我们需要依赖越来越多的国家致力于"核不扩散"的推进工作，限制这些武器的生产和调度，我们甚至还要更多地依赖于对"核禁用"达成一致的共识。保持这种禁用并将其扩展（但愿我们知道如何去做）到目前还未认可这种禁用的国家文化和国家利益中去，将是我们核政策的重要组成部分。

我想引用一下杰出的核物理学家阿尔文·温伯格（Alvin M. Weinberg）所写的纪念广岛和长崎事件40周年的《原子科学家通讯》社论。在陈述了他一直以来都被各种理由说服，坚信在日本使用的那两颗炸弹同时挽救了许多美国人和日本人的生命之后，他给出了另一个理由来支持他的这一信念——广岛（但不是长崎）事件是一笔财富："难道我们不是正在见证广岛事件的神圣化吗？这就是说，广岛事件不是正在被意义深远地提升到神性事件的地位上吗？该事件最终是否会如同圣经事件那样具有宗教性力量？我不能证实这一点，但我坚信，鉴于广岛事件的40周年纪念赢得了广泛的关注，大量的展示，普遍的媒体报道，其观感已与盛大的宗教节日类似……广岛事件的神圣化是这个核时代最有希望的发展之一。"

关键问题是，温伯格如此强烈地表述的反核本能是否仅局限于"西方"文化之中？我相信，对核武器的这种态度与期望现在已经更显而易见地在发达国家的民众和精英中传播开来了，当我们来看朝鲜、伊朗和其他潜在的核武器持有国时，我们无法肯定它们以有力的方式继承了这一传统。但是，参照过去的历史，我们可能会稍觉心安，我们曾同样无法肯定苏联的领导层是否会继承这一传统或参与培育这一传统。在1950年代和1960年代，我们中没有多少人能想到，苏联会在卷入的阿富汗战争中，如同核武器根本不存在那样行事，并最终输掉了这场战争。

我们可能要感谢他们在阿富汗战争中"那样行事"的方式，这种方式为不使用核武器的血战列表增添了一个范例。40年前，我们可能会认为苏联领导层对温伯格所表述的广岛事件精神是无动于衷的，对杜勒斯所不屑的民众的核厌恶亦无动于衷，对约翰逊总统所敬畏的所有那些"充满危险的"岁月的绵延还是无动于衷。对于任何尝试向当前世上核扩散状况堪忧的区域推广西方核态度的尝试而言，苏联和西方反核意识形态的惊人一致是一个令人欣慰的出发点。

当前一个紧急的问题是，我们能否期盼印度和巴基斯坦的领导人能对他们所拥有的核武器保持充分的敬畏之心。存在两种颇为有益的可能性：一个是他们都接纳核禁用共识（也就是认可我在此一直探讨的核禁忌）；另一个是他们都将认识到，正如美国和苏联曾认识到的那样，核报复的前景使得任何核战争的发起变得不可想象。

之前我所讨论的核武器未被使用的例子，都是说它们可能会被用来针对无核方的情形。美苏之间不用核武器针对彼此，在动机上会有所不同：核报复的前景使得任何对核武器的触发变得不明智，除非是可以想象的最为糟糕的紧急军情出现,而类似这样的紧急军情也从未真正诱致核武器的使用。美苏对抗的经历可能能令印度和巴基斯坦印象深刻;这里最大的风险是,其中的一个国家可能会面临招致其或它的对手尝试有限地使用核武器的紧急军情,而在这之后会发生什么,历史并未告诉我们,也未告诉他们。

最近,人们担心伊朗和朝鲜可能获得或已经获得了一定数量的核弹(利比亚仿佛已经不再是处于争论的中心)。要压制和劝阻这些国家获得核武器的兴致,将需要高超的外交技巧和国际协作。同等高超甚至是更为高超的技巧,对于创造或推进核禁用的预期和制度而言,也将是极为紧迫的需求。

那19个年头,如今已延展到60个。艾克显得要去玷污或假装要去玷污(而10年后约翰逊总统报以敬畏之心)的核禁忌,已经成了几乎是被普遍认可的强大传统。

随后的核武器拥有者可能是伊朗、朝鲜,又抑或是某些恐怖组织。它们是否有望接受这个几乎是普遍被认可的"核禁用"?或者将至少因为认识到该禁忌被广为赞扬而抑制对核武器的使用?

答案部分地取决于美国是否认可这种"核禁用",而且特别依赖于美国是把这种传统视为值得珍爱、提升和捍卫的财富,还是像艾森豪威尔的内阁杜勒斯那样,去相信"无论如何,我们必须设法移除不能使用核武器的禁忌"。

最近,人们就"威慑"战略是否已经过时、是否已经在美国安全策略中不再重要展开了广泛的讨论。毕竟,需要威慑的苏联已经不存在了;现在让俄罗斯感到头痛的是车臣而非美国;至于恐怖分子,却是无法威慑的,因为我们不知道他们看中的(进而也就是能对之进行威胁的)是什么东西、什么人、在哪里。

我预期我们将产生对威慑战略的新的敬意。假如伊朗绕开各种外交和经济压制手段的阻扰，能够获致一点核武器，那么，我们就会再次发现作为被威慑方（而不是威慑方）会是什么滋味。（我认为我们——那是在北约组织的时代——在1956年的匈牙利危机和1968年的捷克事件中就是被威慑住了，而没能进行干预。）我同样认为，伊朗的领导人（无论是文职的还是军方的）学会用威慑的话语系统来进行思考（如果他们尚未学会的话）是非常重要的。

依靠一些核弹头，伊朗除了可能摧毁自身体系之外，还能达成其他什么目标呢？如果只以储备的方式持有这些武器可以令美国、俄罗斯或其他国家踌躇于采取军事行动时，核武器就太过珍贵以至于无法将其转让和销售出去了，或者只是将其用来杀人就太不值了。在过去60多年里，对核武器的有效和成功运用，不是在战场上，也不是针对居民的杀戮，而是运用它们来获得影响力。

对恐怖主义者而言又如何呢？任何一个组织在获得足够多的用来做炸弹的核裂变材料之后，将需要许多高水平的科学家、技术专家、机械师，远离自己的家庭和所拥有的一切数月，在隔绝状态下工作。在此期间，他们没什么别的可讨论的，除了讨论他们在做的"这个"炸弹能带来什么好处、给谁带来好处之外。他们倾向于觉得他们对核炸弹的使用决策应该有一定的（基于自己贡献大小的）发言权才算公平（在1950年，作为原子弹开发的合作伙伴，英国议会自认为，其有权针对杜鲁门是否在朝鲜使用核武器的决策提出建议）。

在历时数周的争论之后，他们将得出这样的结论——我希望他们将得出这样的结论：从恐怖主义者的角度来看，最为有效的利用核弹的方式乃在于以此获得影响力。持有管用的核武器，且如果他们能向世人证明这一"持有"，而且我希望他们能在无须切实引爆的情况下对之予以证明，他们也就获得了某种相当于国家水平的东西。威胁说要将之用于针对某个军事目标，而又在威胁成功之后未予触发，可能要比将其用于毁灭性行动更有吸引力。哪怕是恐怖主义者，也有可能会认为，摧毁大量生命不及迫使一个大国陷入窘境来得更痛快。

美国人学起来较慢，但终于（在 1961 年）还是懂得了，核武器需要特别的安全监管，以应对意外事故、恶作剧、偷盗、捣乱破坏以及类似奇爱博士式的人物擅自发动的冒险。这里总存在着一个两难困境：通过提供"保管"技术来"奖赏"那些核不扩散条约的违背者，以确保这些核弹头的安全；或是扣留这类技术，而令这些武器处在不安全的境况之中。无论如何，我们至少可以试着善意地告知这些核俱乐部的新成员，美国在其作为核大国的最初 15 年，并未真正懂得其中的价值和真谛。

《全面禁止核试验条约》（该条约在 1999 年遭到了美国参议院的否决）是所有潜在条约中最有助于推进人们一致性反核态度的，我知道，人们对此没有什么异议。全球近两百个国家批准了该条约（名义上尽管该条约涉及的只是试验），其象征性效应将大大地强化不使用核武器的传统，而且，任何一个国家如若使用了核武器，都将被判定为是广岛遗产的违反者。我从未听说过针对这一条约进行辩论的双方其具体主张究竟是什么。如果这个条约再次被提交（就我的愿望而言，它应被提交）给参议院，这其中所包含的巨大好处不应遭到忽视。

对美国政府而言，有关核武器的关键问题是：广泛传播的核禁忌和核禁用对我们究竟是有利还是有害？如果这符合美国的利益（在我看来是显而易见的），那么，鼓吹美国对核武器的持续依赖，比如美国正准备动用它们，比如美国需要新的核能力（以及新的核试验）时，（姑且不提使用它们来对付某个敌人）就必须权衡一下，这么做是否会侵蚀掉过去 60 多年的"普遍克制所培育起来"的对核武器的几乎是全体一致的态度。

英中译名对照

Accidental war 意外战争

Acheson, Dean 迪安·艾奇逊

Agenda 议程

Alchian A.A. 阿尔钦

Allen, Layman E. 莱曼·艾伦

Amster, Warren 沃伦·阿姆斯特

Arbitration 仲裁

Arms control 军控

Atomic weapons 原子武器

Auction 拍卖

Bales R.F. 贝尔斯

Banfield, Edward 爱德华·班菲尔德

Bank robber 银行抢劫犯

Bargaining 谈判（有时根据具体场景也译作讨价还价）

Bargaining power 谈判能力

Bavelas, Alex 亚力克斯·贝弗拉斯

Bear by the tail 骑虎难下

Beavan, John 约翰·比万

Berkowitz M.I. 伯科威茨

Bernard, Jessie 杰西·伯纳德

Bet 赌

Bilateral monopoly 双边垄断

Binary choice 二元选择

Bishop Robert 罗伯特·毕晓普

Blackmail 敲诈

Bluffing 欺骗

Borgatta E.F. 博加塔

Braithwaite R. B. 布雷思韦特

Brinkmanship 边缘政策

Brodie, Bernard 伯纳德·布罗迪

Burglar 窃贼

Burns, Arthur Lee 伯恩斯·亚瑟·李

Canyon, Stevenson B. 史蒂文森·坎农

Carmichael, L. 卡迈克尔

Cartwright D. 卡特赖特

Casuistry 找说法，给台阶；是非伦理

Cheating 欺骗

Chess 国际象棋

Churchill, Winston S. 温斯顿·邱吉尔

Clausewitz 克劳塞维茨

Coalitions 联盟

Cocconi, Guiseppe 吉斯普·科科尼

Collective decision 集体决策

Collier, John 约翰·科利尔

Collision 碰撞

Commitment 任责

Communication 沟通

Comparative advantage 比较优势

Compellent threats 强迫性威胁

Compensation 补偿

Coordination 协调

Cross-my-heart "我向上帝发誓"

Dare 冒险

Daylight Saving 夏令时制度

De Gaulle Charles 戴高乐

Delegation 代表

Deterrence 威慑或遏制

Detroit riot 底特律的暴动

Deutsch, Morton 莫顿·多伊奇

Diamonds 钻石

Disarmament 裁军

Duffus, . 达弗斯

Dulles, John Foster 约翰·杜勒斯

Duopolists 双头垄断者

Ellsberg, Danie 丹尼尔·埃尔斯博格

Elphinstone, Mountstuart 蒙特斯托特·埃尔芬斯通

Empirical study 经验研究

Enforcement 执行或实施

Equilibrium point 均衡点

Esprit de corps 团队精神

Etiquette 礼仪

Euthanasia 安乐死

Evidence 证据

Expectation 预期

Experimental games 博弈实验

External economies 外部经济

Extortion 敲诈、勒索

Fads 时尚

False alarm 假警报

Fellner, Willam J. 费尔纳·威廉姆

Flood, M. M. M.M. 弗勒德

Focal points 聚点

Football 足球

Foreign aid 国外援助

Formaosa 台湾

Games 博弈

    bargaining, 谈判博弈

    collaboration, 合作博弈

    and communication, 博弈与沟通

    coordination, 协调博弈

experimental, 博弈实验

and gamesmanship, 博弈和博弈小花招

mixed-motive, 混合动机博弈

noncooperative, 非合作博弈

in normal form, 标准式博弈

parlor, 室内游戏

rules, 博弈规则

 tacit, 默识博弈

 theory of, 博弈论

  equilibrium points, 博弈均衡点

 and mathematics, 博弈与数学

 minimax, 最小最大化

 minorant, 弱控制博弈；

 mixed strategy, 混合策略博弈

 moves, 博弈举动

 random strategy, 随机策略

 solution, 解, 博弈解

  in the complete weak sense, 完全弱意义解,

  in the strict sense, 严格意义的解

 strategy, 战略类博弈

 symmetry, 对称博弈,

 utility theory, 效用理论

 zero-sum, 零和博弈

Gang war 火并

Gas warfare 毒气战

Gestalt psychology 格式塔心理学

Goffman, Erving 欧文·戈夫曼

Gold 黄金 94

Greene, Joseph I 约瑟夫·格林

Grodzins, Morton 默顿·格罗津斯

Gromyko 葛罗米柯

Groves, Leslie R. 莱斯利·格罗夫斯

Gunman 持枪者

Harassment 骚扰

Hare, P.A. P.A. 黑尔

Harsanyi, John 约翰·海萨尼

Heise, G.A. G.A. 海斯

Hints 暗示

Hitchcock, Alfred 艾尔弗雷德·希区柯克

Hitchhiker 搭便车者

Hitler 希特勒

Hogan, H.P. 霍根

Holmes and Moriaty 福尔摩斯和莫里亚蒂

Hostages 人质

Hungary 匈牙利

Identification 辨识

Immunity grant 豁免

Inadvertent war 意外战争

Incrementalism 渐进主义

India 印度

Indochina 印度支那

Institute for Defense Analysis 国防分析研究所

Insurance 保险

Interdependent decision 相依决策

Japanese Peace Treaty《旧金山对日和平约》

Kahn, Herman 赫尔曼·卡恩

Kaplan, Morton A. 莫顿·卡普兰

Kaysen, Carl 卡尔·凯森

Keynes, J. M. 凯恩斯

Khrushchev, Nikita 赫鲁晓夫

Kidnapper 绑架者

Kissinger, Henry A. 亨利·基辛格

Koffka, K. 卡夫卡

Korea 朝鲜

Labelling 标识

Last clear chance 最后明显机会

Law 法律

Leadership 领导地位

Lear, John 约翰·李尔

Leavitt, H.J. 勒维特

Lebanon 黎巴嫩

Legal system 法律体系

Lie detector 测谎仪

Limited war 有限战争

Lippman, Walter 沃尔特·李普曼

Little Rock 小石城

Logrolling 互投赞成票

Lot's wife 罗特的妻子

Loyalty oath 忠诚誓言

Luce, R. Duncan R.·邓肯·卢斯

Machiavelli 马基雅维利

Majority 主流，多数派

Mann, Erwin 欧文·曼恩

Map 地图

game 博弈地图

treasure 藏宝图

Marschak, Jacob 雅各布·马夏科

Mathematics 数学

Mediator 调解人

Miller G. A G. 米勒

Minimax 最小最大

Minorant games 弱控制博弈

Mixed-motive game 混合动机博弈

Mixed Strategy 混合战略

Mobs 聚众闹事

Moore, O.K. 摩尔

Moors, 摩尔人

Morgan J.N. 摩根

Morgenstern, Oskar 奥斯卡·摩根斯坦

Morrison, Philip 菲利普·莫里森

Mossadeq 摩萨德克

Moves 举动

Mueller, R.A.H. 穆勒

Mutiny 暴动

Nash, John F. 约翰·纳什

NATO 北大西洋组织（简称北约）

Negros 黑人

Neighbors 邻居

Noncooperative game 非合作博弈

Normal form 标准式

North Pole 北极

Nuclear sharing 核共享

Nuclear war 核战争

Nuclear weapons 核武器

Oligopolists 市场寡头

Open skies 开放领空

Parachutists 跳伞者

Parametric behavior, parametrization 参数化行为，参数化指标

Parlor games, 室内博弈

Partner, partnership 伙伴，伙伴关系

Passive resistance 消极抵抗

Patterns 模式

Penalty 惩罚

Pirates 海盗

Plate glass window 厚玻璃板窗

Pneumatique 气压传送信件

Police 警察

Positive evidence 正面性证据

Precedent 先例

Price leadership 价格领先

Price stability 价格稳定

Price war 价格战

Prisoner's dilemma 囚徒困境

Promise 承诺

Pure-collaboration game 纯合作博弈

Quemony 金门

Quota systems 配额体系

Racketeer 敲诈勒索的人

Radner, Roy 罗伊·拉德纳

Raiffa, Howard 霍华德·雷法

Railroad tracks 铁轨

RAND Corporation 兰德公司

Random strategy 随机性战略

Randomization 随机化

Rapoport, Anatol 阿纳托·拉波波特

Rational behavior 理性行为

Rationality 理性

Reaction function 反应函数

Reprisal 报复行为

Reputation 声誉

Retaliation 报复

Revolt 反叛

Rheingold, Miss 瑞恩高德啤酒

Richardson, Lewis F. 刘易斯·理查森

Riddle 谜语

Right of way 通行权

Riots 暴民

Roulette 轮盘赌

Saar 萨尔地区

Scenario 情境

Schelling T.C. 托马斯·谢林

Secrecy 保密性

Secret Ballot 匿名投票

Shakespeare, William 威廉姆·莎士比亚

Sherif, Muzafer 穆扎菲·谢里夫

Sherwin. C.W. 舍温

Side payment 侧收益

Sikhs 锡克人

Simon, Herbert 赫伯特·西蒙

Smithies, Arthur 亚瑟·史密西斯

Snyder, Glenn H. 格伦·斯奈德

Solution 解，解决方案

Space, communication

Spies 间谍

Status quo 现状

Strategy 战略、策略

Strategic move 战略举动

Strike 罢工

Surprise attack 突袭

Sutherland, E.H. 萨瑟兰

Symmetry 对称性

Szilard, Leo 利奥·西拉德

Tacit bargaining 默识谈判

Tarriff 关税

Taxes 税收

Taxis 出租车

Test vote 试投票

Threat 威胁

Tipping 倾斜

Tradition 传统

Traffic 交通

Transfer cost 转移成本

Treaties 条约

Trip wire 地雷拉发线

Truman, Harry 亨利·杜鲁门

Trust 信任

Union 工会

UNRRA 联合国善后救济总署

Utilities 效用

Value system 价值系统

Von Neumann, John 约翰·冯-诺依曼

Wagner, Harvey 哈维·瓦格纳

Walter, A.A. 沃尔特

War 战争

deterrence 战争威慑

game 战争游戏

gang 帮派火并；

inadvertent 意外战争

Korean 朝鲜战争

limited 有限战争

nuclear 核战争

price 战争代价

retaliation 报复

surprise attack 突袭战

Warning system 警报系统

and arms control 警报系统和军控

and surprise attack 警报系统和突袭

Watchdog 看门狗

Watchmen 看守，巡夜人

Wohlstetter, Albert J. 艾伯特·沃尔斯泰特

Zander, A.F. 赞德

Zero-sum game 零和博弈

| 译后记

人为什么不是两栖动物

王水雄

一

家里养了一条小指头大小的热带观赏鱼,装在两手抱拳那么大的球状玻璃缸中,放在餐桌的中央。用掏耳勺每天喂一勺特制的鱼食即可,有时候接连几天不喂,它也活得很好,照样活蹦乱跳。

有一次吃饭,谈起这条鱼。我不禁感叹,人要是能像这条鱼那样,一天只用吃一顿,该多好!可以节省大把时间。当然,我又说,可能也由此少了美食的许多丰富滋味了。

老婆回应说,那,人要是两栖动物岂不是更好?在水里待着无聊了,就到岸上来;在陆地感觉无聊了,就到水里去。

我沉思了一下。

那时我正在翻译《冲突的战略》,"任责"这个词语自然而然地冒了出来。

我回应说:"人为什么不是两栖动物?或者说不应该是两栖动物呢?可以设想,如果人是两栖动物,他在岸上时,如果碰到狮子老虎这样的猛兽,觉得危险或打不过,他自然而然地 duang 就钻到水里去了。而如果在水里它碰到了鲨鱼或者鳄鱼，觉得危险或打不过，他自然而然地 duang 又从水里跳出来，上岸了。所以，人要成为人，成为万物之灵，就一定要让自己不能随随便便逃到水里去！不难发现，两栖动物中似乎没有智商特别高的，这也许与它们能够水陆两栖不无关系，因为它有这样的本领或本能，就不用形成太高的智商。人要成为人，甚至于应该让自己不能随随便便地就上树，比如在根本没有大树的地方生活，否则，他就很容易变成猿或猴子。"

老婆觉得我说的有些道理。我于是进一步延伸了一下：

"日本这个民族，从二战来看打仗很猛，可能跟他们是岛国不无关系。想想看，他们打仗时不能老是后退，因为退到一定程度，就要掉到海里去了。在造船技术不发达的时代，他们打仗时几乎总是有'破釜沉舟，背水一战'的压力，再加上他们宁可剖腹自杀，也不愿投降，这样自绝后路，打起仗来，也就不免更加生猛了。相反，中国地大物博，所以打仗时总觉得自己还有退缩的余地和空间，加上有'得饶人处且饶人'的仁慈心，有时候反倒会被温水煮青蛙，最后吃大亏！日本当年的明治维新比中国的洋务运动和百日维新取得了更大的成就，也许与这样的民族性的差异不无关系，而这样的民族性差异又可追溯到地理空间与人际互动的密切关系之中去。"

我能想到这些，与谢林的《冲突的战略》中"任责"一词（相关定义可参看正文的内容）所带来的启发不无关系。中国读者也许会说，无非是"破釜沉舟，背水一战"嘛，我们"古已有之，何足为奇"？话可不是那么简单，某些案例一旦用特定的术语系统抽象到较高的程度成为分析性模型，不少似乎毫不相关的现象与问题，也就变得能被分析了。中国人似乎特别应该向谢林学习，提升这种"建模—突破模型—再建模"的思维能力，中国大量的传统文化也需要沿着这样的思维方式来作系统化整理。

二

翻译《冲突的战略》并非偶然，实在是有些宿命的味道。大概是 2006 年，我就看了谢林这部名著的第一个中译本，我曾经给华夏出版社写过信去指出其中一些明显的错误。当时，本书的策划曾提议让我对全书做校对，以便重印时改正书中的错误。我说，与其校对，不如重译。但是，作为年轻的高校教师，各种各样的事情太多，加上一直对 "commitment" 究竟翻译成哪个中文词把握不准，也就并未真正着手去做这个工作。

2014 年下半年，北京大学的刘世定教授张罗着召集一些在京的学者和学生开读书会，每两周一次。第一次碰面协商之后，选定该学期要读的书便是谢林的这本 The Strategy of Conflict。我们决定还是读英文原版，每两周读一章。

随后我翻阅了一下以前针对该书的读书笔记，深感如果大家一起读英文原版，会影响讨论的深入程度，加上之前刘世定教授曾跟我（以及李国武教授）表达过希望由我等来重译此书的态度，于是我便下决心每两周译出一章初稿来供大家作讨论之用。有译错的地方，大家也可以及时指出。这样七次读书会下来，也就译出了前七章的内容。

读书会期间，大家也指出了一些翻译上的错误，不少地方还非常关键，刘世定教授常常是挑错的主力。但是大概因为大家都对我比较"客气"或是读书会时间有限的缘故，被明确指出的错误还不算太多。反倒是自己后来校对时，又改正不少。这么看，翻译还是需要自己"任责"才行，指望别人挑错，可能到最后会发现"错讹之处仍然甚多"。当然，我对大家帮我改正翻译错误是非常感激的。除了刘世定教授之外，主要还有：何蓉、李国武、孙龙、高勇、齐亚强、李璐、盛磊、王旭辉、艾云、张惠强、谢琳璐、向静林、黄婧、刘坤、臧晓、翟宇航、张澍沁、刘暐、李娜、王泉、吴玉正、项宇、梁鹏飞、林思成、徐航、张若天、高凡、陈虹梅等人。尽管如此，尽管我做了充分的努力和"任责"，一些错误可能仍然难免，如有读者指正（可公开发文探讨，也可 Email 直接告诉我。我的信箱：xiongshui@sina.com），将不胜感激。

特别值得一提的是，读书会上针对"commitment"一词的翻译所作的探讨。我表示，将"commitment"翻译成"任责"是我经过数年的思考之后，到目前为止感觉是最为妥当的。何蓉说，这个词在宗教社会学中是相当重要的，通常被翻译成"皈依"。当然，将其用于博弈论的话语体系之中，可能值得重新思考，也完全有必要采取新的译法。我说，西方世界有比较强烈的基督教传统，而基督教有原罪、天职等观念，强调基督徒通过现实的努力以"赎罪"、"尽职"，在此，对宗教的"皈依"自然可以引申出"任责"的含义。但中国人的宗教观念相对淡漠，中国的宗教也相对较少原罪、天职之说，"皈依"更多意味着"舍得"或"舍弃"（世俗生活）。张惠强则提出可以考虑译作"委身"。我说，当说"North commit himself to A"的时候，可以考虑翻译成"行为者'北'任责自身于 A"，这根据具体情况有时可简化为"行为者'北'委身于 A"，但多数时候这种简化是不可行的。"任责"于选项 A，意味着对于所有的"非 A"选项施加某种惩罚或令自己客观上不能选择。比较极端地，可以出现"除了死就只能选 A"的这样一种效果。但是有些"任责"是可以"解脱"出来的，有些则本身就是虚拟的，用"委身"来指称"commitment"会造成机动性不够。

当我第一次提出"任责"一词时，高勇颇为赞同，他说："有眼前一亮的感觉。"刘世定教授当时比较慎重，没有表态。他是在读到后面几章（特别是第五章）的时候，才表态说：翻译成"任责"是恰当的。

翻译完第八章时,我跟华夏出版社陈小兰博士取得了联系。她表示"欢迎新译本"!于是也就有了这个译本的出版。

三

翻译是一件费时费力的细致活儿,费孝通先生就曾经说过,翻译之难甚于自己写文章。因为偶有不慎,就会脱出原作者的本意,这当然就会成为翻译中的败笔。

翻译的重要性,从玄奘译经之中可见一斑。唐朝时顶级的佛学家玄奘在翻译时提倡忠于原典、逐字翻译之译经规则。其所译经籍名相精确,文义贯练,对旧译之讹谬多有矫正,后人通称其译籍为新译。玄奘译经获得了唐太宗、唐高宗两代皇帝的大力支持,其对大国盛世时的文化大繁荣所起的作用是显而易见的。这对我们当今国家层面的文化战略而言,仍然具有启迪意义。

一流的社科学者(我并没有自诩为一流社科学者的意思)做翻译工作,现当代并非没有典范。业已过世的经济学家高鸿业、社会学家潘光旦、费孝通等就都堪称翻译家。但时至今日,"拿进来"的翻译问题,却似乎越来越有被体系性地轻视之嫌。长此以往,汉语在紧跟和承载世界最前沿思想方面不免落后,这不能不令人担忧。

曾经有学者在一本"英译中"论文集的序言中指出:"语言表达本身即是社会科学学术水准之一,而这一方面恰恰是最难翻译传递的。因此,我期望有兴趣的读者经过这个过渡阶段后直接阅读英文原文。"所谓"这个过渡阶段"也就是阅读中译本的阶段。

看来,随着中国人英语水平的提升,似乎没有必要投入过多的力量来加强翻译了,因为想看这些作品的人大可直接去读英文。是的,笔者在给年轻学子推荐必读书目时,一旦涉及翻译过来的著作,就会因担心他们误信翻译中存在的"瑕疵"或担心他们读的是"剪裁"版，如果他们的英文足够好的话，我会推荐他们同时看看英文原著。

英文好，对个人是幸事，放在全体中国学者身上，却正是特别值得我们去担心和忧虑的地方。在我们"体系"性的翻译问题的影响下，英文已经逐渐成为更全面（无删节、无"剪裁"）、更准确（如果并非译自其他外文，则无因为翻译而产生的"瑕疵"）甚至是"更易懂"的代名词。更有甚者，在我们国家目前的社科评价体系中，发表英文文章被认为是水准更高的表现。这似乎意味着，我们完全可以在学术生涯中不使用任何汉字和汉语而成为我国的"顶级"学者。但是，这样的"顶级"学者对国家和民族而言意义何在呢？如果这样的学者多，便意味着中国社科学术的大繁荣、大发展的话，那么，我们可以出钱在欧美一些国家的著名高校找著名的学者，让他们加入中国国籍来简单地做到这一点呀！

与我们期望推动人民币的国际化一样，我们当然也衷心地希望汉字和汉语能够进一步国际化。而且，基于世界华人数量众多，在日益频繁的国际交往中，汉字和汉语——在英语之外——似乎也已经越来越具备了国际性交流用语的潜力。哪怕是站在国际性的立场来看，我们也需要在极具灵活性、可塑性的汉字和汉语之中尽可能地装载思想财富，以便更好地为世界文明协调性和多样性的未来作出贡献。

但不无遗憾的是，目前我们在文化、教育乃至意识形态领域的许多具体做法，却与"汉语国际化"甚至是"文化走出去"的目的南辕北辙。想想看，如果我们通过种种手段，持续地降低汉字、汉语所承载的思想的深度、广度和新奇度；如果"前沿"与"全貌"、"深度"与"新奇"只能通过英语或其他语言才能看到；如果外国的著名学者看到自己的作品用汉字表述出来之后，与原意要么相反，要么扭曲，要么被剪裁得支离破碎；如果我们的年轻人越来越对汉语著作丧失信心和新鲜感；如果我们连汉字、汉语这样的平台性根据地都在逐步丧失……我们以及我们的子孙后代还拿什么去赢得别人的尊重？凭借什么核心竞争力凸显我们的社科学术乃至文化的优势？靠什么让别人对我们的文化心生艳羡？

近年来，在"走出去"战略的指导下，专家学者一头扎进英文世界，而普通民众却转而拥抱网络话语的哗众取宠和情感宣泄。思想乃至思维领域，精英语言（有推崇英语之嫌）与平民话语（有过度推崇流行语之嫌）之间的撕裂效应日趋明显。

鉴于社科学术专业分工色彩越来越浓，如果管理部门迟迟不去有意识地支持一流学者搞翻译，解决翻译领域中的"体系"性问题，反而越来越热衷于资助学术"外译"工作和英文论文的发表，则不仅意味着我们在拔苗助长之余，正在拿自己的短处去跟别人的长处相比拼，而且意味着我们正在将社科学术的话语标准及体系拱手让给英文世界。也许笔者这是在杞人忧天，不过一些政策的具体措施所可能蕴含的意外后果，甚至是与我们的意图完全相反的后果，需要引起我们的警惕。

是的，人可以学习多种语言，也可以尝试去游泳，但，人毕竟不是两栖动物！

2015年8月4日星期二于北京时雨园园二校